전면돌파

군무원
면접

전면돌파
군무원 면접

개정3판 1쇄 발행		2023년 08월 18일
개정4판 1쇄 발행		2024년 05월 22일

편 저 자		공무원시험연구소
발 행 처		㈜서원각
등록번호		1999-1A-107호
주　　소		경기도 고양시 일산서구 덕산로 88-45(가좌동)
교재주문		031-923-2051
팩　　스		031-923-3815
교재문의		카카오톡 플러스 친구[서원각]
홈페이지		www.goseowon.com

최종 합격까지 한걸음 더!

필기시험을 마친 군무원 수험생 여러분 진심으로 축하드립니다. 지금 이 순간 합격의 기쁨과 함께 면접의 두려움과 압박

감이 있을 것이라 생각합니다. 군무원 면접은 수험생들의 주요사항을 비공개로 하는 블라인드 면접을 진행하여 수험생

들의 역량을 객관적으로 평가하는 과정입니다. 이는 수험생들이 지원한 직렬과 자기소개서 등을 바탕으로 질문을 받는

것이기 때문에 필기시험만큼 중요하며 철저한 준비가 필요합니다.

"면접 공부는 어떻게 시작할까?"

"면접 때 무엇을 입어야 할까?"

"면접장에 갔을 때 어떻게 행동하는 것이 좋을까?"

"면접관이 무슨 질문을 할까?"

면접 전에 떠오르는 수많은 궁금증 해결을 위해 다음과 같이 책을 구성하였습니다.

> ✄ 자기소개서 및 신원진술서의 작성 요령과 유의사항을 확인할 수 있도록 하였습니다.
>
> ✄ 면접의 기본 이해부터 실전면접 대비까지 모든 과정을 수록하였습니다.
>
> ✄ 직렬별 기출문제를 수록하여 질문 유형을 쉽게 파악할 수 있도록 하였습니다.
>
> ✄ 기출문제에 대한 답변과 팁을 확인할 수 있습니다.
>
> ✄ 시사 · 경제 · 금융 용어, 국방·군사 전문용어를 수록하여 답변의 폭을 넓힐 수 있도록 하였습니다.

걷고 있는 그 걸음이 합격의 기쁨을 누리는 길로 향하고 있
다고 생각합니다. 수험생 여러분들이 합격의 꽃길을 걸을 수
있도록 합격의 날까지 서원각이 항상 응원하겠습니다.

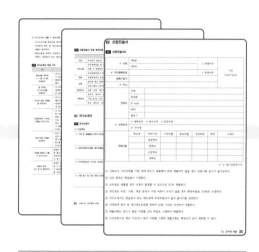

군무원 100% 이해하기!

군무원에 대한 상세한 정보를 수록하였다. 군무원의 정의, 군무원 직렬별 주요 업무 내용, 시험제도, 임용 결격사유, 복무의무, 복무선서 등을 꼼꼼하게 수록하였다. 또한 국방부, 육/해/공군의 추진과제 등을 수록하였다.

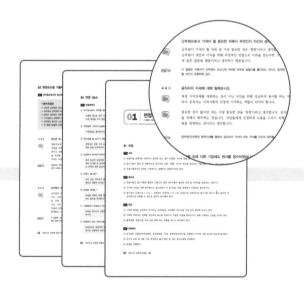

평정요소별 면접 출제예상질문

5가지 평정요소에 따라서 자주 출제되는 면접 질문을 분류하였고, 그에 맞는 예상답안을 함께 수록하였다. 질문과 해설을 보면서 면접시험을 준비할 수 있다.

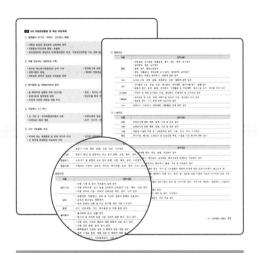

신원조사&자기소개서 작성방법 체크!

필기시험 결과를 보고난 이후에 진행되는 신원조사 서류 제출방법, 인터넷 제출방법, 참고사항 자기소개서 작성 팁 등을 상세하게 정리하였다.

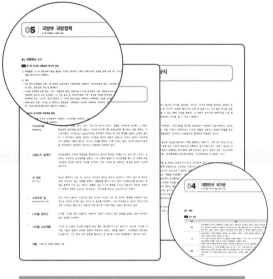

시사, 경제, 금융, 군 관련 상식 수록

알아두면 면접에서 답변을 할 때 도움을 줄 수 있는 시사용어, 경제·금융 상식, 군 관련 전문용어, 대한민국 국가관과 함께 국방부 국방정책을 수록하였다.

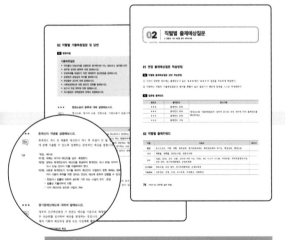

직렬별 면접 출제예상질문

군무원 직렬별로 출제되었던 출제키워드와 함께 예상질문을 예상답변과 함께 수록하였다. 직렬별로 요점적인 면접질문을 확인할 수 있다.

군무원 면접 실전연습

면접 질문에 따라 직접 작성해볼 수 있도록 구성하였다. 면접은 다양한 질문에 대한 답변을 확인하는 것만큼 중요한 것은 직접 작성해보면서 면접의 실전연습에 도움이 될 수 있도록 하였다.

CONTENTS
이 책 의 차 례

01 군무원의 이해

01. 군무원에 대해서 010
02. 국방부 및 육/해/공군 018
03. 군무원 채용 024

02 군무원 면접의 기본

01. 면접의 기본 030
02. 군무원 면접의 정보 037

03 군무원 실전 면접

01. 평정요소별 출제예상질문 044
02. 직렬별 출제예상질문 070
03. 군무원 면접 실전연습 155

04 상식

01. 시사상식 168
02. 경제 · 금융상식 181
03. 국방 · 군사 관련 상식 및 전문용어 186
04. 대한민국 국가관 236
05. 국방부 국방정책 241

Study Tip
면 접 합 격 팁

자신감을 갖고 답변하자!

무엇이든 자신감을 가지고 대답해야 한다. 내용이 다소 미흡하더라도 군 조직의 특성상 기죽지 않고 자신의 의사를 정확히 밝히는 것이 중요하며 답변을 논리 있게 풀어가는 것도 중요하다.

당황하지 말고 자연스럽게 말하자!

예상하지 못한 질문에 당황했을 경우 침착하게 생각을 정리할 필요가 있다. 이때, 면접관에게 자연스럽게 말하는 것이 중요하며 편안한 마음으로 대화하듯이 임하는 것이 좋다.

지원 분야에 대해 100% 파악하자!

지원하는 분야에 대한 깊이 있는 질문을 받을 수 있으므로 철저한 준비를 한다. 만약 답을 모르는 경우 모른다고 인정하고 '더 공부하겠습니다', '찾아보겠습니다' 등의 답변을 하는 것이 좋다.

기출문제를 많이 보고 예상답변을 준비하자!

면접에서는 어떤 질문을 받게 될지 모르기 때문에 다양한 상황을 예상하는 것이 중요하다. 따라서 최신 면접 경향을 알아보고 기출문제를 많이 접해보는 것이 좋다.

자신을 돌아보고 '나'라는 사람을 인지하는 시간을 갖자!

면접 시 제출한 자기소개서와 신원진술서의 내용을 바탕으로 나 자신에 대해 공부하는 것이 중요하다. 자신의 능력이 무엇인지, 왜 뽑아야하는지, 포부 등에 큰 틀을 잡고 준비한다.

정치, 문화, 사회, 경제 등 최근 이슈에 대해 관심을 가지고 공부하자!

지원 분야에 대한 면접 공부도 중요하지만 최근 사회, 경제 이슈 등에 대한 질문을 받을 수 있다. 당황하지 않기 위해서는 기본적으로 최근 이슈에 대한 공부가 필요하다.

1 군무원에 대해서

2 국방부 및 육/해/공군

3 군무원 채용

PART
01

군무원의
이해

01 | 군무원에 대해서

CHAPTER

#정의 #군무원의 변화 #직렬별 주요 업무

01 군무원

01 정의

① **정의** : 군 기관에서 군인과 함께 근무하는 공무원이다. 기술 · 연구 또는 행정 일반에 대한 업무 및 기능적인 업무를 수행하는 국가 특정직 공무원이다.

② **소속** : 국군, 군의 관리사무 또는 후방 지원 업무를 주로 수행하는 공무원이다.

③ **근무지** : 국방부 직할부대(정보사, 방첩사, 국통사, 의무사 등), 육군 · 해군 · 공군본부 및 예하부대이다.

④ **종류**

종류	내용
일반군무원	• 기술 · 연구 또는 행정일반에 대한 업무담당 • 행정, 군사정보 등 47개 직렬 • 계급구조 : 1 ~ 9급
전문군무경력관	• 특정업무담당 • 교관 등 • 계급구조 : 가군, 나군, 다군
임기제군무원	채용계약에 의하여 일정 기간 군 기관의 전문지식 및 기술이 요구되는 업무담당

02 직렬별 주요 업무내용

① 기상직군

직렬	업무내용
기상장비	각종 기상장비, 기기 및 관계된 장비 조작 · 운용관리 업무
기상예보	기상관측, 예보, 분석, 통계관리 등에 관한 업무

② 행정직군

직렬	업무내용
행정	• 국방정책, 군사전략, 체계분석, 평가, 제도, 계획, 연구업무 • 일반행정, 정훈, 심리업무 • 법제, 송무, 행정소송업무 • 세입 · 세출결산, 재정금융 조사 분석, 계산증명, 급여업무 • 국유재산, 부동산 관리유지 · 처분에 관한 업무
사서	도서의 수집 · 선택 · 분류 · 목록작성 · 보관 · 열람에 관한 업무
군수	• 군수품의 소요 · 조달, 보급 · 재고관리, 정비계획 · 물자수불(청구 · 불출)업무 • 물품의 생산 · 공정 · 품질 · 안전관리 · 지원활용 등 작업계획 · 생산시설 유지 · 생산품 처리 업무
군사정보	• 주변국 및 대북 군사정보 수집, 생산관리, 부대전파 및 군사보안 업무
기술정보	• 외국정보 및 산업, 경제, 과학기술 정보의 수집, 생산관리 보안 업무 • 정보용 장비, 기기 등에 의한 정보수집 업무
수사	범죄수사, 비위조사, 범죄예방, 계몽활동 등에 관한 업무

③ 시설직군

직렬	업무내용
토목	토목공사에 관한 계획, 설계, 시공 및 감독 업무
건축	건축공사에 관한 계획, 설계, 시공 및 감독 업무
시설	건물에 시설된 각종 냉 · 난방장치의 설비, 시공, 검사, 정비, 수리업무
환경	대기수질, 폐기물, 오염검사 및 소음진동 측정, 시설물 시공 평가에 관한 업무

④ 보건직군

직렬	업무내용
약무	각종 의약품 획득, 투약, 분배, 저장관리 업무
병리	병리 임상검사, 원인분석, 임상관찰, 환자치료에 관계되는 자료관리 업무
방사선	방사선 이용 질병진단, 환부투시, 촬영, 치료 및 자료관리 업무
치무	각종 의치설계, 제작 업무, 치아 및 구강질환의 예방과 위생에 관한 업무(치석제거, 불소도포 등)
재활치료	질병 및 신체장애를 예방하기 위해 전기, 광선, 물, 냉온열 등을 이용한 치료적 마사지와 운동 치료를 포함한 치료 업무
의무기록	진료전반에 대한 통계와 의무기록의 분석 및 미비기록 관리, 의무기록 재검토, 질병색인, 수술색인 등의 색인 업무
의공	• 의지, 의안 설계 · 제작 업무 • 각종 의료장비, 기기 제작 및 정비, 수리업무
영양관리	식품저장, 가공, 영양분석, 식단 작성 업무

⑤ 항공직군

직렬	업무내용
기체	항공기 기체, 제작, 분해, 조립, 정비, 수리업무
항공기관	항공기 엔진 및 관련되는 보조 장비 분해, 조립, 제작, 정비, 수리업무
항공보기	보조기기 및 관련된 보조 장비 분해, 조립, 제작, 정비, 수리업무
항공지원	지원되는 소방차, 급유차, 견인차, 특수차량, 운전, 정비, 수리, 검사업무

⑥ 공업직군

직렬	업무내용
일반기계	• 각종 기계 및 장비 부속품의 설계 업무 • 각종 공작기계 · 공구 등을 조작하여 금속류의 가공 · 제작 · 조립 업무 • 각종 장비의 기골 · 외피의 금속부분 제작, 정비, 수리 업무
금속	• 금형제작, 주물생산, 금속 및 비금속 성분의 용해로 운용업무 • 금속의 탄소밀도 변화처리 • 금속 표면의 산화 및 마모 방지를 위한 각종 도금업무
용접	전기, 단조저항, 가수, 특수용접 등 각종 용접 업무
물리분석	• 물리학적 감식, 검출 업무 • 방사선 및 전자파 등을 이용 금속의 결함 탐지, 검사 업무
화학분석	• 각종 금속, 비금속 재료에 대한 화학적 성분 검사 업무 • 각종 연료 분광, 분석 검사 업무 • 화학물질의 성질과 상호 간 화학적 반응 개발 업무 • 생체 구성분 결정, 생체 성분 간 화학적 변화 및 생화학 연구개발 업무
유도무기	• 포 및 유도무기, 사격통제장치, 각종 축적기계 장비의 정비, 수리 업무 • 각종 광학장비 정비 · 수리 업무 • 함정, 항공기 탑재 무장장비 및 관련 장비 재생, 설치, 정비, 수리 업무
총포	• 유도장치가 있는 무기를 제외한 각종 총포, 화포, 특수무기 생산, 제작, 정비, 수리 업무 • 각종 화학병기 및 장비의 제작, 관리, 정비, 수리 업무
탄약	• 탄약의 제조, 분해, 품질검사, 성능검사, 저장 · 안전관리, 정비수리, 재고통제, 적송 업무 • 비파괴시험을 통한 탄약의 결함 검출 및 판독 업무 • 각종 유도탄, 수중탄 발사장치 및 관계되는 장비 분해, 조립, 설치, 정비, 수리 업무
전차	• 전차, 장갑차량의 부품제작, 조립, 정비, 수리 업무 • 내 · 외연기관 및 엔진부품의 생산, 조립, 정비, 수리 업무
차량	• 건설장비(중장비, 경장비, 컴프레서) 및 연계된 장비 정비, 수리 및 관리 업무 • 육상용 차량 분해, 조립, 부품대체, 정비, 수리 업무 • 내 · 외연기관 및 엔진부품의 생산, 조립, 정비, 수리 업무
인쇄	• 인쇄기기 조작, 운용, 정비, 수리 업무 • 편집, 교정, 교열, 화공 등에 관한 업무 • 원판, 조판, 연마, 제판, 제본 등에 관한 업무

⑦ 정보통신직군

직렬	업무내용
전기	전기설계, 전도기, 발전기, 전원부하, 송배전 및 변전, 전기에너지, 압축기구, 전기기기, 전기시설 등 전기 전반에 관한 정비, 수리 업무
전자	• 전자장비 및 주변장비 분해, 조립, 재생, 정비, 수리 업무 • 전탐, 항법장비 조작, 정비, 수리 업무 • 전자현상에 대한 과학 및 응용기술 등 전자 전반에 관한 정비, 수리 업무 • 각종 기계, 계기 등의 교정, 정비, 수리 업무
통신	유 · 무선통신장비, 기기 조작운용 등 통신 전반에 관한 정비, 수리 업무
전산	• 소프트웨어 개발, 프로그램작성 업무 • 시스템 구조 설계, 전산통신 분석, 체계개발 업무
지도	각종 지도 측량, 편집, 지도제작 업무
영상	• 각종 사진 촬영, 현상, 인화, 확대편집, 필름보관 관리 업무 • 각종 사진기, 영사기 조작, 관리 업무 • 항공사진 제작 분석, 판독 및 항고표적 분석, 자료생산 업무 • 항공사진 인화, 확대, 현상, 필름보관 관리 업무
사이버직렬	사이버전, 사이버 기반 업무(사이버 IT, 보안, 정보, 기획, 정책 등)

⑧ 함정직군

직렬	업무내용
선체	• 선체골격, 늑골 접합, 의장, 설계, 제작 및 정비, 수리업무 • 선목의 골격, 늑골 접합, 선체의 목재부분 의장, 설계, 제작, 정비, 수리업무 • 대 · 소형선박용 보일러 제작, 설치, 실험 및 각종 파이프 가공제작, 정비, 수리업무
선거	입거 함정의 선저(수면하 선체), 장비이동 및 관계되는 업무
항해	함정 입 · 출거 시 도선 및 기타 항해업무
함정기관	주 추진기관, 선박용 발전기, 원동기 및 관련되는 보조 장비 정비, 수리 업무
잠수	수면하 선체 보수, 수로 장애물 제거, 수중폭파, 용접, 절단, 탐색에 관한 업무

02 시험제도

01 시험방법

① 군무원 선발업무 주관부서

구분	국방부	육군	해군	공군
선발대상	각군 5급 이상 및 국직부대 전계급	6급 이하		
주관부서	국방부 군무원정책과	육군 인사사령부	해군 인사참모부	공군 인사참모부

② **채용절차** : 채용공고 → 원서접수 → 서류전형(경력경쟁채용) → 필기시험 → 면접시험 → 합격자발표 → 채용후보자 등록 (신체검사) → 임용

③ **응시자격증**

- 채용직렬/계급에서 요구하는 자격증을 보유하여야 한다.
- 폐지된 자격증을 소지한 경우「국가기술자격법」등에 의해 자격이 계속 인정되는 경우에는 응시자격증으로 인정한다.
- 「공무원임용시험령」에 의한 가산점 적용 자격증이 응시자격증으로 적용된 경우에는 가산점으로 인정하지 않는다.

02 임용결격사유

최종시험 예정일을 현재로 기준으로, 「군무원인사법」제10조의 결격사유 및 제31조의 정년 60세에 해당하거나, 「군무원인사법 시행령」제24조 또는 「공무원임용시험령」등 관계법령에 따라 응시자격이 정지된 자는 응시할 수 없다.

① **「군무원인사법」제10조(결격사유)**

- 대한민국의 국적을 가지지 아니한 사람
- 대한민국 국적과 외국 국적을 함께 가지고 있는 사람
- 「국가공무원법」제33조 각 호의 어느 하나에 해당하는 사람

② **「국가공무원법」제33조(결격사유)**

- 피성년후견인
- 파산선고를 받고 복권되지 아니한 자
- 금고 이상의 실형을 선고받고 그 집행이 끝나거나(집행이 끝난 것으로 보는 경우를 포함한다) 집행이 면제된 날부터 5년이 지나지 아니한 자
- 금고 이상의 형의 집행유예를 선고받고 그 유예기간이 끝난 날부터 2년이 지나지 아니한 자
- 금고 이상의 형의 선고유예를 받은 경우에 그 선고유예 기간 중에 있는 자
- 법원의 판결 또는 다른 법률에 따라 자격이 상실되거나 정지된 자
- 공무원으로 재직기간 중 직무와 관련하여 「형법」제355조 및 제356조에 규정된 죄를 범한 자로서 300만원 이상의 벌금형을 선고받고 그 형이 확정된 후 2년이 지나지 아니한 자
- 다음 각 목의 어느 하나에 해당하는 죄를 범한 사람으로서 100만원 이상의 벌금형을 선고받고 그 형이 확정된 후 3년이 지나지 아니한 사람
  가. 「성폭력범죄의 처벌 등에 관한 특례법」제2조에 따른 성폭력범죄
  나. 「정보통신망 이용촉진 및 정보보호 등에 관한 법률」제74조 제1항 제2호 및 제3호에 규정된 죄
  다. 「스토킹범죄의 처벌 등에 관한 법률」제2조제2호에 따른 스토킹범죄
- 미성년자에 대한 다음 각 목의 어느 하나에 해당하는 죄를 저질러 파면·해임되거나 형 또는 치료감호를 선고받아 그 형 또는 치료감호가 확정된 사람(집행유예를 선고받은 후 그 집행유예기간이 경과한 사람을 포함한다)
  가. 「성폭력범죄의 처벌 등에 관한 특례법」제2조에 따른 성폭력범죄
  나. 「아동·청소년의 성보호에 관한 법률」제2조제2호에 따른 아동·청소년대상 성범죄
- 징계로 파면처분을 받은 때부터 5년이 지나지 아니한 자
- 징계로 해임처분을 받은 때부터 3년이 지나지 아니한 자

③ 「군무원인사법 시행령」 제24조(응시 자격)
- 「국가공무원법」 또는 다른 법령에 따라 공무원으로 임용될 수 없는 사람은 일반군무원의 채용시험에 응시할 수 없다.
- 일반군무원의 공개경쟁채용시험에 응시하는 사람에 대해서는 학력·자격 및 경력에 따른 제한을 두지 아니한다. 다만, 국방부장관이 학력·자격 및 경력을 제한할 필요가 있다고 인정하는 경우에는 그러하지 아니하다.
- 일반군무원의 채용시험에 응시하려는 사람은 최종 시험의 시행예정일이 속한 연도에 다음 각 호의 구분에 따른 응시연령에 해당하여야 한다.
  1. 전문군무경력관 및 법 제45조 제1항에 따라 일정기간을 정하여 근무하는 일반군무원을 제외한 일반군무원 : 7급 이상은 20세 이상이고, 8급 이하는 18세 이상
  2. 전문군무경력관 및 임기제일반군무원 : 20세 이상
- 시험실시기관의 장은 결원을 신속하게 보충하여야 하거나 그 밖의 특별한 사정으로 제3항에 따른 응시연령을 적용하는 것이 곤란하거나 부적당하다고 인정되는 경우에는 국방부장관의 승인을 받아 6급 이하 일반군무원의 채용시험에 대해서만 응시연령을 따로 정할 수 있다.

03 복무

01 군무원 복무의무

① 성실의무〈군무원인사법 제16조〉
- 군무원은 법령을 준수하며 직무를 성실히 수행하여야 한다.
- 군무원은 직무를 수행할 때에 직무상의 위험 또는 책임을 회피하거나 소속 상관의 허가 없이 직무를 이탈하여서는 아니 된다.

② 비밀 엄수 의무〈군무원인사법 제17조〉 : 군무원은 직무상 알게 된 비밀을 재직 중이나 퇴직 후에 누설하여서는 아니 된다.

③ 위탁교육자 등의 복무〈군무원인사법 제18조〉 : 국비나 초청국의 부담으로 외국에 유학하거나 국내 교육훈련기관에서 위탁교육을 받은 군무원은 6년의 범위에서 대통령령으로 정하는 기간을 복무하여야 한다.

02 국가공무원 복무의무〈국가공무원법 제7장〉

① 성실 의무 : 모든 공무원은 법령을 준수하며 성실히 직무를 수행하여야 한다.

② 복종의 의무 : 공무원은 직무를 수행할 때 소속 상관의 직무상 명령에 복종하여야 한다.

③ 직장 이탈 금지
- 공무원은 소속 상관의 허가 또는 정당한 사유가 없으면 직장을 이탈하지 못한다.
- 수사기관이 공무원을 구속하려면 그 소속 기관의 장에게 미리 통보하여야 한다. 다만, 현행범은 그러하지 아니하다.

④ 친절·공정의 의무 : 공무원은 국민 전체의 봉사자로서 친절하고 공정하게 직무를 수행하여야 한다.

⑤ 종교중립의 의무
- 공무원은 종교에 따른 차별 없이 직무를 수행하여야 한다.
- 공무원은 소속 상관이 위의 조항에 위배되는 직무상 명령을 한 경우에는 이에 따르지 아니할 수 있다.

⑥ 비밀 엄수의 의무 : 공무원은 재직 중은 물론 퇴직 후에도 직무상 알게 된 비밀을 엄수(嚴守)하여야 한다.

⑦ 청렴의 의무
- 공무원은 직무와 관련하여 직접적이든 간접적이든 사례·증여 또는 향응을 주거나 받을 수 없다.
- 공무원은 직무상의 관계가 있든 없든 그 소속 상관에게 증여하거나 소속 공무원으로부터 증여를 받아서는 아니 된다.

⑧ 외국 정부의 영예 등을 받을 경우 : 공무원이 외국 정부의 영예나 증여를 받을 경우에는 대통령의 허가를 받아야 한다.

⑨ 품위 유지의 의무 : 공무원은 직무의 내외를 불문하고 그 품위가 손상되는 행위를 하여서는 아니 된다.

⑩ 영리 업무 및 겸직 금지 : 공무원은 공무 외에 영리를 목적으로 하는 업무에 종사하지 못하며 소속 기관장의 허가 없이 다른 직무를 겸할 수 없다. 영리를 목적으로 하는 업무의 한계는 대통령령 등으로 정한다.

⑪ 정치 운동의 금지
- 공무원은 정당이나 그 밖의 정치단체의 결성에 관여하거나 이에 가입할 수 없다.
- 공무원은 선거에서 특정 정당 또는 특정인을 지지 또는 반대하기 위한 다음의 행위를 하여서는 아니 된다.
  - 투표를 하거나 하지 아니하도록 권유 운동을 하는 것
  - 서명 운동을 기도(企圖)·주재(主宰)하거나 권유하는 것
  - 문서나 도서를 공공시설 등에 게시하거나 게시하게 하는 것
  - 기부금을 모집 또는 모집하게 하거나, 공공자금을 이용 또는 이용하게 하는 것
  - 타인에게 정당이나 그 밖의 정치단체에 가입하게 하거나 가입하지 아니하도록 권유 운동을 하는 것
- 공무원은 다른 공무원에게 위의 조항을 위배되는 행위를 하도록 요구하거나, 정치적 행위에 대한 보상 또는 보복으로서 이익 또는 불이익을 약속하여서는 아니 된다.

⑫ 집단 행위의 금지 : 공무원은 노동운동이나 그 밖에 공무 외의 일을 위한 집단 행위를 하여서는 아니 된다. 다만, 사실상 노무에 종사하는 공무원은 예외로 한다. 노동조합에 가입된 자가 조합 업무에 전임하려면 소속 장관의 허가를 받아야 한다. 허가에는 필요한 조건을 붙일 수 있다.

03 복무선서〈군무원인사법 시행령 제48조〉

군무원은 취임할 때에 소속 부대의 장 앞에서 다음의 선서를 하여야 한다.

> 나 ( )는 군무원으로서 긍지와 보람을 가지고 국가와 국민을 위하여 몸과 마음을 바칠 것을 다짐하면서 다음과 같이 선서합니다.
> 1. 나는 법령을 준수하고 상사의 직무상 명령에 복종한다.
> 1. 나는 국민의 편에 서서 정직과 성실로 직무에 전념한다.
> 1. 나는 창의적인 노력과 능동적인 자세로 맡은 일을 다한다.
> 1. 나는 정의의 실천자로서 부정한 행위를 물리치는 데 앞장선다.
> 1. 나는 재직 중에는 물론 퇴직 후에도 직무상 알게 된 비밀을 누설하지 아니한다.

04 군무원의 변화

시기	호칭	구분
1948년 11월 20일	문관 (文官)	• 정부 수립 후 국군은 「국군조직법 제19조」 현역 이외에 필요에 따라 민간인을 채용하여 군 본부 및 예하부대에서 근무할 수 있도록 함 • 군무원 제도의 발판 마련
1950년 4월 28일		대통령령 333호로 「군속령」을 제정 및 군무원 임용제도 마련
1962년 5월 1일	군속	「군속령」 폐지 및 「군속인사법」 제정
1980년 제5공화국	군무원	• 제8차 개정헌법에 의한 호칭 변경 • 재직정년의 연장 및 고용군무원 제도 신설로 군무원 제도 탄생
1980년 12월 21일		• 「군무원인사법」 제정 • 일반군무원 및 특수군무원으로 구분 • 1 ~ 9급 계급 구분으로 공무원 인사제도와 보조를 맞춤
1989년 12월 20일		• 일반군무원 및 기능군무원으로 구분
2012년 1월 1일		• 세분화된 군무원 직군 · 직렬 체계 군에 맞게 재정립 • 일반직 유사 업무 수행의 기능직렬을 일반직렬로 통합
2017년		「군무원인사법」 개정안에 따라 기능군무원 · 계약군무원 · 별정군무원 폐지
2020년		• 민간의료인력 군무원 채용 • 일반군무원 정보통신 직군에 사이버직렬 신설

02 국방부 및 육/해/공군

#국방부 #국방운영방침 #국방혁신4.0 #육군 #해군 #공군

01 국방부

01 국방운영목표

정예선진 강군

02 대한민국 국방부 상징물 의미

국방부가 육·해·공군의 군정·군령과 군사를 관장하고 단결하여 국토방위를 책임진다는 의미이다.

03 국방부 국정과제

① 제2창군 수준의 「국방혁신 4.0」 추진으로 AI 과학기술 강군 육성

② 북 핵·미사일 위협 대응 능력의 획기적 보강

③ 한·미 군사동맹 강화 및 국방과학기술 협력 확대

④ 첨단전력 건설과 방산수출 확대의 선순환 구조 마련

⑤ 미래세대 병영환경 조성 및 장병 정신전력 강화

⑥ 군 복무가 자랑스러운 나라 실현

04 5대 국방운영중점 및 핵심 추진과제

① 장병들의 국가관 · 대적관 · 군인정신 확립

- 지휘관 중심의 정신전력 교육체계 정착
- 국방홍보/안보교육 통합 · 효율화
- 정신전력교육 담당조직 강화(병과명칭 변경, 국방정신전력원 기능 강화 등)

② 적을 압도하는 국방태세 구축

- 독자적 정보감시정찰(ISR) 능력 구비
- 전략사령부 창설
- 전투임무 위주의 실전적 교육훈련 강화
- 한국형 3축 체계 능력 · 태세 강화
- 핵전하 연합연습 · 훈련 강화

③ 한미동맹 및 연합방위태세 발전

- 美 확장억제 실행력 강화 (NCG등)
- 유엔사와의 협력체계 강화
- 조건에 기초한 전작권 전환 추진
- 한일 / 한미일 안보협력 강화
- 방산수출 확대 지원

④ 국방혁신 4.0 추진

- AI 기반 유 · 무인복합전투체계 구축
- 국방R&D 체계 개편
- 국방AI센터 창설 추진
- 우주 · 사이버 · 전자기 영역 작전수행체계 구축

⑤ 선진 국방문화 조성

- 국격에 맞는 병영환경 및 장병 의식주 개선
- 군 특성에 최적화된 의료체계 구축
- 엄정한 지휘체계 확립
- 핵병역의무 이행에 대한 보상 강화

05 국방혁신 4.0

① 「국방혁신 4.0」이란?

4차 산업혁명 과학기술을 기반으로 북한 핵·미사일 대응, 군사전략 및 작전개념, 첨단 핵심전력, 군 구조 및 교육훈련, 국방과학기술 분야를 혁신하여 경쟁우위의 AI과학기술강군을 육성하는 것이다.

② '4.0'이란?
- 4차 산업혁명 첨단과학기술의 적용이라는 상징적인 의미이다.
- 국방의 획기적인 변화를 위한 4번째 계획임을 의미한다.

③ 국방개혁의 연혁
- 장기국방태세 발전방향(1988) : 국방개혁의 시초로 평가된다. 문민통제의 원칙과 합동군제 지휘체계를 채택하였다.
- 5개년 국방발전개획(1998) : 군의 현대화를 추구한 계획이다. 개혁과제를 총괄하는 기본정책서의 탄생이다.
- 국방개혁(2006) : 「국방개혁에 관한 법률」에 의해서 국방개혁의 법적기반을 확보하였다.
- 국방혁신 4.0(2022) : 「국방개혁에 관한 법률」에 의해서 국방개혁의 법적기반을 확보하였다.

④ 추진필요성
- 미래 도전적 국방환경에 대비하여 변하지 않으면 안된다는 위기의식이 출발점이다.
- 도전요인 : 북한 핵·미사일 위협의 현실화, 동북아 미·중패권 전쟁에 따른 불안정성 증대, 전쟁패러다임 변화와 기술패권 경쟁 심화, 인구절벽에 따른 병역자원 감소로 미래 국방이 극복해야 할 요인이다.
- 기회요인 : 우리나라의 첨단과학기술은 상당한 수준에 도달, 우리나라 방위산업의 글로벌 위상과 경쟁력의 급상승으로 첨단과학기술 발전은 도전적 국방환경을 극복할 수 있는 요인이다.

⑤ 추진중점
- 북 핵·미사일 대응능력 획기적 강화
- 선도적 군사전략·작전개념 발전
- AI기반 핵심 첨단전력 확보
- 군(軍)구조 및 교육훈련 혁신
- 국방R&D 및 전력증강체계 재설계

⑥ 기대효과
- 국방차원
- 위협대응 : 북 핵·미사일 위협 대응·억제능력과 미래 전장에서의 작전수행능력을 획기적으로 보강한다.
- 병역자원 : 첨단과학기술 기반 유·무인체계 중심의 병력 절감형 군구조로 전환하여 병역자원 부족문제를 해결한다.
- 작전효율 : AI 기반의 무인·로봇전투체계 구축을 통하여 전투능력은 극대화하면서 전시에 인명피해는 최소화한다.
- 국가차원
- 인적자원 : 국방과학기술 전문인력은 4차 산업혁명과 연계된 민간의 기술·인력·역량을 제고시켜 국가 수요에 충족시킨다.
- 국가산업 : 민간 첨단과학기술과 융합한 국방과학기술이 국가 발전의 새로운 성장동력으로 확장한다.

02 육군

01 목표

목표	내용
전쟁 억제 기여	전쟁에서 승리하여 국가를 보전하는 일이지만 싸우지 않고 이기는 것이 최선이다. 철저한 군사대비 태세를 확립하여 전쟁이 발발하지 않도록 억제하는데 기여한다.
지상전 승리	전쟁 억제에 실패하여 전쟁이 발발했을 때 부여받은 임무에 따라 최소의 희생으로 단기간에 지상전에서 승리하여 전쟁 종결에 기여한다.
국민 편익 지원	국가시책 구현에 앞장서고 국민의 안전과 편익을 적극 지원하며 장병들에 대한 민주시민 교육을 담당하는 국민의 군대이다.
정예강군 육성	미래에 예상되는 다양한 안보위협과 미래전 양상에 대비하여 유비무환의 정신으로 끊임없는 정예화 · 선진화를 추진하여 상시 최강의 유 · 무형 전투력을 유지한다.

02 육군의 존재목적

구분	내용
전쟁의 종결자	결정적 승리를 통해 위협의 근원을 제거할 수 있는 가장 직접적이고 강력한 수단이자 힘이다.
합동작전의 통합자	유사시 해 · 공군, 연합전력과 합동군의 일부로서 작전을 수행하고, 군, 경찰, 예비군, 민방위대 등의 국가방위요소를 통합한다.
다영역 작전의 수행자	미래의 전장에서는 전통적인 작전영역인 지상 · 해상 · 공중 이외에도 사이버 · 전자전 · 우주 등 비전통적인 영역에서도 작전을 수행해야 한다. 육군은 지상을 기반으로 통합적으로 발휘가 가능하다.
사람의 마음을 움직이는 자	'사람'은 육군의 가장 소중한 자산이자 전투 플랫폼이다. 임무완수를 위해 구성원들의 의지와 마음이 전투력 발휘에서 토대가 된다.

03 3대 역할

역할	내용
보장자(Assurer)	• 전략적 억제 • 작전적 신속대응 • 결전방위, 안전보장
구축자(Builder)	• 남북 신뢰형성 및 평화구축 지원 • 국민의 안전 지원 • 국제 평화유지 및 군사외교
연결자(Connector)	• 의무복무 가치 제고 • 사회 경쟁력을 겸비한 간부육성 • 과학기술 · 산업 · 경제발전 기여

03 해군

01 해군의 역할

역할	내용
전쟁 억제	강력한 해군력을 보유함으로써 적의 전쟁 도발을 억제한다.
해양 통제	필요한 시간과 해역에 대한 적의 사용 거부 및 아군의 사용을 보장한다.
해상교통로 보호	아군 측 상선의 이동로를 안전하게 보호한다.
군사력 투사	바다로부터 상륙군, 항공기, 유도탄, 함포 등으로 지상에 군사력을 투입한다.
국가 대외정책 지원 및 국위 선양	• 국제 평화유지, 함정 외국 방문 등 국위선양해양탐색 및 구조 활동을 한다. • 어로 보호 지원, 해상테러 및 해적행위 차단, 해난구조 및 해양오염 방지 등

02 국민 속의 해군

① 국민 보호

구분	내용
해양질서 유지와 해양개발의 충실한 보호자	• 북한 및 주변국 선박들의 영해 및 경제수역 침범을 저지한다. • 해상에서의 불법적인 테러와 해적활동을 예방한다. • 국가경제질서를 교란하는 밀수선 및 밀입국을 예방한다. • 심해저탐사장비, 플랫폼, 시추장비 등 해양자원 개발을 위한 시설과 장비보호를 한다.
해상재난 예방 및 구조의 최첨병	정확한 해상기상 정보를 수집·전파 및 한반도 전 해상에 함정이 상시 배치되어 있어 해상재난 시 신속하게 구조한다.
해양환경을 지키는 감시자	한반도 주변 경제구역 함정, 항공기로 24시간 초계하여, 어류자원 남획 또는 해저자원 불법채취 등 해양 불법행위 감시와 해양오염 방지 등의 환경감시 활동을 수행한다.
국민들의 진취적인 해양사상 고취를 위한 실습장	매년 약 5만여 명의 청소년과 일반국민의 함정견학 등을 통하여 해양사상을 고취하고, 해저유물 탐사 및 인양작업 지원으로 찬란한 민족유산과 전통문화의 보존·계승에 기여한다.
군위선양의 선도자	해군의 순항훈련과 주기적으로 실시하는 림팩, 기뢰대항전 훈련 등 해외 연합훈련으로 대한민국 해군의 역량을 대내·외에 과시한다.

② 국가번영

구분	내용
국가방위에 유용한 전력	해군력은 기동성이 우수하여 전개와 철수가 용이하고 장기간 원거리작전 수행이 가능하여 융통성이 크며 위기관리에 가장 적합한 전력이다.
국가대외정책 지원	군함은 국제법상 국가영토의 일부분으로 필요한 장소로 이동하여 국가의 힘과 의지를 과시할 수 있는 전력이다.
국민생활 보호	해군은 해양질서유지와 해양개발의 충실한 보호자로서 각종 해양활동을 보장하고 해상 재난 예방 및 구조 역할을 수행한다.
국가경제의 활력소	군함은 컴퓨터, 레이더 등 첨단장비를 운용하기 때문에 고급 기술인력을 사회에 공급하며, 군함건조에 필요한 근로자 고용으로 국가경제 발전에 기여한다.

04 공군

01 임무

대한민국 공군은 항공작전을 주 임무로 하고 이를 위하여 편성되고 장비를 갖추며 필요한 교육·훈련을 하며 임무를 수행한다.

임무	내용
평상시 임무	• 적 징후 감시 • 고도의 전투준비태세 유지 • 항공우주작전 수행능력 구비 • 세계평화유지와 재난구조 활동
전시 임무	• 적의 영공과 우주공간의 사용 거부 • 아군의 제반 군사작전 여건 보장 • 공중·우주·사이버·정보 우세 확보 • 적의 군사력과 전쟁수행 의지/전쟁수행 잠재력 파괴 또는 무력화 • 아군의 지상·해양작전 지원

02 공군목표

기존 '국가방위의 핵심전력'을 '항공우주력'으로 대체하여 공군의 정체성 강조, 평화유지작전(PKO) 참여와 국격(國格) 향상을 고려하여 '세계평화 기여'

03 공군활동

구분	내용
탑건(TOP GUN)	• 공군은 1955년 제트기를 도입한 이후 1960년부터 TOP GUN(탑건)을 선정하였다. • 1960년 ~ 2008년 : 조종사들의 실전적인 훈련방향을 유도하기 위해 공중사격대회에서 최고의 성적을 거둔 조종사를 탑건으로 선정하였다. • 2009년 : 조종사들의 비행경력, 비행훈련과 작전참가 실적, 사격기량, 평가결과 등을 토대로 한 해 동안 가장 뛰어난 활약을 펼친 최우수 조종사를 TOP GUN으로 선정한다.
블랙이글스(Black Eagles)	다양한 특수비행을 통해서 공군의 조직적인 팀워크와 고도의 비행기량을 보여주는 대한민국 특수 비행팀이다.
해외파병	이라크자유작전, 대테러작전, 걸프전, 월남전 등 해외파병작전을 수행하였다.
대민지원	농촌일손을 돕거나 재난복구에 지원, 기술지원, 환경정화, 방역지원, 견학지원 등 군의 기본임무 수행에 지장이 없는 범위에서 군유 자원을 통원하여 지원한다.

03 | 군무원 채용

CHAPTER

#신원조사 #신원진술서 #자기소개서

01 신원조사

01 신원조사 서류 인터넷 제출 방법

① 국군방첩사령부 홈페이지에 접속하고 신원조사 서류 제출 배너를 누르고 들어간다.

② 개인 휴대폰으로 인증을 하고 접속을 하고 들어가서 신원조사 과정(장교 지원/준사관 지원/부사관 지원/군무원 지원/기타 등)을 선택한다.

③ 신원진술서 A의 필수항목을 빠짐없이 작성한다.

④ 개인정보 수집 · 이용 · 제공동의서에 항목별로 내용을 확인하고 동의를 체크하고 서명에 체크를 한다.

⑤ **첨부 서류** : 원본 서류를 JPG 파일로 스캔하여 제출한다. 모든 증명서는 3개월 이내 발급된 서류로 제출한다.
- 신원진술서 1부
- 신원조사용 개인정보수집 · 이용 · 제공동의서 1부
- 자기소개서 1부
- 기본증명서, 본인신용정보조회서 각 1부
- 병적기록표[군필자(예비역/여군 포함)], 병적증명서[군 미필(면제)자, 여성은 미제출], 군경력증명서 또는 복무확인서[현역군인 및 군무원 재직자] 中 1부

02 신원조사 서류별 참고사항

① **기본증명서(상세)** : 인터넷 민원24 홈페이지 또는 지역별 관공서 등에서 발급한다. 기본증명서는 주민번호 뒷자리 표기 및 상세로 발급받는다.

② **개인신용정보서** : 한국신용정보원에서 무료로 발급이 가능하다. 전체 페이지(기본 2장 이상)에서 일부 페이지가 누락되었을 경우 서류제출로 인정되지 않기 때문에 발급된 전체 서류를 첨부한다.

③ **병역사항**
- 군필자(여군 포함)는 인터넷 병무청 누리집 또는 지방 병무청을 방문하여 병적기록표를 발급한다.
- 군 미필자는 인터넷 민원24 홈페이지에서 병적증명서를 발급한다.

02 신원진술서

01 신원진술서A

✔ 성명	(한글)		□ 개명여부	사진 (3cm*4cm)
	(한자)			
✔ 주민등록번호			□ 변경여부	
등록기준지				
✔ 주소				
연락처	자택			
	휴대폰			
	E-mail			
	SNS			
	블로그			
✔ 국적관계	□ 대한민국 □ 복수국적 □ 외국국적			
	✔ 국가명			

학력사항	학교명	학력구분	시작년월	종료년월	전공학과	학위	소재지
		초등학교					
		중학교					
		고등학교					
		대학교					

✔ 는 필수입력입니다.

① 신원조사 구비서류를 기한 내에 반드시 제출해야 하며 제출하지 않을 경우 면접시험 응시가 불가능하다.

② 모든 항목은 빠짐없이 기재한다.

③ 모바일로 제출할 경우 오류가 발생할 수 있으므로 PC로 제출한다.

④ 개인정보 수집·이용·제공 동의서 서명 버튼이 보이지 않을 경우 화면비율을 100%로 조정한다.

⑤ 자기소개서는 한글문서 또는 메모장에 작성하였다가 옮겨 붙이기를 권장한다.

⑥ 서버장애 방지 및 개인정보보호를 위하여 30분 이내로 작성하여 제출한다.

⑦ 제출서류는 반드시 원본 서류를 JPG 파일로 스캔하여 제출한다.

⑧ 스마트폰으로 찍은 사진이나 복사 서류를 스캔한 제출서류는 해상도가 낮아 제한될 수 있다.

	내용	체크
연번	작성하지 않는다.	
인적사항	주민등록등본 및 가족관계증명서류를 참고한다.	
	개명 시 개명여부 란에 ∨표기하고 개명 전 성명을 기재한다.	
	주민등록번호가 바뀐 경우, 변경여부 란에 ∨표기한다.	
학력	초등학교부터 본인의 최종학력을 모두 기재한다(학교명 · 기간 · 전공학과 · 학위).	
경력	본인의 최근 경력이 나타나도록 기재한다.	
	민간기업의 근무경력을 포함하여 군인, 군(공)무원으로서의 재직경력 모두 기재한다.	
병역관계	군별 · 군번 · 복무기간 · 최종계급 · 최종근무지 등 주민등록초본상의 기재사항에 따른다.	
가족관계	친부모 · 배우자 · 본인의 자녀 · 형제 · 자매를 기재한다.	
	기재 순서는 부모 · 배우자 · 자녀 · 형제자매 순으로 기재한다.	
	부모 · 배우자 · 자녀는 주민등록을 달리하고 있더라도 모두 기재한다.	

03 자기소개서

01 자기소개서

① 작성항목

✔ 가정 및 생활환경 (최대 500Byte)

✔ 성장과정(학교생활, 동아리활동, 학생회경험, 봉사활동 등) (최대 500Byte)

✔ 자아표현(성격, 국가관, 안보관, 좌우명, 가치관 등) (최대 500Byte)

✔ 지원 동기 및 비전 (최대 500Byte)

✔ 는 필수입력입니다.

② 자기소개서 제출 시 유의사항

- 자기소개서를 핵심내용 위주로 작성하고 서명을 한다.
- 서버장애 방지 및 개인정보보호를 위해 30분 이내에 제출한다. 시간이 경과되면 자동으로 로그아웃 되면서 서류 제출이 불가하다.
- 핵심내용을 위주로 작성하고 글자수는 띄어쓰기를 포함하여 통상 500Byte(한글 2Byte, Space 1Byte) 이내로 작성한다. 한글문서 또는 메모장 등에 작성하고 붙여 넣는 방식으로 작성하는 것이 권장된다.

02 자기소개서 작성 TIP

TIP	내용
핵심내용 위주로 1~2장 이내로 작성하자.	• 자기소개서에서는 면접관이 가장 먼저 나를 판단 할 수 있는 첫인상이며 나의 가치를 인식시킬 수 있는 보고서라 할 수 있다. • 불필요한 말을 많이 늘어놓는 것보다 짧지 않은 선에서 핵심적인 내용을 요약해서 보여주는 것이 좋다.
잘 읽히는 자기소개서를 작성하자.	• 미사여구를 많이 사용하여 장황하게 늘어놓은 글은 바람직하지 않다. 좋은 글은 핵심이 들어간 담백한 글이다. 과도한 한자나, 접속사 사용을 자제하고 불필요한 형용사 사용도 줄여 보자. • 잘 읽히는 자기소개서가 완성 되었는지 소리 내어 읽어보자.
자신의 성장 과정을 잘 녹여내자.	• 자기소개서를 통해 자아 형성 과정을 엿볼 수 있다. 어떤 환경에서 어떠한 과정을 거쳐 성장을 했는가를 근거로 군 조직사회의 적응력을 짐작 할 수 있을 것이다. • 예상하지 못한 상황이 온다면 지원자가 과거의 행동을 통해 어떻게 대처할 것인지도 미리 짐작하게 된다.
면접관에게 '나'라는 사람을 인지시키자.	• 나 자신을 확실하게 어필하는 것이 중요하다. 면접관은 조직이라는 한정적인 공간에서 함께 근무 할 사람이 어떤 사람이 될 것인지 고려할 것이다. 따라서 면접관은 자기소개서에 기술된 내용을 통해 조직에 잘 적응하고 임무를 완수할 수 있는 역량을 판단하게 된다. • 나의 개성을 자유롭게 표현하는 것도 좋지만 군대가 원하는 인재상을 파악하고 고려해 표현해야 하는 것도 중요하다. 군대는 창의적인 생각보다는 임무를 완수하는 책임감을 높이 평가하는 곳이기 때문이다. • 군대는 위계질서가 명확한 사회이므로 신뢰를 줄 수 있는 자기소개서가 선택받을 확률이 높다.
군에 대한 신념을 보여주자.	• 군의 주인공이 되겠다는 모습을 담자. 어떤 동기로 군에 지원했으며 이루고자 하는 꿈과 적성이 군과 얼마나 잘 맞는지를 보여줄 필요가 있다. 면접관들은 자기소개에 작성 되어 있는 비전을 통해 지원자의 발전가능성, 잠재 능력, 장래성 등을 판별하게 될 것이다. • 뜬구름 잡는 지원 동기가 아니라 설득력 있는 내용이 중요하며 군은 안보라는 목적으로 구성된 조직이기 때문에 명확한 국가관과 흔들리지 않는 애국심도 함께 표현하는 것이 좋다.
단점을 통해서 나를 더 부각시키자.	장점만 부각해서는 신뢰가 가지 않을 수 있다. 단점을 언급하면서 단점을 극복하기 위해 어떤 노력을 했으며 현재는 그 문제에 대해 어떻게 해결하고 있는지 면접관이 신뢰할 수 있는 솔직한 글로 써내려가는 것이 좋다. 무엇이든지 잘한다고 말하기보다는 어떤 과정을 통해 잘하게 되었다고 말하는 것이 더 짙은 호소력을 가질 것이다.
검토는 필수, 다시 한 번 확인하자.	문장의 표현, 구성 등을 통해 사무 능력을 볼 수 있고 어휘나 소재 등을 통해 그 사람의 깊이를 알 수 있듯이 아무리 좋은 글이어도 맞춤법과 띄어쓰기가 맞지 않는다면 실력을 의심받거나 성의가 없다는 평가를 받을 수 있다. 내가 쓴 글은 계속 놓치기 쉬울 수 있으므로 친구나 가족의 검토를 거쳐서 문제점을 찾고 수정해보자.

1 면접의 기본

2 군무원 면접의 정보

PART
02

군무원
면접의
기본

01 CHAPTER | 면접의 기본
면접의 기초 #면접 준비 #주의사항 #면접Q&A

01 면접

01 의미

① 면접이란 잠재적인 능력이나 창의력 또는 업무 추진력, 사고력 등을 알아내기 위한 수단이다.

② 필기시험이 끝난 후 최종적으로 응시자의 인품·언행·지식의 정도를 알아보는 구술시험이 면접이다.

③ 면접시험에서의 답변은 구체적이고 명확하며 경험적이어야 한다.

02 중요성

① 면접시험은 필기시험과 별개의 시험으로 당해 직무수행에 필요한 능력 및 적격성을 결정하는 시험이다.

② 국가와 국민을 위해 봉사한다는 정신자세가 더 중시되는 만큼 면접에서 사명감은 필수적이다.

③ 필기점수 50점(100×0.5) + 면접점수 50점(25×2) = 총 100점으로 반영되므로 필기시험 점수가 좋지 않다면 면접시험으로 만회할 수 있도록 철저히 준비해야 한다.

03 경향

① 시대적 배경을 감안하여 요구되는 공무원상은 어떠해야 하는지를 가장 먼저 생각해 보아야 한다.

② 미래에 예측되는 변화를 감안하여 필요한 능력이나 부족한 부분을 충족시키기 위해 노력하는 모습을 보여야 한다.

③ 출제경향, 면접기출 자료 등을 통해 최신 경향을 반드시 파악해야 한다.

04 진행절차

① 응시표와 신분증(주민등록증, 운전면허증, 여권, 장애인복지카드)을 지참하고 주어진 시험 일시와 장소에 출석한다.

② 응시자 교육 및 각종 서식 작성하고 출석 확인 및 세부 응시요령을 교육한다.

③ 면접을 진행한다.

05 면접 실시

① 해당 시험실 앞 대기장소에서 시험관리관에게 응시표와 신분증을 제시하여 본인 확인을 한다.

② 시험실에 입실하면 면접위원에게 인사 후 응시자 좌석에 착석한다.

③ 면접은 개인별 10~15분 내외로 진행한다. 면접 종료 후 퇴실한다. 퇴실 시 대기 중인 응시자와 접촉하지 않는다.

02 면접의 기초

01 면접시험의 기준<군무원인사법 시행규칙 제21조>

① **실시방법** : 해당 직무수행에 필요한 능력 및 적격성을 검정한다.

② 면접시험은 평정요소마다 수(5점), 우(4점), 미(3점), 양(2점), 가(1점)로 정하되, 25점을 만점으로 한다.

③ 평정요소

- 군무원으로서의 정신자세
- 의사발표의 정확성과 논리성
- 창의력 · 의지력 및 발전가능성
- 전문지식과 그 응용능력
- 예의 · 품행 · 준비성 · 도덕성 및 성실성

④ 면접시험의 합격결정에서는 각 면접시험위원이 채점한 평점의 평균이 미(15점) 이상인 사람을 합격자로 결정한다.

⑤ 면접시험위원의 과반수가 2개 이상의 평정요소에 대하여 '가'로 평정한 경우 또는 어느 하나의 평정요소에 대하여 면접시험위원의 과반수가 '가'로 평정한 경우에는 불합격으로 한다.

⑥ 시험 실시기관의 장은 면접시험의 평정을 위하여 필요한 참고자료를 수집하여 면접시험위원에게 제공할 수 있다.

03 면접 유의사항

① 면접대상자는 면접일자와 면접시간을 정확하게 확인하여 지정된 시간에 응시자 대기장소에 도착해야 한다.

② 면접 안내교육을 위해 이른 시간에 대기장소에 도착하는 것이 좋다. 면접시작 전에 면접시험안내를 실시한다.

③ 면접시험의 원활한 진행을 위해서 지정된 시간 이외에는 사전입실이 불가하다. 시험 대기장소에 입실시간을 엄수한다.

④ 응시표, 신분증(주민등록증, 운전면허증, 여권, 주민번호가 포함된 장애인등록증(복지카드) 중 하나)을 지참하고 면접시험장에 출석하여야 한다.

⑤ 응시자 이외에는 면접시험장 내에 출입할 수 없으며, 입장 후부터 면접이 끝날 때까지 외부출입 및 흡연이 금지된다.

⑥ 응시자 교육 전 전자 · 통신기기를 수거한 후부터 면접이 끝날 때까지 통신, 계산 또는 검색 기능이 있는 일체의 전자기기(휴대전화, 태블릿PC, 노트북, 스마트워치, 스마트밴드, 이어폰, 전자담배, 전자계산기, 전자사전, MP3플레이어 등)를 소지할 수 없고, 이를 위반할 경우 부정행위자로 처리된다.

⑦ 시험시간 중 외부인과의 접촉이 금지되며, 시험 종료 후에는 대기중인 응시자와도 접촉 할 수 없다.

02 면접 준비

01 면접 옷차림 및 품행

구분		내용
첫인상		• 공직사회는 개성이 있는 것보다는 깔끔하고 단정한 이미지의 첫인상을 선호한다. • 웃음 띤 얼굴과 공손하고 예의바른 태도로 좋은 첫인상을 남긴다.
복장 및 헤어	남성	• 단색 정장에 넥타이 또는 셔츠로 포인트를 준다. • 넥타이는 폭과 색상, 길이를 함께 고려하여 정한다. • 흰색 셔츠는 깔끔하게 보일 수 있으며 들어가기 전 주름이 지지 않았는지 옷 전체를 점검한다. • 정장보다 짙은 색의 구두가 적절하며 하얀 색과 같은 밝은 구두는 선호하지 않는다. • 밝은 색의 염색은 피하며 짧은 머리를 유지한다. • 눈썹 정리 및 면도까지 신경쓴다.
	여성	• 단색의 투피스 정장 또는 바지 정장이 적절하며 원피스의 경우 재킷을 입는다. • 핸드백, 스타킹, 구두 등 동일한 계열의 색으로 통일하는 것이 좋다. • 스타킹은 올이 나갔을 경우를 대비해 여분을 준비한다. • 크거나 화려한 액세서리는 삼간다. • 단정한 모양의 헤어스타일을 선호하며 심한 웨이브, 밝은 계열의 염색은 피한다. • 짧은 머리는 귀 뒤로 넘기며, 긴 머리의 경우 로우번 스타일을 권장한다.
목소리		• 면접은 주로 면접관과 지원자의 대화로 이루어지므로 목소리가 미치는 영향이 매우 크다. • 목소리는 부드러우면서도 활기차고 생동감이 있어야 상대방에게 호감을 줄 수 있다. • 대화를 하면서 약간의 제스처가 더해진다면 효과적으로 전달이 가능하다.

02 면접시험 전날 준비

확인하기	내용
잠을 충분히 잤는가?	• 면접 당일 컨디션 조절을 위하여 충분한 숙면이 필요하다. • 잠자기 전 따뜻한 물 한 잔, 반신욕 등을 추천한다.
준비물을 챙겼는가?	• 응시표, 신분증 등 잊지 않고 챙겼는지 확인한다.
최신정보를 정리했는가?	• 정치 · 경제 · 문화 등의 각 부분의 상식을 익혀둔다. • 면접 당일 뉴스를 시청하거나 국경일 · 축제 등의 정보를 미리 숙지하는 것이 좋다. • 국방부의 운영과제를 확인해두면 좋다.
일시/장소를 확인했는가?	• 지각은 절대 금물이며 일찍 도착하는 것이 좋다. • 거리 · 소요시간 · 교통편을 미리미리 알아둔다. • 면접 일시를 검토하고 시간에 맞춰 도착하도록 대비한다.

03 면접 KEY POINT

질문	내용
첫인상이 당락의 60%를 결정한다.	밝은 인상, 청결한 자세가 중요하다. 눈썹 및 손톱정리, 면도, 이발 상태와 구두 등에 만전을 기해야 하며 표정 연습도 해두는 노력이 필요하다.
귀를 열어 잘 듣는다.	면접관이 말할 때는 그의 입술을 바라보며 진지하게 듣고 있다는 표정을 짓는다. 면접관이 나이 지긋하신 분일 경우 간혹 질문보다 설명이나 훈계조의 말이 길어지는 경우가 있다. 이럴 때에도 지루한 표정을 짓지 말고 끝까지 듣는 진지함을 보여야 한다.
면접관의 코드에 맞는 언어를 사용한다.	면접관에게 경어 사용법도 모른다는 인상을 주면 곤란하다. 또한 면접관이 알아듣기 쉽게 대화가 진행되도록 해야 한다.
자신의 평소 스타일로 대화한다.	자신이 평소 남들과 이야기할 때의 대화법을 조리 있게 사용해야 어색하지 않다. 덧붙여 말꼬리 흐리는 버릇을 가진 사람은 조심하도록 한다.
SWOT 분석으로 자신을 판단한다.	• **강점** : 나만의 뛰어난 능력은? • **약점** : 부족하거나 약점은? • **기회** : 전공, 경력, 자격증 등과 연관해 자신이 꼭 하고 싶은 일은? • **위협** : 부족한 외국어, 컴퓨터 활용, 학력, 시장 환경 등의 요소는?
발랄한 태도를 지니도록 한다.	시종일관 침착하면서도 밝은 표정으로 예의를 지킨다. 때로는 부담스러운 질문을 받더라도 우물거리지 말고 패기만만한 자신을 드러내 보이는 것이 좋다.
음성은 또렷하게 한다.	일단 질문에 대한 답은 내용이 조금 빈약하더라도 당당하게 이야기하도록 한다. 만일 질문에 대해 전혀 모르는 경우는 얼버무리지 말고 '모르겠습니다.'라고 정직하게 답변하는 것이 바람직하다.
과장, 거짓 대답은 피한다.	질문사항에 대한 거짓이나 과장은 금물이다. 또한 모르는 것은 큰 죄가 되지 않지만, 모르면서도 아는 체하는 것은 낙방을 자초하는 일이 될 수도 있다.
지나치게 평론가적인 언동은 삼간다.	면접관은 단순히 응시자의 사회적 관심도를 시험하고자 하는 것이므로, 질문 받은 문제에 대해서 자기 나름대로의 의견을 지나치게 평가적이지 않도록 말해야 한다.
다변, 궤변은 금물이다.	집단면접 혹은 집단토론을 할 경우 논리에 맞지 않는 궤변보다는 자기 나름대로 정리해서 결론부터 분명하고 간결하게 대답해야 한다.
악습관은 버려야 한다.	대화를 할 때 은연중에 자신만이 갖고 있는 독특한 버릇이 나타날 수 있다. 따라서 의식적으로라도 양손을 무릎 위에 단정히 놓고 자세를 가르게 하며, 평소 자기에게 무슨 버릇이 있나, 가족이나 가까운 친구들에게 조언을 얻어 고치도록 노력해야 한다.

03 면접 Q&A

01 면접장에서

① 대기장소에서 무엇을 해야 합니까?

> 조용한 태도로 자기 차례를 기다리며 예상질문에 대한 대답을 정리합니다. 주의사항이나 순번을 잘 듣고 차례가 다가오면 복장을 다시 점검합니다.

② 면접장에 사전에 입실해서 대기하려면?

> 사전입실은 불가합니다. 지정된 시간에 면접시험 장소에 입실할 수 있습니다.

③ 첫인상을 잘 보이기 위해서는?

> 첫인상은 면접 시작 5초 사이에 면접의 당락이 결정될 정도로 중요합니다. 짧은 시간 안에 응시자의 자신감·의지·재능 등을 보여주어야 합니다.

④ 입실에서 착석하기까지의 행동은?

> 본인 순서가 호명되면 또렷하게 대답하고 입실합니다. 문을 여닫을 때 큰 소리가 나지 않도록 주의합니다. 공손한 자세로 인사한 후 본인의 성명 및 수험번호를 말하고 면접관의 지시에 따라 본인의 자리에 착석합니다. 착석을 할 때에는 의자의 안쪽 깊숙이 앉고 무릎 위에 양손을 가지런히 올려 두고 앉습니다.

⑤ 면접이 끝나면?

> 모든 일은 마무리가 중요합니다. 면접관이 '이제 마치겠습니다. 수고하셨습니다.'라고 면접을 마치면 '감사합니다.'라고 말하고 정중히 인사한 후 자리에서 일어나서 다시 한 번 인사하는 것이 중요합니다.

⑥ 퇴실할 때에는?

> 퇴실할 때에는 문을 열 때와 마찬가지로 조용히 닫습니다. 면접에 만족스럽지 못한 감정으로 문을 세게 닫고 나가는 일이 없도록 주의합니다.

⑦ 시험장에서 퇴실하고 면접시험을 대기하는 지인을 만났다면?

> 퇴실을 하고나서 시험장이 아닌 복도에서 대기 중인 다른 지원자들과 면접에 대한 이야기를 하는 행위는 금지되고 있습니다.

⑦ 면접장에 있는 편의시설을 이용하려면?

> 일반적으로 면접장에 있는 편의시설을 이용할 수는 없습니다. 개인이 사용해야 하는 음용수, 필기구 등은 챙겨가고 쓰레기는 면접장에 버리지 않고 시험장에 버리지 않고 가져가는 것이 좋습니다.

① 곤란하거나 난해한 질문에 대한 답변은?

답변은 단답형의 경우 간단명료하게 답하고 이유를 밝혀주는 것이 좋습니다. 개방형 질문은 평소 충분히 생각하지 못한 내용이더라도 답변을 해야 합니다. 자신의 생각이나 입장을 밝히지 않을 경우 소신이 없거나 분명한 가치관을 가지지 못한 사람이라고 생각할 수 있기 때문입니다. 답변이 바로 떠오르지 않는다면 '잠시 생각을 정리 할 시간을 주시겠습니까?'라고 요청하는 것도 좋은 방법입니다.

② 군무원의 지원 동기, 가치관에 대한 답변은?

가장 많이 물어보는 질문 중 하나는 지원 동기입니다. 누구나 말할 수 있는 정의나 설명의 답변보다는 자신이 생각하는 군무원이 어떤 사람이며, 어떤 일을 하고 싶은지에 대한 뚜렷한 가치관과 직업관을 밝힙니다.

③ 나에 대하여 설명을 잘 못하겠다면?

평소 자신의 성격을 파악하여 다른 사람에게 말하기가 쉽지 않습니다. 주변 사람들의 도움을 받아 자신의 성격에 대해 물어보고 평가를 들어봅니다. 장·단점을 말하라는 질문의 경우 자신의 장점이 어떤 면에서 지원한 분야에 기여할 수 있는지 설명이 가능할 것입니다. 단점은 이를 개선을 위해서 노력하고 있다는 모습을 보여주어야 합니다.

④ 답변 시 목소리가 떨림이 느껴진다면?

긴장을 하거나 당황하면 누구나 자신감이 떨어져 목소리가 위축되고 말을 얼버무릴 수 있습니다. 또한 너무 많은 상황을 고려하여 생각하면 혼란에 빠지거나 논리적 허점이 생길 수 있으므로 자신감과 긍정적이고 확신에 찬어조로 답하는 것이 좋습니다.

⑤ 거짓말이 면접에 도움이 되는가?

본인 순서가 호명되면 또렷하게 대답하고 입실합니다. 문을 여닫을 때 큰 소리가 나지 않도록 주의합니다. 공손한 자세로 인사한 후 본인의 성명 수험번호를 말하고 면접관의 지시에 따라 본인의 자리에 착석합니다. 착석을 할 때에는 의자의 안쪽 깊숙이 앉고 무릎 위에 양손을 가지런히 올려 두고 앉습니다.

⑥ 안 좋은 습관을 가지고 있다면?

면접관의 입장에서 응시자들의 태도를 보면 자신도 모르게 머리를 빈번하게 쓸어 올리거나 옷 끝자락을 만지작거리는 등의 행동을 보입니다. 응시자들이 긴장했다는 표시를 나타내며 이러한 행동은 응시자의 답변에 신뢰감을 떨어뜨리게 됩니다. 따라서 안 좋은 습관은 연습을 통해 미리 고치는 것이 좋습니다.

⑦ 면접관이 출신학교나 필기시험 성적을 알고 있다면?

면접단계에서는 면접시험위원에게 선입견을 줄 수 있는 필기시험 성적, 출신학교, 병역이행의무, 경력사항 등의 개인정보는 제공하지 않고 블라인드 방식으로 면접이 진행되고 있습니다.

03 면접 시 실수를 모면하는 방법

① 시험장에 늦게 도착했다면?

사전에 신속하게 연락을 취하고 선처를 바라는 사과의 말을 합니다. 하지만 시험장에 늦게 도착하는 경우에는 엄격하게 입실을 통제하고 있고 운이 좋아서 입실을 하더라도 평정요소에 좋지 않은 점수를 받게 될 확률이 높습니다. 시간 약속은 엄수하는 것이 가장 중요합니다.

② 면접관의 질문을 이해하지 못했다면?

'죄송합니다만 잘 듣지 못했습니다. 다시 한 번 말씀해주시기 바랍니다.'라는 표현을 사용하여 다시 한 번 질문해줄 것을 요청합니다.

③ 질문의 요지를 이해하지 못하겠다면?

'물어보신 질문을 이렇게 받아드려도 되겠습니까?'라는 식으로 좀 더 확실한 질문을 유도해서 질문의 요지를 파악하고, 어색한 분위기를 반전시킬 수 있습니다.

④ 답변을 할 때 앞뒤 말이 어긋나는 것 같다면?

답변이 길어지다 보면 앞뒤 말에 모순이 생겨 논점이 바뀔 수 있으므로 이런 경우는 '죄송합니다. 너무 긴장해서 답변이 어긋난 것 같습니다. 다시 말씀드려도 되겠습니까?'라는 식으로 허락을 얻어 위기를 모면하는 것도 좋은 방법이 될 수 있습니다.

⑤ 자기소개서에 작성한 내용이 기억나지 않는다면?

자기소개서를 기반으로 질문이 반드시 들어갑니다. 작성한 자기소개서를 거짓으로 작성하지 않았다면 자신의 경험을 토대로 답변하면 됩니다. 그럼에도 기억이 나지 않는다면 '잠시만요.'라고 이야기 한 뒤에 심호흡을 하고서 다시 답변을 시작합니다.

⑥ 답변의 실수를 줄이기 위해서는?

답변의 실수를 줄이기 위해서 시험 전날부터 꼼꼼하게 다음의 질문을 체크하면서 면접에 준비한다.
□ 단기간에 나를 가장 솔직하게 표현할 수 있는가?
□ 면접관의 요구를 만족시켜야 한다. 면접관이 원하는 답을 준비하였는가?
□ 지원 동기, 포부 등 자신의 가치관이 담겨있는 정성 있는 답변을 준비하였는가?
□ 두괄식의 간단명료하고 적당한 속도로 답변을 할 수 있는가?
□ 연속적인 추가질문이 들어오지 않도록 답변을 준비하였는가?
□ 적당한 제스처와 안정적인 자세와 시선을 가지고 있는가?
□ 작성한 자기소개서를 익히고 그에 따른 꼬리질문의 답변을 대비하고 있는가?
□ 거짓으로 자기소개서를 작성한 부분이 없는가?
□ 최근 군과 관련한 시사이슈에 대해서 알고 있는 것이 있는가?
□ 지원한 직렬과 관련하여 이슈가 되는 것이 있는가?
□ 지원하는 곳의 목표, 비전, 핵심가치, 업무계획 등을 확인하였는가?

02 군무원 면접의 정보

CHAPTER

\# 면접의 기초 #면접 준비 #주의사항

01 면접시험 채점용 평점표

	평점 요서	평점 기준 점수	위원 평점 점수
채점	가. 군무원으로서의 정신자세	수(5점)/우(4점)/미(3점)/양(2점)/가(1점)	점
	나. 전문지식과 그 응용능력	〃	점
	다. 의사발표의 정확성 및 논리성	〃	점
	라. 창의력, 의지력, 기타 발전가능성	〃	점
	마. 예의 · 품행 · 준법성 · 도덕성 및 성실성	〃	점
	합계	25점 만점	점

면접시험의 합격결정에서는 각 면접시험위원이 채점한 평점의 평균이 미(15점)이상인 사람을 합격자로 결정한다. 다만, 면접시험위원의 과반수가 2개 이상의 평정요소에 대하여 "가"로 평정한 경우 또는 어느 하나의 평정요소에 대하여 면접시험위원의 과반수가 가로 평정한 경우에는 불합격으로 한다.

※ 군별로 조금씩 상이할 수 있음

02 면접 질문유형

01 군무원으로서의 정신자세

① 군무원이 가져야 하는 가치관

② 군무원의 복무의무

③ 지원 동기, 좌우명, 의욕, 희망 부서 등

④ 봉사정신과 관련한 질문

02 의사발표의 정확성 논리성

① 사회적인 이슈

② 최근 시사 등과 관련한 인지와 견해

③ 일상 또는 업무 수행 중 발생 가능한 상황을 제시하여 해결능력을 검증

03 예의·품행·준법성·도덕성 및 성실성

① 개인 신상과 관련한 인성질문

② 전공, 가족사항, 특기, 장단점, 취미

③ 자신이 겪은 역경을 극복한 사연

④ 준법정신과 관련한 질문

04 전문지식과 그 응용능력

① 전공지식과 관련한 질문

② 전공지식을 업무에 적용하는 질문

05 창의력·의지력 및 발전가능성

① 개인역량

② 적극성과 끈기를 발휘한 경험

③ 자기계발을 위한 일

④ 열정을 다한 경험

⑤ 10년 후 자화상

06 자주 물어 보는 질문유형

① 특별히 ○○직 군무원에 지원한 동기가 있습니까?

② 병역의 의무에 대해 평소 생각하고 있는 것이 있으면 말해보고, 병역의 의무가 좀 더 잘 이행되도록 하려면 어떻게 하는 것이 좋은지 말해보시기 바랍니다.

③ 군무원으로서 가져야 할 덕목에 대해 하나만 말해보시기 바랍니다.

④ 지금까지 살아오면서 다른 사람을 위해 봉사한 경험이 있다면 말해보시기 바랍니다.

⑤ 군무원을 준비하면서 어떠한 준비를 하였는지 말해보시기 바랍니다.

⑥ 전공과 직렬이 다른데 괜찮겠습니까?

⑦ 군무원은 야근이 많은 편입니다. 이 점을 알고 지원하였습니까?

⑧ 마지막으로 하고 싶은 질문이나 궁금한 점을 말해보시기 바랍니다.

03 면접관의 체크사항

01 주요 체크사항

체크사항	내용
직무수행능력과 적극성	아무리 학력과 경력이 화려하다고 해도 지원자의 능력이나 적극성을 이력서에 명시된 글의 내용만으로 파악하기는 쉽지 않다. 특히 신입의 경우 경력이나 경험이 없으므로 학교에서 공부한 성적이나 학창시절의 과외활동만으로 그의 능력이나 적극적인 태도를 인지할 수는 없다.
경험과 설득력	가장 중요한 평가요소라 할 수 있다. 보통 무의식중에 '제 생각에는~' 식의 오류를 범하며 면접관이 재차 '당신의 경험으로 말하세요.'라는 핀잔 섞인 말과 함께 압박면접으로 연결된다.
성실성·진실성·협조성	말하는 태도나 표정을 보면 그가 얼마나 진지하고 성실한가를 파악할 수 있다. 지원자가 아무리 임기응변이 뛰어나고 언어표현력이 좋아도 그가 진실을 담아 자기의 의지를 표현하는가를 알 수 있다.
외국어 구사능력과 적정한 직무 활용성	점수로 어학능력을 판단하는 오류를 피하기 위해 테스트를 하는 경우가 늘고 있다. 면접에서 이런 경우는 대부분 전공을 했다거나 해외연수를 다녀왔다는 등의 이력이 있을 경우 받는 질문이 보통이다.
첫인상 (밝은 표정과 웃음 등)	어딘가 그늘이 있고 어두운 사람보다는 밝고 명랑한 사람이 발전적이라는 평가를 받는다. 매사에 부정적이거나 의지가 약해 힘이 없어 보이는 경우에는 모든 부서에서 원하지 않을 것이다.
조직 적응력과 판단력	우수한 실력으로 유명 대학교를 졸업했어도 특이한 성격과 습관으로 인해 조직 적응력이 약한 사람이 있다. 그래서 더욱 복잡한 질문을 던져 정확한 답을 요구하고 좀 더 어려운 상황을 만들어 해결방안을 이끌어 내고자 한다.

02 면접관 응시자의 유형 선호도

좋아하는 유형	싫어하는 유형
• 긍정적이고, 밝은 사람 • 적극적이고 능동적인 사람 • 협동심이 있고, 최선을 다하는 사람 • 지원 동기에 대해 뚜렷한 주관이 있는 사람 • 성실하고, 주변 사람들을 배려할 줄 아는 사람 • 용모와 복장이 단정한 사람 • 발전가능성이 있고 패기가 있어 보이는 사람 • 자신의 생각을 조리 있게 말 할 수 있는 사람	• 현실을 직시하지 못하고 수동적인 사람 • 시간약속을 지키지 못하는 사람 • 자기중심적이고 단체에 적응하지 못하는 사람 • 지원 동기에 대해 뚜렷한 주관이 없는 사람 • 창조성·투지·솔선수범하는 태도로 답변을 하지 않는 사람 • 용모(특히 두발), 복장이 단정치 못한 사람 • 외견상으로 건강해 보이지 않는 사람 • 발전가능성이 없고 패기가 없는 사람 • 발을 포개거나 팔짱을 끼는 등의 태도를 보이는 사람 • 유행어, 외래어, 전문용어를 남발하는 사람 • 자신의 생각이 아닌 모범답안을 외워서 말하는 사람

01 '기피하는 사람'에 대한 유형별 질문 형태

체크사항	내용
유아독존형	'상관과 의견이 다를 때 어떻게 극복하겠습니까?', '취직문제를 놓고 누구와 상의했습니까?' 등 우회적으로 질문을 한다.
베짱이형	'오늘 여기에 도착한 시간은 언제입니까?', '바람직한 근무태도는 무엇이라고 생각합니까?' 등의 질문이 주어진다.
소심형	'경험한 적이 없는 일을 맡게 된다면 어떻게 할 것입니까?', '군무원다운 자세는 어떤 것이라고 생각합니까?' 등의 질문이 많다.
얼렁뚱땅형	사회적 쟁점에 대한 질문을 주로 하며 이에 대해 문제의식을 가지고 논리적으로 대답해야 한다.
지나친 모범생형	참신성이 주요 덕목으로 판에 박은 듯한 답변은 피해야 한다.
모난 돌형	'좋아하는 인간형과 싫어하는 인간형을 말해보시겠습니까?' 등의 질문은 이를 테스트하기 위한 것이다
자기비하형	'특별히 잘하는 것은 없습니다.', '좋아하지만 잘 하진 못 합니다.' 등의 대답은 삼가야 한다.

04 면접 절차 및 대비

01 면접의 절차

① 응시자 교육 및 각종 서식 작성

출석 확인 및 세부 응시요령을 교육한다. 이때 응시순서에 따라 작성장으로 이동하여 15 ~ 20분간 개인발표 작성문 1부를 작성한다. ※ 7급 공채 응시자만 해당

② 대기

면접시험의 시작은 대기실에서부터 시작한다. 해당 시험실 앞에 있는 대기장소에서 시험관리관에게 응시표와 신분증을 제시하여 본인 확인 후 대기한다. 이때 예상되는 질문에 대한 대답을 최종적으로 정리하며 마음을 가다듬는다.

③ 입실

시험실에 입실하면 면접위원에게 인사 후 응시자 좌석에 착석한다. 자세는 자연스럽게 허리와 가슴을 펴고 편한 자세로 앉는다. 개인발표 대상자는 발표문 사본 4부를 중앙에 있는 면접위원에게 제출하고 착석한다. 발표문 원본은 본인이 소지하여 발표에 활용한 후 면접 종료 후 면접위원에게 제출한다.

④ 질의응답

면접이 시작되면 침착하고 밝은 표정으로 답변한다. 개인별 10 ~ 15분 내외로 진행된다. 질문 내용에 대해 정확하고 긍정적으로 간단명료하게 답할 수 있도록 주의한다.

⑤ 퇴실

면접이 끝나면 자리에서 일어나 한 발짝 정도 의자 옆으로 비켜서서 공손히 인사를 한다. 퇴실 시 대기중인 응시자와 접촉은 절대 불가하므로 주의한다.

02 면접 대비 방법

① 출제가 예상되는 질문을 확인하고 반드시 스스로 답안을 작성한다.

② 군마다 특성이 완전히 다르기 때문에 응시한 군지사별로 정확한 기출문제를 확보하고 공부하는 것이 중요하다.

③ 시사문제도 반드시 준비한다. 이슈는 매일매일 쏟아지므로 면접 전날 또는 당일까지 뉴스를 확인하도록 한다.

④ 자기소개 · 지원 동기 · 마지막으로 하고 싶은 말 등은 키워드만 암기하고 틈틈이 연습한다.

⑤ 면접관들에게 동질감을 주기 위해 군부대 장병들과 유사한 머리스타일을 하는 것도 하나의 팁이다.

⑥ 현역 장병들의 말투를 보면 끝말에 '요'라는 말을 사용하지 않는다. 일명 '다나까'는 언어전달의 명확성과 신속성을 기하기 때문에 군대에서 사용한다.

⑦ 작은 목소리는 면접 시 커다란 핸디캡으로 작용할 수 있다.

1 평정요소별 출제예상질문

2 직렬별 출제예상질문

3 군무원 면접 실전연습

PART
03

군무원
실전
면접

01 | 평정요소별 출제예상질문

#기출복원 #예상질문

CHAPTER

01 면접 출제예상질문 학습방법

01 출제예상질문 답변 학습방법

① 시간이 임박한 경우에는 출제빈도가 높은 '★★★'에서 '★★☆'의 질문을 주요하게 학습한다.

② 질문별로 작성된 답변을 참고하여 자신만의 답변을 작성해본다.

③ 평정요소별로 정리된 '기출복원질문'은 물어볼 확률이 높은 질문이기 때문에 답변을 스스로 작성해본다.

02 질문별 출제빈도

중요도	출제빈도	참고사항
★★★	출제빈도 90%	
★★☆	출제빈도 60%	평정요소별 기출복원질문의 상단에 표시된 ★의 개수에 따라 출제빈도를
★☆☆	출제빈도 30%	확인하세요.
☆☆☆	출제빈도 10%	

03 평정요소별 면접질문 출제분석

평정요소	구분
군무원으로서의 정신자세	• 군무원과 공무원의 차이점, 군무원에 지원한 이유, 군무원에게 필요한 자세 및 덕목 등 군무원과 관련한 지식을 물어본다. • 군무원이 되고 싶은 이유, 군무원이 되고난 이후의 포부 등에 대해 자세히 정리해두는 것이 중요하다. • 군무원이 된다면 어떠한 군무원이 될 것인가를 물어보는 것은 매년 출제되는 질문 중에 하나이다. • 주관부서별 미션·비전 등의 기본적인 정보는 반드시 알아야 한다.
전문지식과 그 응용능력	• 선택한 직렬과 관련된 기초적인 전공지식을 물어본다. • 시험 전에 필기시험 과목을 간단하게 훑어보는 것이 필요하다. • 난이도 있는 어려운 지식보다는 실무에서도 적용 가능한 전공지식을 많이 물어보는 편이므로 기초이론에 대한 학습을 간단하게 하는 것이 좋다. • 이슈와 관련하여 전공지식을 물어볼 수 있으므로 시사이슈에 대한 학습도 필요하다.
의사발표의 정확성 및 논리성	• 최근 뉴스에 자주 나오는 시사상식이나 공무원과 관련한 이슈에 대해서 견해를 물어본다. • 정치적이지 않은 주제에서 찬반 또는 견해를 말하라는 질문이 많다. • 공무원 또는 군에서 사건의 원인, 적극행정, 우수행정사례, 뇌물수수 비리 등에 관련하여 본인의 견해를 밝히는 논리적인 답변이 필요한 질문을 자주 하므로 알아두면 답변할 때 유용하다. • 상황형 질문에 대해 많이 물어본다.
창의력· 의지력· 발전 가능성	• 창의적인 경험 유무에 대해 묻는다. • 임용이 된 이후에 자기계발을 어떻게 할 것인가에 대한 것을 자주 묻는다. • 군 조직에서 일하면서 발전가능성과 의지력을 보여줄 수 있도록 답변을 준비하는 것이 좋다.
예의·품행· 준법성· 도덕성 및 성실성	• 인성과 관련한 질문을 많이 한다. • 동기와의 갈등, 민원인과의 갈등해결방법, 사적인 일과 공적인 일의 중에서 중요하다고 생각하는 것, 갈등상황에 대처능력 등을 확인하기 위한 의도로 다양한 질문을 한다. • 성격의 장·단점, 취미, 학창시절 경험, 대인관계능력, 군무원 준비하면서 경험 등 인성과 관련한 질문의 빈도가 높다. • 준법성에 관련한 질문은 자주 출제된다. 공무원 복무에 따른 준법정신을 익혀두는 것이 좋다. • 본인의 경험을 예시로 하여 설명하는 것이 좋으며 단점도 장점처럼 느껴질 수 있도록 답변한다. • 자기소개서를 기반으로 자주 질문하기 때문에 자기소개서를 잘 익혀두는 것이 좋다.

02 평정요소별 기출복원질문 및 답변

01 군무원으로서의 정신자세

> **기출복원질문**
> ✦ 군인과 군무원의 차이점은 무엇인가?
> ✦ 공무원과 군무원의 차이점은 무엇인가?
> ✦ 본인이 생각하는 군무원의 장단점은 무엇인가?
> ✦ 사기업보다 군무원이 좋은 이유는 무엇인가?
> ✦ 군무원이 된다면 스스로 채울 수 있는 점과 비울 수 있는 점은 무엇인가?
> ✦ 군 창립기념일은 언제인가?

★★★　　**당신은 왜 군무원에 지원하였습니까?**

대한민국의 안보에 도움이 되겠다는 일념으로 지원하였습니다. '군대'가 진정으로 존재하는 것은 전쟁을 억제하고 국가 안보를 지키는 것이라 생각했습니다. 제가 군무원이 된다면 군인처럼 지상전이나 공중전 등의 전쟁의 현장으로 나가지는 않지만, 전쟁을 억제하기 위해서 제게 주어진 일을 최선을 다해서 하면서 국가 안보에 일조하여 국민들이 더욱 편익을 누리면서 살 수 있기를 바라는 마음에 지원을 했습니다.

면접TIP　직업으로 군무원을 선택하게 된 이유를 묻는 질문으로 안정성, 급여 등과 같은 이유가 아닌 자신의 가치관을 기반으로 하여 사례와 함께 적극적으로 설명하는 것이 좋다.

★★★　　**군무원이 무엇입니까?**

군무원은 국군에 소속되어 있는 군의 관리사무나 후방을 지원하는 업무를 수행하는 사람을 말합니다. 군무원은 국방부를 비롯하여 조달본부, 육군, 해군, 공군에 각각 소속되어 행정, 정보, 토목, 건축, 전기, 전자, 기계, 금속, 병기, 탄약, 차량, 함정, 항공, 보건, 시험 분석, 기상, 인쇄, 사진, 지도 등의 산업 응용의 각 분야에서 각자에게 주어진 업무를 보게 됩니다. 신분은 국가 공무원과 동일하며 군과 관련된 제 분야에서 전문직으로 활동을 하게 됩니다. 저는 군무원은 군의 현대화는 이를 지원할 많은 전문 군무원들을 필요로 하고 있는 전문직이라고 생각합니다.

면접TIP　이 질문은 지원자가 군무원이라는 직업에 가진 열의를 확인해보는 것이다. 본인이 생각하는 군무원에 대한 솔직한 견해와 함께 본인의 각오를 밝힌다.

★★★ 군무원으로서 가져야 할 중요한 덕목이 무엇인지 자신의 생각을 말해보시오.

군무원이 가져야 할 덕목 중 가장 중요한 것은 '청렴'이라고 생각합니다. 공익을 추구하는 존재인 군무원이 개인의 이익을 위해 부정적인 방법으로 이득을 얻는다면 그것은 국민 위에 군림하는 것과 같은 잘못된 행동이라고 생각하기 때문입니다.

면접TIP 이 질문은 지원자가 군무원이 되고나면 어떠한 포부로 일할지를 물어보는 것이다. 합격한 후 어떠한 자세로 업무에 임할 것인지 표현하면 된다.

★★☆ 공직자의 자세에 대해 말해보시오.

특정 이익단체를 대변하는 것이 아닌 국민을 위해 성실하게 봉사를 하는 자세가 필요합니다. 따라서 공직자는 지역사회의 안정에 기여하는 역할이 되어야 합니다.

중요한 것이 많지만 저는 가장 중요한 것을 '경청'이라고 생각합니다. 공직자가 된다는 것은 국민을 위해서 복무하는 것입니다. 국민들에게 진정하게 도움을 드리기 위해서 가장 중요한 것은 민원을 경청하는 것이라고 생각합니다.

면접TIP 공무원/군무원의 복무자세를 통해서 공직자가 가녀야 하는 자세를 자신의 생각을 포함하여 설명한다.

★☆☆ 군무원 외에 다른 기업에도 원서를 접수하였습니까?

네, 타 기업 두 곳에도 원서를 접수하였습니다. 제 전공과 맞고 그쪽 계통에서 일하고 싶어서 응시하였으나, 그 일은 공직생활에서도 충분히 응용할 수 있는 일이라고 생각합니다. 또한 앞으로의 발전가능성을 살펴보았을 때 저는 군무원을 우선순위로 두고 있습니다.

면접TIP 다른 기업 입사에 탈락했을 경우 군무원 임용을 차선책으로 여기는지를 알아보고자 하는 것으로 타 기업에 응시하였다면 정직하게 말하는 것도 좋으나 군무원이 나중이라는 인상을 주지 않도록 강한 의지를 표현하는 것이 중요하다.

★☆☆ 군무원은 월급이 다른 사기업에 비해 적습니다. 어떻게 생활을 하겠습니까?

군무원은 국민의 세금을 받고 국민을 위하여 봉사하는 자이며, 공익을 추구하는 존재로 개인의 이익을 추구하는 사기업의 직원들과는 근본적으로 차이가 있는 것이 당연하다고 생각합니다. 다른 기업에 비교해보면 적은 급여라 여겨질 수 있지만 급여 그 자체로는 제가 생활하는 것에 어려움이 없을 것이라고 생각됩니다. 수령 받는 급여를 고정비와 변동비를 알뜰하게 분배하여 계획적으로 사용하겠습니다.

면접TIP 이 질문은 군무원의 가장 큰 특성인 공익 추구를 강조하고자 하는 것으로 군무원으로서 공익에 대한 개념과 추구 방법 그리고 지향하여야 할 점에 대해서 구체적으로 제시하는 것이 좋다.

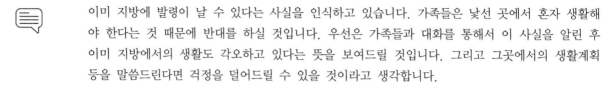

★★☆ 　**합격을 하고 나서 근무지가 원하는 곳이 아닌 지방으로 발령이 났는데 가족들이 반대를 하면 어떻게 하시겠습니까?**

이미 지방에 발령이 날 수 있다는 사실을 인식하고 있습니다. 가족들은 낯선 곳에서 혼자 생활해야 한다는 것 때문에 반대를 하실 것입니다. 우선은 가족들과 대화를 통해서 이 사실을 알린 후 이미 지방에서의 생활도 각오하고 있다는 뜻을 보여드릴 것입니다. 그리고 그곳에서의 생활계획 등을 말씀드린다면 걱정을 덜어드릴 수 있을 것이라고 생각합니다.

군무원이라는 직업을 갖기 위해서 제가 얼마나 노력을 했는지를 먼저 말씀드리겠습니다. 그런 후에 지방으로 발령이 날 수 있다는 것을 각오하고 선택한 제 입장을 분명하게 설명하겠습니다. 또한 이렇게 제 상황을 가족들에게 알리고 설명한 후 지방에 내려가게 되면 정기적으로 본가를 방문하겠다는 계획을 말씀드리겠습니다.

면접TIP 　이 질문은 원하는 근무지가 아닌 지방으로 발령이 날 수 있다는 점을 염두에 두고 시험에 응시한 점에 대해 물어보는 것이다. 이 질문은 가족들을 설득하는 방법을 평가하려는 것으로 공직생활을 하다보면 국민들을 설득해야 할 일이 발생하므로 그에 대한 대처법을 알아보고자 하는 것이다.

★★★ 　**자신이 원하지 않는 곳으로 발령이 난다면 어떻게 할 것인가?**

제가 원하는 곳으로 발령이 되지 않더라도 최선을 다해서 일하겠습니다. 원하는 곳이 된다면 가장 좋겠지만 그렇지 않더라도 기쁜 마음으로 일을 할 것입니다. 군무원이 되고자 하는 것은 원하는 곳에서 편하게 일하자는 마음으로 하는 것이 아니라 공익을 위해서 봉사하겠다는 마음이 크기가 더 중요하기에 발령이 난 어디든 제가 원하는 곳이라고 생각하면서 일하겠습니다.

면접TIP 　이 질문은 예상과 다른 곳으로 발령이 나더라도 그만두지 않고 일을 할 수 있는지를 알아보기 위한 질문이다. 원하지 않는 곳에서라도 열심히 일하고 배우겠다는 의지를 표명하는 것이 좋다.

★★★ 군인과 군무원의 차이는 무엇인가?

군인과 군무원은 공통적으로 국방과 안보를 위해 일하는 것입니다. 군인은 국가의 안정과 국민의 생명 · 생활을 보호하기 위해서 육군, 해군, 공군이 전투와 경계태세를 통해서 나라를 지키는 것입니다. 군대 복무를 직업으로 가진 자로 병사를 지휘하거나 통솔하거나 병력을 교육 · 훈련하는 등의 현장에서 근무하는 장교, 부사관, 장병을 군인이라고 합니다. 군무원은 대한민국 국군에 소속되어진 특정직 군무원으로 군부대에서 복무를 하는 공무원입니다. 군 내부를 관리하거나 후방에서 행정적인 업무를 지원하는 업무를 하고 있습니다. 군무원에게 있는 행정, 사서, 군수 등과 같은 직렬에 맞는 주어진 업무를 합니다.

면접TIP 군인과 군무원의 차이를 명확히 말하는 것이 중요한 요점이 아니라 군인과 군무원 사이의 협조, 이해 등을 살펴보기 위해 묻는 질문이다.

★★★ 일반직 공무원과 군무원의 차이는 무엇인가?

일반직 공무원은 국민의 생활 편의를 위해서 민원서비스를 제공하고, 특정직 공무원인 군무원은 군의 체계에 군 조직을 위해서 군사적인 역할을 합니다. 군무원은 법을 어길 경우에는 군법에 따라 처벌을 받게 됩니다.

면접TIP 군무원이 하는 일을 명확히 알고 있는지를 물어보기 위해서 하는 질문이므로 반드시 알아두고 있어야 한다. 군무원에 대한 확실한 이해를 하고 있는지를 물어보는 것이기에 군무원의 정의를 명확하게 알아두어야 한다.

기출복원질문

✦ 본인이 지원한 분야에서 하는 일을 말해보시오.

✦ 적극행정을 한다면 어떻게 할 것인가?

✦ 적극행정을 잘하는 부서는 어디라고 생각하는가? 왜 그렇다고 생각하는가?

✦ 본인이 생각하는 우수 행정사례에 대해서 말해보시오.

✦ 혁신이란 무엇인가?

※ 직렬별 전공지식과 관련한 기출질문과 예상질문은 p.70에서 확인할 수 있습니다.

★★☆ **중국의 동북공정에 대한 본인의 생각을 말해보시오.**

동북공정은 중국이 고조선이나 고구려, 발해 등 만주지역을 중심으로 활동한 우리 민족의 역사를 자신들의 역사로 편입하고자 하는 것으로 알고 있습니다. 이는 역사 왜곡뿐만 아니라 우리나라가 통일 되었을 때 영토분쟁문제가 생길 것을 대비하는 것으로 우리는 이에 지속적으로 관심을 가지고 우리나라 역사라는 것을 분명히 밝혀야 하며, 아직은 미흡한 연구가 많으므로 지속적으로 연구해야 합니다. 이 과정 중에 중국과 마찰이 생길 수 있으므로 외교적 노력도 게을리 해서는 안 될 것입니다.

중국은 동북공정을 통해 우리의 민족사를 자신들의 지역에서 일어난 소수민족의 변방사로 포함시키고 있습니다. 그들은 이러한 작업을 통해서 이미 고구려의 문화유산을 자국의 것으로 세계문화유산에 등록하기도 하였습니다. 그러나 중국에서는 많은 고구려 유산을 방치하거나 훼손하고 있습니다. 이는 우리 민족의 역사와 함께 자신들의 치욕스러운 역사도 지우려는 것입니다. 우리는 외교적인 노력을 꾸준히 하여 우리의 민족사가 훼손되는 것을 막아야 합니다.

면접TIP

이 질문은 중국이 고구려사를 중국의 변방사라고 주장하고, 한국의 전통문화 등을 자신들 것이라 억지 주장을 하면서 여러 가지 외교활동을 펼치고 있는 것에 대한 대응책 등을 요구하는 것이다.

★★★ 최근 관심을 가지고 있는 군 이슈는 무엇인가?

장병의 복지증진에 대해 많은 관심을 가지고 있습니다. 인구가 줄어가면서 병역 인구가 줄어가는 지금 국가를 위해 노력하는 장병들의 복지 증진에 대한 이슈에 관심이 많습니다. 장병들이 복무 환경을 개선하는 것이 국민에게 신뢰받을 수 있는 국방을 구현할 수 있다고 생각합니다. 그에 따라 정당한 보상 또는 자기개발 지원이 필요하다고 생각합니다.

면접TIP 군 이슈에 대한 질문은 자주 나오는 질문이다. 군 이슈에 대해 많은 관심을 가지고 있는 것이 필요하다. 관심이 있는 군 이슈와 함께 자신이 그 이슈에 대해 어떻게 생각하는지도 말하면서 답변을 하는 것이 좋다.

☆☆☆ 전력지원체계가 무엇인가?

'전력지원체계'는 전투수행의 주체인 장병과 무기체계의 지속적인 전투력 발휘를 지원하는(무기체계 이외의) 장비(부품) · 물자 · 일반시설 · 자원관리 및 기반체계 소프트웨어 등 제반 요소를 통칭하여 의미합니다. 전투지원장비(부품), 전투지원 물자, 의무지원 물품, 교육훈련 물품, 국방정보시스템과 기타 군사시설 등과 같은 전력지원체계로 분류됩니다.

면접TIP 군에 대한 관심도를 알아보기 위한 질문이다.

☆☆☆ 국가동원의 개념은 무엇이고 왜 필요하다고 생각하는가?

국가동원은 전시, 사변 또는 이에 준하는 국가비상사태 시 한 나라의 인적 · 물적 · 모든 자원을 국가안전보장에 기여할 수 있도록 국가가 효율적으로 통제, 관리, 운용하는 것을 의미합니다. 국가동원은 현대전의 특징인 국가총력전, 단기 속결전에 대비하여, 신속하게 전시체제로 전환하기 위하여 고도의 동원준비태세가 필요하다고 생각합니다. 또한 완벽한 동원준비태세는 현존 군사력과 전쟁 억지와 상비전력의 적정규모 유지로 국민자원의 효율적 활용에 기여하기 위해서 필요합니다.

면접TIP 군과 관련된 전문지식의 정도를 알아보기 위한 질문으로 군과 관련된 용어를 알아두는 것이 좋다.

기출복원질문

✦ 저출산 문제에 대하여 어떻게 생각하는가?
✦ 선공후사에 대한 본인의 생각을 말해보시오.
✦ 존경하는 독립운동가가 있습니까?
✦ 엽관제와 실적제의 정의와 함께 차이점을 설명해보시오.
✦ 모병제에 대해서 어떻게 생각하는가?
✦ 4차 산업혁명에 대해서 설명해보시오.
✦ 4차 산업혁명이 군무원에게 어떤 영향을 줄 것 같은가?
✦ 국방목표, 국방비전, 슬로건을 말해보시오.
✦ 내부고발제에 대한 본인의 견해는?
✦ 공직자의 뇌물수수에 대해서 어떻게 생각하십니까?
✦ 군의 핵심가치 중에서 가장 중요하다고 생각하는 것은 무엇인가?
✦ 정보공개법이 무엇인가?
✦ 갈등의 기능은 무엇이라고 생각하는가?

☆☆☆　　**한미 동맹의 배경에 대해서 설명해보시오.**

한국과 미국의 동맹관계는 6·25 전쟁 직후에 '한·미 상호방위조약'을 체결하면서 한미 동맹의 기틀을 갖추게 되었습니다. 1953년 10월 1일 워싱턴에서 체결되었으며 1954년 11월 18일에 발효되었습니다. 이 조약에 따라서 한국과 미국 간에 군사동맹관계가 수립되었고, 양국은 외부의 무력공격을 공동으로 방위하고 현재 미국은 한국을 방위하기 위해서 한국에 미군을 주둔시켰습니다.

면접TIP　국방소식에 대해 잘 알고 있는지 물어보는 질문이다.

★★☆　　**군대 내 총기 난사사건이나 총기 탈취사건 등 불미스러운 일이 발생하는 이유가 무엇인지 말해보시오.**

총기 관련 문제가 발생하는 이유는 사회적 환경과 군대 환경의 차이에서 비롯된다고 생각합니다. 군대가 과거에 비해 많이 변화하고 있다고는 하지만 요즘 청년들의 사고방식과 맞지 않는 것이 상당부분 존재합니다. 그러나 이를 군대의 책임으로만 돌릴 수는 없습니다. 군대는 특수한 환경으로 그에 따른 규칙이 있기 마련인데 사회에서의 생활을 그대로 유지하려 하면 안 된다고 생각합니다. 가장 바꾸기 힘든 것이 생활방식이라고 합니다. 쉽지는 않겠지만 꾸준히 이런 차이를 줄이도록 양자가 노력해야 한다고 생각합니다.

면접TIP　이 질문에서는 군대에서 총기 관련 사건이 발생하는 이유를 논리적으로 설명하는 것이 좋다. 자신의 경험을 이야기 하는 것도 좋지만 지나친 비판을 하지 않도록 주의하여야 한다.

☆☆☆ **인구절벽과 함께 병역 자원이 감소될 것으로 예상된다. 이에 대한 본인의 생각은?**

우리나라의 인구가 급감하면서 군병력 유지가 어려워지고 있습니다. 국가 안보를 위해서 병역 자원을 안정적으로 보유하고 있는 것은 필수라고 생각합니다. 우선 병역운영체제에 대한 변화가 필요하다고 생각합니다. 다양한 제도적 연구를 통해서 청년들이 입대에 관심을 가지도록 하는 것이 좋다고 생각합니다.

면접TIP 정답이나 실용 가능한 답을 바라고 묻는 것은 아니다. 군대에 이슈에 얼마나 관심이 있는지, 알고 있는 부분이 어느정도인지 파악하기 위한 것이기 때문에 정답을 말하려 하기보다는 최근 보도되는 군대 이슈를 말하면서 군 이슈에 대한 자신의 높은 관심도를 알려줄 수 있는 답변을 하는 것이 좋다.

★☆☆ **사회봉사에 대한 본인의 생각을 말해보시오.**

사회봉사라고 하면 상당히 거창하거나 돈이 많이 드는 일이라고 생각하지 않습니다. 제가 생각하는 사회봉사는 남을 위해서 할 수 있는 일을 하는 것이라고 생각합니다. 그래서 저는 자주 헌혈을 합니다. 저의 피가 사경을 헤매고 있는 누군가를 살릴 수 있다고 생각하면 뿌듯합니다.

항상 학교를 다니고 공부하느라 직접 봉사활동을 해본 적은 없지만, 텔레비전에서 봉사활동을 하는 사람들을 보면 기분이 좋아지고 스스로 반성도 하게 됩니다. 봉사를 하는 사람들의 모습을 통해서 봉사활동이 정해진 사람들만 하는 것은 아니라는 생각도 하게 되었습니다. 그래서 제가 할 수 있는 일을 찾아서 해보고 싶습니다.

면접TIP 이 질문에서는 자신이 생각하는 사회봉사에 대해서 말하고 자신이 실천한 사회봉사 그리고 그 일을 하면서 느낀 점 등을 소개하는 것이 좋다.

★★☆ **징병제와 모병제에 대해서 설명하고, 두 제도의 장단점을 말해보시오.**

징병제는 정해진 연령이 되면 병역에 종사해야 합니다. 개인의 의사와 무관하게 의무적으로 국방의 의무를 가지게 됩니다. 모병제는 직업 군인이 되기를 희망한 사람을 모집하여 군대를 유지하는 제도이며 징병제의 경우는 평등하게 병역을 이행할 수 있으며 국방비를 낮출 수 있지만 강제로 종사하므로 자유권이 보장되지 않고 숙련된 병사를 보유하기 어렵습니다. 모병제의 경우는 자율에 의해 병역 의무를 이행할 수 있으며 숙련된 병사를 보유할 수 있습니다. 하지만 국방비가 증가합니다. 또한 최소 병력조차 채우기 어려울 수 있고, 상대적으로 가난한 사람이 지원을 많이 할 확률이 높아집니다.

면접TIP 두 용어의 뜻을 잘 알고 있는지 묻는 것이다. 용어에 대한 설명과 장단점을 당황하지 않게 설명하는 것이 중요하다.

★☆☆　**공무원 구조조정에 대한 본인의 견해를 밝히시오.**

헌법에서도 명시하였고, 한 국가의 봉사자로서 공무원에 대한 직업 공무원 제도와 정년 보장의 원칙을 파기한다면 국가의 행정 신뢰성은 낮아지게 될 것입니다. 다양한 해결방법의 가능성이 존재함에도 불구하고, 공무원 구조조정을 시행한다면 열심히 일하는 공무원의 사기를 떨어뜨릴 것입니다. 따라서 공무원 구조조정에 관해서는 다른 방안들과 함께 더 면밀하게 제고되어야 할 것이며, 불가피하게 시행할 수밖에 없는 상황이 오더라도 다른 방안과의 효율성 차이를 검토하여 시행해야 한다고 생각합니다.

면접TIP　지나치게 비판적이지 않게 설명한다.

★★☆　**공무원들이 비리에 연관되는 이유에 대해 말해보시오.**

'돈이면 다 된다'는 잘못된 의식과 뇌물 수수의 관행 등 우리 사회에 만연해 있는 물질 만능주의가 원인이라고 봅니다. 뇌물 수수의 기회가 항상 존재하고 있는 상황에서 민원인들의 유혹은 도덕성을 최고의 덕목으로 하는 공무원의 비리를 유발시키는 가장 큰 원인이라고 생각합니다. 공무원 비리를 근절하기 위해서는 공무원 개개인의 도덕성과 투명성 고취를 위한 노력과 이를 뒷받침할 수 있는 사회적·제도적인 개선이 필요합니다. 특히 공무원이 자긍심을 가질 수 있는 사회적 분위기 조성과 업적에 따른 보상 체제, 업무의 투명성 등이 무엇보다 중요한 것이라 생각합니다.

면접TIP　면접관은 응시자의 사회관과 공인으로서의 자질을 파악하고자 한다는 것을 염두에 두고 자신의 평소 소신대로 명확하게 답변하도록 한다. 이때 객관적인 자세를 견지하면서, 구체적이고 현실적인 내용을 들어 설명하는 것이 좋다. 또한 공무원 전체의 명예를 심하게 훼손시키지 않도록 하는 표현해야 한다.

★★☆　**오늘날 공직사회에 부정부패가 만연한 이유와 그 해결책에 대해서 말해보시오**

부정부패가 생기는 이유는 경제적인 이유 때문이라고 생각합니다. 일반기업에 비해 봉급은 적지만 부정적인 방법으로 이득을 얻을 수 있는 경우가 많습니다. 부정한 방법으로 이득을 취하지 않도록 능력이 있는 공직자에게는 현실적이고 합리적인 보상이 주어져야 한다고 생각합니다.

저는 공직자들의 정신적인 자세에 문제가 있다고 생각합니다. '나 하나쯤이야, 이 정도쯤이야, 한 번쯤은 괜찮겠지.'하는 무사안일주의와 개인이기주의가 혼합되어 부정이 행해지는 것입니다. 그러므로 대대적인 윤리교육이 필요하다고 생각합니다. 부정부패척결을 위한 결의문과 같은 지침은 비록 당장은 그 실효성에 있어서 의심을 받고 있기는 하나 장기적인 면에서 봤을 때 효과를 나타낼 수 있다고 생각합니다.

면접TIP　이 질문은 두 가지 측면에서 접근하는 것이 바람직하다. 우선은 부정부패나 비리 등은 경제적인 이유에서 비롯되기 쉬우므로 그에 대한 보상체계와 공직자의 윤리적인 측면에 대해서 부정부패척결을 위한 결의문 등과 같은 의견을 이야기하는 것이 좋다.

★★★ 청렴이란 무엇인지 자신의 생각을 말해보시오.

청렴이란 성품과 행실이 높고 맑으며 탐욕이 없음을 뜻합니다. 청렴은 공직자의 중요한 덕목이라고 생각합니다. 공무원 헌장에는 나의 사익보다는 공익을 우선으로 하면서 국가에 헌신하며 국민에게 봉사해야 한다고 합니다. 군무원 또한 공무원 헌장에서처럼 적극적 행정을 하며 사적 이익을 추구하기 보다는 공적인 이익을 바라보며 청렴하게 일하는 것이 중요한 공직자의 자세라고 생각합니다.

면접TIP 이 질문은 지원자가 군무원이 된다면 지켜야 하는 자세를 논리적으로 설명하는 것이 요점이다. 공무원헌장에 기초하여 답변을 하는 것이 좋다.

★☆☆ 정비사와 조종사 둘 중에 더 중요한 직무가 무엇인지 말해보시오.

더 중요한 직무가 정해져있다고 생각하지는 않습니다. 전시에 출전을 하는 조종사도 중요하고, 그런 조종사의 무기인 전투기를 점검하고 정비해주는 정비사가 없다면 조종사는 출전할 수 없을 것입니다. 그러므로 두 직무는 동등하게 중요하다고 생각합니다. 저는 모든 일은 경중을 따질 수 없다고 생각합니다.

★☆☆ 세대차이에 대해서 말해보시오.

최근 인터넷에서 트렌드를 얼마나 잘 따라가는지 간단한 테스트를 해본 적이 있습니다. 어린 친구들이 사용하는 언어를 보고 저 역시도 이해가 되지 않아서 헤맨 기억이 있습니다. 그 경험을 통해서 '내가 사용하는 언어를 어르신들은 그렇게 받아들일 수 있구나!'하는 생각이 들었습니다. 최근 우리 사회는 오래된 전통은 낡은 것이라 하여 배척하고 새로운 문물을 선호하는 풍조가 팽배합니다. 이에 전통과의 단절은 더욱 심해지고 있습니다. 전통과의 단절은 흔히 말하는 세대 차이로 연결됩니다. 이에 대한 해결책으로 작게나마 집에 계시는 부모님과 대화를 통해 서로를 알아가는 노력이 필요하다고 생각합니다.

과거에는 세대 차이를 대수롭지 않게 여겼습니다. 어른들은 다 '젊은이들이 하는 것이 못마땅하고 미숙하게만 느껴지시겠지'라고만 생각했습니다. 하지만 처해진 상황과 살아온 경험이 다른 세대 간의 차이가 서로를 이해하지 못하게 만든다는 생각을 하였습니다. 전과 달라진 최근의 사회현상에 대해서 세대별로 경험한 것이 다르니 느끼는 것도 달라 최근에 세대차이로 인해 세대 간의 갈등이 깊어지고 있다고 기사를 본 기억이 있습니다. 서로의 처해진 상황을 이해하고 받아들이면서 변화하길 바라기보다 수용하되, 나의 다음 미래세대는 조금이나마 더 편해질 수 있도록 좋은 방향으로 가기 위한 대화가 중요하다고 생각합니다.

면접TIP 이 질문은 젊은 세대는 그 윗세대들에게 지혜를 본받고 배워야 하며, 윗세대들은 젊은 세대를 이해할 수 있어야 한다는 기본적인 생각을 가지고 있는지를 파악하는 것이다. 과거에 비해 문화의 변화 속도가 매우 빨라지면서 세대 차이는 단순히 개인적인 문제가 아닌 사회적 문제로 떠오르고 있다. 효과적인 대답으로는 위의 기본적인 생각에 자신의 의견이나 경험을 덧붙여서 이야기하는 것이 좋다. 또한 신뢰도를 높이기 위해 자신이 본 기사나 책 제목 등을 밝히는 것도 좋다.

★☆☆ 성과제와 호봉제를 비교하여 어떤 점이 좋은지 자신의 생각을 말해보시오.

호봉제는 '다함께 다같이' 일하는 환경이 될 수 있지만 모두 같이 대충으로 반할 수 있습니다. 성과제는 성과를 낸 사람에게 보상을 주는 것으로 일에 훌륭한 동기부여가 될 수 있습니다. 하지만 철저히 개인적이고, 성과가 제대로 이루어질 것인지에 대한 의문이 있습니다. 왜냐하면 조직사회의 일명 '줄타기'로 성과를 얻을 수도 있기 때문입니다. 이를 막기 위해서는 공정성이 필요하다고 생각합니다. 공정성만 있다면 저는 성과제를 지지하는 바입니다.

★★★ 마지막으로 하고 싶은 말이 있는가?

저를 군무원으로 뽑아 주신다면 제가 지원한 분야에서 최고가 되도록 노력할 것입니다. 입사 후 모르는 부분은 많은 공부를 통해 빠른 시간 내에 업무에 적응하도록 할 것입니다.

면접TIP

마지막으로 하고 싶은 말은 여태까지 모든 면접에서 꼭 나오는 것이므로 궁금한 것이 있다면 물어보도록 한다. 그러나 급여나 휴가, 포상금 등에 대한 질문은 벌써 놀 궁리만을 하거나 돈을 너무 밝히는 사람으로 오인하여 감점의 요소가 될 수 있으므로 피하는 것이 좋다.

기출복원질문

✦ 대학교 전공을 활용하여 군 조직에 어떤 도움이 되고 싶은지 말해보시오.

✦ 자기계발을 위해 노력한 것이 무엇이고, 그와 관련하여 가지고 있는 자격증이 있다면 말해보시오.

✦ SWOT분석을 통해 본인을 평가한다면 자신의 약점이 무엇인지 설명해보시오.

✦ 짧은 면접 시간 동안 본인을 평가하는 것이 부당하다고 생각하지 않습니까?

✦ 격오지 근무에 대해서 자신의 생각을 말해보시오.

✦ 가정에 중요한 일이 있는데 초과근무와 겹치는 상황이 오면 어떻게 하겠습니까?

✦ 본인이 선임임에도 일을 잘 못해서 후임이 무시하는 상황이 발생하면 어떻게 할 것인지 말해보시오.

✦ 막무가내로 항의하는 악성민원인에게 어떻게 대처할 것인가?

✦ 군무원 면접을 위해 어떤 준비를 하였는가?

✦ 전공과 무관한 직렬에 지원한 이유는 무엇인가?

✦ 군무원에 임용되고 추후에 정년퇴직을 하고나면 무엇을 하고싶은가?

★★★ **상관의 의견이 부당하다고 생각되거나 자신의 주장과 다른 상황이라면 어떻게 대응할 것인지 말해보시오.**

상관이 지시한 명령이 부당하다고 느껴질 수 있으나 제가 신입이라 일에 대해 정확하게 파악하지 못하여 생기는 오해일 수도 있습니다. 그렇기 때문에 우선 그 명령을 따르고 저의 의견을 다시 한 번 검토해 보겠습니다. 그런 후에도 부당하다는 생각이 든다면, 저의 생각을 정리하여 제시하겠습니다.

면접TIP 이 질문에서 무조건 상관의 의견을 따르겠다는 대답은 적절하지 못하다. 현대 공직사회에서 추구하는 바가 아니기 때문이며, 깊게 생각하지 않는 태도로 보여 응시자에 대한 신뢰도 떨어지게 된다. 상관의 의도를 파악하고 자신의 역할과 임무를 확인하고 자신의 의견을 다시 한 번 검토해본다는 정도가 답변으로 적절하다.

★★☆ **군무원 시험에 합격을 하면 발령 전까지 무엇을 할 것인지 말해보시오.**

발령이 나기까지 얼마간의 시간이 주어질지 모르지만 우선 저를 걱정해주시던 어르신들을 찾아뵙고 인사드리고 싶습니다. 또한, 전부터 배우고 싶었던 중국어 학습을 위해 학원에 등록할 것입니다.

면접TIP 이 질문은 군무원에 합격을 하고 나면 다소 해이해질 수 있는 부분이 있기 때문에 이를 어떻게 활용하겠는지를 묻는 것이다. 지금까지 힘들게 공부해 왔기 때문에 놀고 싶은 마음도 있겠지만, 약간의 휴식을 취한 후에 아르바이트나 외국어 공부 등을 통해 꾸준히 자기개발을 하겠다고 답변을 하는 것이 바람직하다.

★★★ 만약 당신이 사는 지역에 혐오시설이 들어온다면 어떻게 할 것인지 말해보시오.

분명 이성적으로는 꼭 필요한 시설이라는 것을 알지만 제가 살고 있는 지역에 들어온다고 하면 우선은 반대부터 하게 됩니다. 저는 제가 사는 지역에 들어오는 시설의 필요성과 부지의 적합성, 반대급부 등을 따진 후 적합하다고 생각되면 찬성을 하고 다른 주민들을 설득할 것이나, 부적절하다고 생각이 되면 이유를 제시하여 혐오시설의 건립을 막을 것입니다.

아무리 이성적으로는 이해를 한다지만 실질적으로 자신의 상황이 되면 반대를 하게 됩니다. 쓰레기 처리장이 들어서게 되면 지역의 이미지가 나빠지거나 땅값이 하락하는 등의 불이익이 예상됩니다. 비록 반대급부가 제시되더라도 반대할 것입니다.

면접TIP 이 질문은 공익과 사익이 대치하게 될 때의 대처법을 살펴보려는 것이다. 한쪽으로 치우치는 의견보다는 현실적으로 사안을 대처하는 태도를 보여주는 것이 바람직하다.

★★★ 잦은 야근을 하게 된다면 어떻게 할 것인지 말해보시오.

야근이나 시간 외 근무는 어느 곳에서든 바쁜 시기에 자주 행해지는 것으로 알고 있습니다. 갑작스러운 재해나 사건으로 인한 근무는 당연한 것으로 생각합니다. 갑자기 늘어난 업무로 인해서 야근을 하게 되는 것이라면 평소보다 일찍 출근하거나 점심시간 등을 잘 활용하여 업무진행에 차질이 없도록 하겠습니다.

저는 야근을 하는 것을 좋아하지 않습니다. 야근은 대체적으로 자신이 해야 할 업무를 마치지 못한 것으로 생각되기 때문에 평소에 계획적으로 일을 해서 야근을 하지 않도록 하겠습니다. 하지만, 피치 못할 경우에는 최선을 다해 근무하겠습니다.

면접TIP 이 질문은 시간 외 근로에 대해서 응시자의 의견을 묻는 것이다. 시간 외 근무가 비단 공직사회에서만 행해지는 것이 아니므로 그에 대해서 언급하고 자신의 생각을 덧붙이는 것이 중요하다. 또한 업무시간을 효율적으로 사용하여 야근 시간을 줄이겠다는 의견도 좋다.

★★☆ 권위적이지만 일 처리가 확실한 상관과 인격적으로 존경받는 상관 중 본인에게 맞는 사람은 누구입니까?

저는 물과 같아서 어떤 병이든 그 모양에 맞출 수 있는 성격을 갖고 있습니다. 만약 인격적으로 존경 받는 상관을 만나게 된다면 상관의 인격적인 면을 닮아 후임에게도 똑같은 사람이 될 것이고, 일 처리가 확실한 상관과 일한다면 일을 확실하게 배워 실수 없는 사람이 될 것입니다. 모든 사람들이 저와 성격이 맞을 것이라고 생각하지 않기 때문에 어느 상황에서도 맞춰서 일을 할 준비가 되어있습니다.

면접TIP 지원자가 원하는 상관의 표상으로 유도하는 질문일 수 있지만, 지원자의 사회성과 조직 관계의 적합성을 알아보는 질문이다. 또한 지원자의 성격에 빗대어 설명하며 자신의 장점을 드러내는 것이 좋다.

★★★ **자신보다 어린 상관과 함께 근무해야 한다면 어떻게 할 것인지 말해보시오.**

 군 입대가 늦어 나이 어린 선임과 함께 군 생활을 했습니다. 계급의 위계질서를 배웠으며 나이보다는 경험이 많은 상관의 능력과 지도력을 존중하게 되었습니다. 나이가 많고 적음은 중요치 않습니다. 그들이 제게 요구하는 것이 군무원으로서 마땅한 것인지가 중요하다고 생각합니다. 마땅하다고 생각이 되면 기꺼이 요구에 응해야 할 것이며 군무원으로서 부끄러운 요구라면 부끄러운 요구라 말할 수 있는 용기와 줏심이 필요할 뿐입니다. 반대로 나이가 어린 상관에게 나이가 많은 부하 직원도 힘이 들것입니다. 하지만 평소 대화를 통해 상호 간에 신뢰감을 쌓아가고 서로의 능력을 인정하고 존중한다면 나이로 인한 상관과의 마찰은 없을 것이라 생각합니다.

면접TIP 이 질문은 원만한 조직생활을 할 수 있는지에 대한 것이다. 계급은 나이순이 아니며 나이 많은 사람이 반드시 군림하는 것도 아니다. 조직생활은 나름대로 위계질서가 있으며 그 범위 내에서 기본예절은 지켜야 한다. 상관, 동기, 부하의 협력하에 서로에 대한 배려와 존중이 있다면 원만한 조직생활이 이루어질 수 있다.

☆☆☆ **당신은 첫 월급을 받으면 어떻게 사용할 것인지 말해보시오.**

 우선 가장 먼저 부모님과 가족들에게 선물을 하고 싶습니다. 평소에 부모님께 필요한 물건이 무엇 인지는 알고 있으면서 선뜻 사드리지 못해 아쉬웠기 때문입니다. 또한 월급을 받을 때마다 부모님께 용돈을 드리고 싶습니다. 액수로는 충분치 않더라도 오로지 부모님 자신을 위해 쓰시라고 드리고 싶습니다.

 스페인어를 배우기 위해 학원에 다니고 싶습니다. 군무원이 임용이 되더라도 저는 끊임없이 발전하기 위해서 공부를 해야 한다고 생각합니다. 영어는 시험공부를 하면서 자주 접하였지만 스페인어는 배우고 싶었지만 여유가 생길 때 하자고 미뤄두었던 공부였습니다. 월급을 받는다면 제가 배워보고 싶었던 스페인어를 배워보고 싶습니다.

면접TIP 이 질문은 개인의 소비성향과 함께 대인관계, 경제적 관념 등을 파악하기 위한 것이다. 자세한 금액까지는 밝히지 않더라도 부모님이나 주위 사람들에게 선물을 사거나 자기계발에 투자하겠다고 답변하는 것이 바람직하다.

★☆☆ **퇴근 후에 참여하고 싶은 않은 단체행동을 해야 할 경우 어떻게 대처할 것인지 말해보시오.**

 조직은 팀워크가 중시되는 조직이라고 생각하기 때문에 참여하기 싫어도 단체의 뜻이라면 따르겠습니다.

면접TIP 이 질문은 어느 조직에서든지 간부들은 퇴근 후 단체행동에 빠지는 것을 상당히 싫어하는 것을 전제로 하여 보수적인 가치관을 가진 상관과의 적절한 융화가 가능한지를 파악하기 위한 것이다.

★★☆ **만약에 불합격하면 어떻게 하실 것입니까?**

저는 공직에서 일하고자 하는 일념으로 꾸준히 준비해왔습니다. 비록 떨어진다면 아쉽겠지만 실패한 원인을 찾아 분석하여 다시 한 번 도전하겠습니다.

저는 지금까지 이번이 마지막 기회라고 여기면서 준비를 했습니다. 공직에서 일하고자 하는 마음으로 최선을 다해 준비했기 때문에 떨어질 것이라고는 생각하고 싶지 않지만 만약 떨어진다면 저의 생활과 가족들을 위해서 다른 기업에 입사를 준비할 것 같습니다.

면접TIP 이 질문은 응시자를 압박하여 위기에 대처하는 능력을 보기 위한 것이다. 겨우 면접까지 힘들게 왔는데 떨어진다고 가정한다면 응시자는 순간 혼란에 빠지게 될 것이다. 이럴 때 자신 있게 대처하는 것이 바람직하며 다시 도전한다는 말로 군무원에 대한 자신의 의지를 보여주는 것이 좋으나 그것이 과도하면 포기할 줄 모르는 집념으로 보여 감점 요인이 될 수도 있으니 주의하여야 한다.

☆☆☆ **합격 후 동기들이 당신에 대해 불쾌한 감정을 가지고 있다면 어떻게 대처할 것인가?**

같이 일을 해야 하는 동기들끼리 사이가 좋지 않다면 일의 진행에도 영향을 미칠 수 있습니다. 만약 동기들이 저에게 좋지 않은 감정을 가지고 있다면 자리를 만들어서 이야기를 하려고 할 것입니다. 만약 오해가 있었다면 풀고, 제가 잘못한 점이 있다면 고치겠다고 이야기하면서 이번 기회를 이용하여 친근감을 가질 수 있도록 하겠습니다.

저는 이유를 직접 들으면 화가 나거나 사이가 더 나빠질 수 있을 거란 생각이 듭니다. 우선 같이 근무하는 다른 사람들에게 물어 제 평판이나 소문 그리고 동기들이 저에 대해 가지고 있는 불쾌한 감정 등을 알아본 뒤 따로 만나서 그것에 대해 해명한 후 잘 지내고 싶다는 제 생각을 말하고 싶습니다.

면접TIP 이 질문은 동기들과의 화합을 파악하기 위한 것으로, 동기들과의 친밀도 향상을 위한 답변이 중요하다. 너무 이상적이고 추상적인 답변보다는 실현가능한 답변이 중요하며 인간관계 개선을 위해 노력하는 자세를 보이는 것이 중요하다.

★☆☆ **어디까지 승진하고 싶습니까?**

하루하루 열심히 최선을 다해서 인정을 받아 빨리 진급을 하면 더더욱 좋겠지만 진급이 안 되더라도 제게 문제점을 찾고 고치는 데 힘쓰고 진급을 위해서 노력하는 사람보다 하루하루 열심히 일하고 노력하는 사람이 되고 싶습니다.

지금은 합격하는 것이 최우선이고 거기까지는 생각을 못했습니다. 적극적으로 열심히 일하고 승진은 일의 결과로서 뒤 따라 오는 것이라고 생각하므로 열심히 노력해서 최선을 다하겠습니다.

면접TIP 이 질문은 조직에서 지위 지향형 인간인지를 파악하기 위한 것이다. 또한 '시작해 보지도 않고서는 아무 말 할 수 없습니다.'라는 식의 답변은 감점의 요인이 되므로 주의하여야 한다.

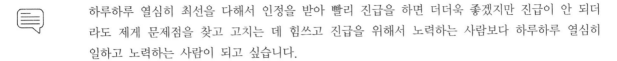

☆☆☆ **전공과 무관한 직렬을 선택한 이유에 대해 말해보시오.**

하루하루 열심히 최선을 다해서 인정을 받아 빨리 진급을 하면 더더욱 좋겠지만 진급이 안 되더라도 제게 문제점을 찾고 고치는 데 힘쓰고 진급을 위해서 노력하는 사람보다 하루하루 열심히 일하고 노력하는 사람이 되고 싶습니다.

대학교에서 교양 수업으로 우연히 선택한 '행정학의 이해'라는 수업에서 행정학에 대해 어려우면서도 묘한 매력을 느꼈습니다. 이를 계기로 관련 수업을 많이 듣게 되었으며, 이렇게 공부를 하면서 점차 여러 가지를 알게 되었고, 제가 알고 있는 지식을 업무에 적용해 보고 싶다는 생각에 이르게 되어 행정직을 선택하게 되었습니다.

면접TIP 이 질문은 응시자가 소신을 가지고 선택한 것이 아니라면 당황스러운 것이 된다. 그러나 잘 생각해보면 자신의 전공을 직렬에 적용할 수 있는 부분이 분명히 있을 것이다. 이런 부분을 예로 들어 설명하면서 상반되는 것처럼 보이는 두가지가 맞아 상승효과를 일으킬 수 있음을 강조하여야 한다.

☆☆☆ **공직생활과 개인생활 중 어느 편이 중요한지 자신의 생각을 말해보시오.**

단정적으로 말씀드리기 어려운 문제입니다만 굳이 어느 한쪽을 선택해야 한다면 공직생활이 우선입니다. 잠자는 시간을 제외하면 하루의 절반 이상을 보내게 되는 직장은 단순한 일터가 아니라 삶터이기 때문입니다. 또한 제 개인의 사회적 가치 역시 공직생활을 통해 결정되는 것입니다. 그렇지만 개인생활 역시 소중한 것이며, 개인생활이 뒷받침되지 못하면 성공적인 공직생활도 기대할 수 없다고 봅니다. 어느 한쪽도 소홀해서는 안 되는 것입니다. 공직생활과 개인생활을 분리하여 생각하기보다 조화를 이루는 자세가 중요하다고 생각합니다.

공직생활과 개인생활은 서로 분리될 수 있는 것이 아니고 서로 유기적인 관계로서 존재한다고 생각합니다. 옛날에도 '修身齊家 治國 平天下(수신제가 치국 평천하)'라고 했듯이 충실한 개인생활이 곧 충실한 직장생활의 바탕이 되므로 공·사생활이 조화를 이루어야 한다고 생각합니다.

공과 사는 엄격히 구별되어야 하며, 공적인 일에 사적인 일을 개입시켜서도 안 되고, 사적인 일에 공적인 것을 개입시켜서도 안 된다고 생각합니다. 공과 사가 유기적으로 맞물려 돌아갈 때 최대한 업무 능력을 발휘할 수 있을 것이라 생각합니다.

면접TIP 개인주의적 성향이 강한 현대인들에게 자주 제시되는 질문으로 일에 대한 열의와 직업관, 사고방식, 생활 자세 등이 복합적으로 평가될 수 있다는 점을 감안해 신중하게 답변해야 한다. 답변할 때는 단순하게 어느 한쪽을 선택하기보다 일과 개인생활이 상호보완적인 관계라는 점을 전제로 자신의 입장을 밝히는 것이 좋다. 흔히 공직생활에 우선순위를 두겠다고 말하지만 이때에도 타당성 있는 이유를 제시할 수 있어야 한다. 개인생활을 제대로 영위하지 못하면서 공무에 충실할 수 없기 때문이다.

☆☆☆ 군대에 있을 때 보직이 무엇이었는지 말해보시오.

군대에서의 보직은 행정병으로 행정업무의 전반적인 이해와 업무의 중요성을 인식하는 계기가 되었 습니다. 때로는 업무량이 많아 대충할까라는 생각이 들 때도 있었으나 모든 사람이 최선을 다해 주어진 임무를 완벽하게 수행한다면 최상의 준비태세를 유지할 수 있다는 생각으로 밤을 새워 일을 하기도 했습니다. 이런 생활을 거침으로써 조직은 톱니바퀴와 같아 모든 톱니들이 완벽하게 돌아갈 때 전체가 잘 운영될 수 있다는 말의 의미를 알게 되었습니다.

저는 화생방 탐지병이었습니다. 화학전의 오염예상 지역을 탐지하여 오염된 가스, 생화학무기, 방사능의 종류를 분석하고 오염경계지역을 상급부대로 보고하는 것이 제 임무였습니다. 실제 전쟁이 발발하게 되면 가장 먼저 죽게 될 지도 모르는 일을 할 수 있을까 하는 고민도 했지만 다른 부대원들의 생존과 전쟁의 승리가 제 손에 달려있다는 생각에 자부심을 갖게 되었습니다. 군대 생활을 하면서 나 자신만이 아닌 동기, 국민 등을 생각할 수 있게 되었고 비록 위험하게 생각되는 일이라도 맡은 바 임무를 완수하는 것이 얼마나 중요한 것인가를 알게 되었습니다.

면접TIP 이 질문은 군대에서의 보직 자체가 중요한 것이 아니라 그것을 수행하기 위해 어떠한 노력을 하였는지를 파악하기 위한 것이다.

★★☆ 군무원이 되고 난 뒤의 포부에 대해 말해보시오.

만약 이번에 최종 합격하게 되어 군무원으로 임용이 된다면 우선은 군무원으로서 결코 다른 사람에게 뒤지지 않는 인재가 되고 싶습니다. 업무에서나 또는 인간관계에서나 늘 최선을 다하는 사람이 되어, 어느 곳에 있든 반드시 그곳에 필요한 인재가 되고 싶습니다. 반드시 군무원에서도 최선을 다하고 또한 청렴했던 군무원으로 기억되는 그런 군무원이 되고 싶습니다.

면접TIP 이 질문은 군무원이 되고난 이후의 지원자의 발전 가능성을 확인하고자 하는 것이다. 너무 허황되거나 현실적이지 못한 답변은 하지 않는다.

★★☆ 복무하게 될 경우 자신의 계획에 대해 설명해보시오.

현재의 상태에 머무르지 않고 기능장, 명장 등 최고를 향해 가도록 열심히 노력하겠습니다. 예전에는 군의 기술수준이 현대사회에 미치지 못하며 사회기술의 많은 도움을 통해 많은 부분이 외주장비를 갖추고 있는 실정입니다. 첨단장비의 도입 뿐 아니라 기술군무원들이 현재에 만족하지 않고 전문분야에 최고가 되도록 격차를 해소하도록 하겠습니다.

면접TIP 이 질문은 자신의 역량을 최대한 발휘하여 커다란 공헌을 할 수 있는 것이 중요하다고 생각할 수 있으나, 복무하면서 얼마나 자신의 업무에 충실하고 빠르게 적응할 수 있는지 부대 내 사병들과 적절하게 융화될 수 있는지를 파악하기 위한 것이다.

기출복원질문

✦ 군 생활을 할 때 유용한 본인의 특기가 있었다면 말해보시오.

✦ 군무원 시험에 몇 번 응시하였습니까?

✦ 편견을 깨기 위해 노력한 적이 있습니까?

✦ 소통을 위해 어떤 행동을 해 보았습니까?

✦ 적성에 맞지 않는 일을 한다면 어떻게 할 것인가?

✦ 수험생활 기간 중 가장 힘들었던 점은 무엇인가?

✦ 배려와 특혜의 차이가 무엇이라고 생각하는가?

✦ 조직생활에서 필요한 것은 무엇이라고 생각하는가?

✦ 업무능력과 인성 중에서 무엇이 중요한가? 그 이유는?

✦ 군무원보다 혜택이 더 좋은 직장에 취업할 기회가 생기면 어떻게 할 것인가?

✦ 나의 능력보다 과한 업무가 주어진다면 어떻게 대처할 것인가?

✦ 이전에 다니던 회사를 왜 퇴사했는가?

★★★ **군무원 시험 준비를 어떻게 했는지 말해보시오.**

저는 주로 도서관에서 공부했습니다. 대학교 마지막 학기까지 학점을 채워서 전공 수업을 들었기 때문에 수업시간에 집중해서 따로 공부를 안 해도 되도록 준비하였습니다. 남는 시간에는 오로지 군무원 시험공부만 했습니다. 노트북을 들고 다니면서 인터넷 강의를 들었고 버스 탈 때는 국사 요점정리를 들으면서 시간을 보냈습니다. 또 스톱워치로 실제 공부시간을 측정하면 공부를 안 한 날이 표시 나기 때문에 반성하고 다음 날 더 열심히 공부를 했습니다.

☆☆☆ **당신은 친구가 얼마나 있습니까?**

정말 친한 친구가 제게는 세 명 정도 있습니다. 이 세 명의 친구는 초등학교 때부터 같이 다닌 친구들인데 모두 성격이 다르지만 서로를 위하고 이해하려는 마음을 가지고 있습니다. 한 예로 친구들 중 가장 먼저 군대에 간 저는 명절이 되면 쓸쓸하게 부모님 두 분이서 명절을 보내실 생각에 걱정이 많았었으나 친구들이 명절 때 저 대신 아버지와 벌초도 하고 평소에도 자주 찾아뵈었다는 말을 듣고 친구의 소중함을 새삼 깨닫게 되었던 적이 있었습니다.

저는 활발한 성격이라 친구들이 많은 편입니다. 주로 주말에 만나서 영화를 본다거나 같이 밥을 먹으면서 시간을 보내거나 한 달에 한 번 정도 함께 여행을 가기도 합니다. 많이 모여서 시끌벅적한 것을 좋아하기 때문에 친구들이 많이 모이는 것이 좋습니다.

면접TIP 이 질문에서는 친구의 수를 말하는 것 보다는 그 친구와 있었던 경험 등을 말하면서 장점을 밝히고 자신에게 미치는 영향 등을 설명하는 것이 좋다.

★★☆ 취미에 대해 말해보시오.

제 취미는 요리입니다. 어릴 적부터 맛있는 음식을 좋아했는데 지금은 제가 좋아하는 그 맛을 만들어 내기 위해 음식을 합니다. 또한 요리를 만들어서 가족들이나 친구들에게 선보일 때면 가슴이 두근거리고 맛있게 먹는 모습을 보면 즐겁습니다. 설거지하는 것이 조금은 번거롭지만 제가 무엇인가를 만들어 내고 그로 인해 주위 사람들이 좋아할 수 있어서 자주 요리를 합니다.

제 취미는 독서입니다. 어떤 분은 항상 책을 읽어야 하므로 독서는 취미가 아니라고 하시지만 제 생활 속에 가장 밀접하게 닿아있는 것은 독서입니다. 어려서부터 추리소설을 자주 접하다 보니 논리적으로 생각하는 것을 좋아하고 미스터리를 푸는 것을 즐깁니다.

면접TIP 이 질문에서는 자신의 취미생활에 대해서 말하고 그에 따른 열의와 함께 그 속에서 얻을 수 있었던 점들을 이야기하는 것이 좋다. 독특하고 이색적인 취미를 가지고 있다면 좋겠지만 대부분 독서나 영화감상 등의 평범한 취미를 가지고 있을 것이다. 이럴 때는 잘 모르는 것을 취미라고 거짓 대답하기 보다는 자신의 취미생활을 바르게 이야기하여야 한다.

★☆☆ 최근에 읽은 책 중 가장 인상적인 책은 무엇인지 말해보시오.

루스 베네딕트가 쓴 '국화와 칼'이라는 책을 읽었습니다. 저희는 일본과 지리적 · 역사적으로 매우 가까운 나라임에도 불구하고 일본의 객관적인 모습을 알 수 없습니다. 그러나 이 책은 서양인의 시선에서 동양인을 바라보고 있어 일본에 대해 지극히 객관적으로 서술하고 있습니다. 저는 이 책을 통해 그동안 일본에 대해 알고 있었던 것과는 다른 모습들을 볼 수 있었고, 이를 통해 그동안의 선입견을 조금이나마 없앨 수 있게 되었습니다.

저는 스펜서 존슨이 쓴 '선물'이라는 책을 보고 많은 것을 생각하게 되었습니다. 그 책은 영어의 'present'라는 단어가 선물이라는 뜻과 현재라는 뜻을 가졌다는 데서 기인하여 인생 최고의 선물은 현재라는 것을 이야기하고 있습니다. 그리고 현재와 더불어 과거, 미래를 사는 법까지 언급하고 있습니다. 이 책은 바쁘다는 말을 하면서도 정작 시간활용을 제대로 하지 못하고 결과를 이루지 못하는 일이 많던 제게 시간활용의 지혜를 주었습니다.

면접TIP 이 질문은 개인의 관심사를 알아보기 위한 질문이다. 책이나 영화 등을 고르는 관점과 그것을 바라보는 입장을 통해 총체적인 성향이 드러나기 때문이다. 널리 알려진 베스트셀러나 고전 작품을 읽었을 경우에는 선택하게 된 경위와 자신의 감상을 꼭 덧붙이도록 한다.

★★☆ 군무원을 준비하면서 어려웠던 점이 무엇이며 어떻게 극복하였는가?

군무원 준비를 하면서 가장 힘들었던 것은 주위 사람들과의 만남이었습니다. 지인들과 만나고 싶었던 유혹은 수험생활 중 두 가지 명언으로 극복해냈습니다. '더딘 것을 염려하지 말고 포기할 것을 염려하라', '인생은 가까이서 보면 비극이지만 멀리서 보면 희극이다.' 저는 매 순간의 유혹 때문에 인생을 바꿀 수 있는 기회를 놓치지 않기 위해 열심히 공부했습니다.

★☆☆ 임용된다면 무슨 일을 맡고 싶습니까?

어떤 업무가 주어지더라도 저는 저의 적성을 발견하고 최선을 다할 준비가 되어있습니다. 적성에 맞는 업무를 하면 좋겠지만 어떤 일이든 저의 요구와 완전하게 맞는 일은 없다고 생각합니다. 여기서 저의 분야를 찾고 최고가 되도록 노력할 것입니다.

면접TIP 이 질문으로 지원자의 원하는 업무와 업무에 대한 이해도를 확인할 수 있다. 원하는 직렬의 업무에 대해 이해가 필요하다. 임용이 되고나서는 원하는 업무에 되지 않을 경우라도 준비되어있는 사람이라는 것을 자신감 있게 말하는 것이 중요하다.

★★☆ 대학을 졸업하고 나서 지금까지 무슨 일을 하였습니까?

저는 졸업 전부터 군무원 시험에 관심을 가지기 시작하였기 때문에 우선 혼자서 공부하면서 인터넷 카페를 활용하는 등 군무원 시험을 위한 기초를 다진 후 졸업 후에는 학원에 등록하여 꾸준히 공부를 해 왔습니다.

취직을 4학년 2학기 때부터 본격적으로 준비했지만 졸업하고도 결과가 나오지 않아 잠시 상심한 적이 있었습니다. 저는 스스로 마음을 정리하고 여유를 갖기 위해 산사에 잠시 머물렀습니다. 거기서 머무는 동안 세상과 격리되어 조금 답답하다는 생각도 들었지만 그 시간을 통해서 저의 결점을 발견 하고 더 노력하는 계기가 되었습니다.

면접TIP 이 질문은 자기 인생에 대한 계획은 언제쯤 세웠으며, 그것을 얼마나 실행하였는지를 확인하기 위한 것이다. 무엇을 하였던 간에 그것에 대해 합리적으로 답변을 할 수 있어야 한다.

★☆☆ 이전에 다니던 직장을 그만둔 이유를 말해보시오.

예전부터 군무원에 많은 관심을 가지고 있었으나 확신을 갖지 못해 일반 사기업에 취직을 하였습니다. 직장생활을 하면서 객관적으로 군무원을 바라보게 되었고 경력이 쌓이면서 제가 해온 일들을 군무원 생활에 적용한다면 더 잘 할 수 있을 것이라는 생각이 들었습니다. 그래서 군무원에 도전하기 위해서 이전 직장을 그만두었습니다.

졸업을 하면서 전공에 맞춰 사기업에 취직하였습니다. 인간관계에서는 문제가 없었지만 업무가 제가 생각했던 것과는 많이 다르고 적성에 맞지 않아 일의 능률도 오르지 않았습니다. 다른 직장을 찾아보다가 군무원은 국가에 봉사하는 직종이라는 것을 알고 도전하고 싶었습니다.

면접TIP 이 질문은 최근 직장생활을 하다가 군무원 시험에 도전하는 응시자들이 늘면서 등장한 것이다. 직장생활을 해 본 응시자들은 합리적인 이유를 제시하는 것이 좋으며 공직과 사기업에는 차이가 있으므로 그것에 주의하여 답변을 하도록 한다. 또한 전 직장에 대한 험담은 마이너스 요인임을 잊지 말아야 한다.

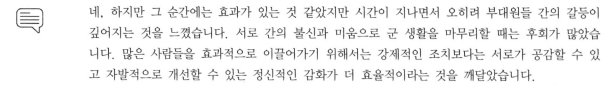

☆☆☆ 군 복무 시 타인을 구타해 본 적이 있는지 말해보시오.

네, 하지만 그 순간에는 효과가 있는 것 같았지만 시간이 지나면서 오히려 부대원들 간의 갈등이 깊어지는 것을 느꼈습니다. 서로 간의 불신과 미움으로 군 생활을 마무리할 때는 후회가 많았습니다. 많은 사람들을 효과적으로 이끌어가기 위해서는 강제적인 조치보다는 서로가 공감할 수 있고 자발적으로 개선할 수 있는 정신적인 감화가 더 효율적이라는 것을 깨달았습니다.

아니오, 군대는 그 특성상 상명하복이 요구되어 구타 등의 직접적인 체벌이 가해지기 쉬우나 분명하게 정해져 있는 징계절차가 있으므로, 필요하다면 정당한 조치를 취하는 것이 좋다고 생각하였습니다. 또한 신체적인 제재보다는 하급자도 공감할 수 있는 대화를 이용하여 설득할 때 조직의 단합을 강화하고 일의 효율성을 높일 수 있었습니다.

면접TIP 이 질문은 상하의 관계가 뚜렷한 조직에서 하급자를 다루고 조직을 이끌어가는 과정에서 폭력적이고 억압적인 방법을 사용하였는지의 여부를 알고자 하는 것이다.

★☆☆ 음주운전을 해 본 적이 있습니까?

아니오, 음주운전을 한 적이 없습니다. 동생이 교통사고를 당해 다친 적이 있습니다. 병원에 갔더니 상대방은 술을 마셔서 정신을 못 차리며 자고 있었습니다. 그런 모습을 보면서 심한 분노를 느꼈습니다. 그때 운전이라는 것이 나만 조심하면 되는 것이 아니구나 하는 생각과 함께 나로 인해 나뿐만이 아닌 타인에게까지 피해를 주는 것이라는 생각에 음주운전은 절대로 하지 않겠다고 결심했습니다.

면접TIP 음주운전에 대한 사회적 관심이 높은 사회 현실에 맞춰져서 음주운전에 어느 정도 경각심을 가지고 있는지, 그에 따른 준법성을 확인하기 위한 질문이다.

☆☆☆ 사소한 것이라도 남의 물건을 훔쳐본 적이 있습니까?

물건을 훔치는 데 사소한 것과 큰 것이 차이가 있다고 생각하지는 않습니다. 다만, 어릴 적에 너무 갖고 싶은 장난감이 있어서 아버지 몰래 지갑에서 돈을 꺼내간 기억이 있습니다. 그 장난감을 부모님 몰래 숨겨놓고 가지고 놀다가 들통이 나서 엄청 혼났던 기억이 납니다. 그 뒤로는 절대다른 사람의 물건에 손대지 않았습니다.

아니오. 남의 물건을 훔쳐본 적은 없습니다. 어린 시절부터 부모님은 엄격하게 남의 물건을 탐내서 훔치지 말라고 교육하셨고, 남의 것을 가져가는 것은 도둑질이고 범죄라는 생각이 깊게 박혀 있었기에 남의 것을 탐내어 훔쳐본 적은 없습니다.

면접TIP 이 질문은 응시자를 당황하게 만들며, 훔친다는 개념이 어디까지 용서가 되는지 문제가 될 수 있기에 매우 조심스럽다. 어릴 적 부모님의 주머니에서 돈을 꺼내간 것 정도는 언급해도 무방하며, 그에 대한 결과를 반드시 이야기하여야 한다.

★☆☆ **당신은 어떤 거짓말을 했습니까?**

부모님을 안심시켜 드리기 위해 거짓말을 했었습니다. 제게 생긴 일을 부모님께 감추기 위해서가 아니라 제 스스로 해결할 수 있거나 그다지 큰일이 아닌 경우에는 걱정하시지 않도록 하기 위해 거짓말을 했습니다.

생활하면서 소소한 거짓말을 종종하게 됩니다. 저는 거짓말 자체가 나쁜 것이라고는 생각하지 않습니다. 다만 그 의도에 차이가 있다고 생각합니다. 그렇기 때문에 다른 사람을 속여 이익을 취하거나 남에게 해가 되는 거짓말은 나쁘지만 선의의 거짓말은 할 수 있다고 생각합니다.

면접TIP 이 질문은 개인의 도덕성을 평가하는 동시에 그 사람이 무엇을 중요하게 여기는지 알 수 있는 것이다. 거짓말 중에 선의의 거짓말 등은 사례를 들어서 이야기하는 것도 좋다. 그러나 아무리 좋은 거짓말이라도 상습적이라는 인상을 남기지 않도록 주의하여야 한다.

★★☆ **존경하는 사람이 있다면 누구인지 말해보시오.**

예전에 뮤지컬 영웅을 보면서 안중근 의사의 인생에 많은 귀감을 느꼈습니다. 을사늑약의 체결되는 세태에 삼흥학교를 세워 독립운동을 위한 인재 양성에 힘썼으며 나라를 위해 의병운동을 참여한 모습이 존경스러웠습니다. 나라를 위해서 자신의 생을 걸고 희생으로 제가 지금의 대한민국에서 살 수 있었음을 배웠습니다.

면접TIP 이 질문은 응시자의 평소 신념과 가치관에 대해 알아 볼 수 있는 질문이다. 응시자들이 주로 존경하는 인물로 가장 많이 답하는 사람은 부모님이나 역사 속의 인물이다. 응시자는 참신함을 어필할 수 있는 인물을 선정하는 것이 좋으며, 무엇보다도 인물 자체의 선정보다는 어떠한 이유로 존경하게 되었는지에 대해 설명하는 것이 중요하다.

★★★ **본인 성격의 장점과 단점에 대해 말해보시오.**

저의 장점은 리더십과 계획성이라고 생각합니다. 대학시절 동아리 회장으로 활동할 당시 철저한 계획을 세우고 사전조사를 한 덕분에 100명이 넘는 회원의 역사기행을 성공적으로 마칠 수 있었습니다. 하지만 철저하고 꼼꼼하게 계획을 세우는 습관으로 일의 진행속도가 조금 느리다는 단점이 있어 최근에는 일을 처리할 때 크게 보고 넓게 생각하도록 노력하고 있습니다.

면접TIP 이 질문은 자신을 알려야 하는 것이므로 지나치게 겸손하게 답변을 하면 오히려 감점 요인이 될 수 있음을 유의하여야 한다. 자신의 단점을 말할 때에는 보완할 수 있는 것을 이야기해주면 좋다.

★★☆ **생활신조가 있다면 무엇인지 말해보시오.**

제 생활신조는 라틴어인 'Carpe Diem'입니다. 이를 우리말로 바꾸면 '현재를 즐겨라'입니다. 저는 걱정을 많이 하는 편이라 제 주장을 이야기하지 못하고 나중에 후회하는 일이 많았습니다. 우연히 본 영화에서 현재를 즐기라고 하는 말을 듣고 제 모습을 돌아보게 되었습니다. 저는 과거를 후회하거나 미래를 걱정하면서 지금 순간을 허비하곤 했는데 그때 이후 지금 이 순간에 내가 할 수 있는 일에 최선을 다하자는 마음으로 지내고 있습니다.

제 생활신조는 논어에 나오는 三人行 必有我師焉(삼인행 필유아사언)입니다. '세 명이 가는 길에도 그 중에 반드시 스승이 있다'는 의미로 그중 좋은 것은 따르고, 좋지 않은 것은 내가 그와 같이 되지 않도록 고치면 된다는 것입니다. 사회생활을 하다보면 도저히 이해 못할 사람이 주변에 있기 마련입니다. 그를 보고 나만이라도 그렇게 하지 않으려고 노력해야 한다고 생각하며, 또한 본받을 만한 사람이 있으면 역시 그를 따라잡으려고 노력할 것입니다.

면접TIP 이 질문은 생활신조의 내용이 중요한 것이 아니라 그를 통해 어떠한 영향을 받았는지가 중요한 것이다. 자신의 생활에 어떠한 변화가 있었는지를 일상생활에서의 예를 통해 답변하는 것이 좋다.

☆☆☆ **횡단보도가 빨간불이고 차가 오지 않는다. 이럴 때에 횡단보도를 건널 것인가?**

횡단보도에서 차가 오지 않더라도 우선은 불이 바뀔 때까지 기다리겠습니다. 사고는 불시에 찾아온다고 생각합니다. '이 정도는 괜찮겠지'라는 마음으로 사소한 규칙을 어기기 시작하면 결국 더 큰 잘못도 쉽게 저지른다고 생각합니다. 횡단보도는 차가 있건 없건 항상 신호에 맞춰서 건너는 기 때문에, 차가 오지 않더라도 빨간불이면 건너지 않을 것입니다.

면접TIP 준법성을 알아보기 위한 질문이다. 사소하더라도 준법정신을 가지고 있다는 모습을 보여주는 것이 좋다.

☆☆☆ **학창시절 아르바이트를 해 본 경험에 대해 말해보시오.**

네, 도서관에서 아르바이트를 한 적이 있습니다. 기본적으로 대출하고 반납을 받고 도서를 정리하는 일을 하였는데 도난 서적이 많다는 사실에 놀랐습니다. 또한 자신의 책이 아니라고 훼손하거나 도서관에서 떠드는 사람들을 통해 공중질서가 지켜지지 않는 모습을 보면서 실망스럽기도 했습니다. 반면 도서관에서는 자기계발을 위해 열심히 노력하는 사람들을 많이 볼 수 있는데, 그때 본 그 사람들이 저에게 자극제가 되어 저 또한 자기계발을 위해 노력하면서 평소에도 책을 가까이 두게 되었습니다.

편의점에서 아르바이트를 한 적이 있습니다. 편의점 업무를 쉽다 생각하였지만, 물품정리와 사람을 직접적으로 상대한다는 것이 쉽지만은 않았습니다. 술을 마시고 와서 난동을 부리는 취객이나, 무시하는 손님들, 그리고 미성년자들이 술이나 담배를 사고자 했을 때 가장 당황하였으며, 그들을 설득 할 때 감정소모가 컸지만 문제를 피하지 않고 대처하였습니다.

면접TIP

이 질문은 사회경험이 있는지에 대한 것이다. 여러 가지 경험을 해본 것은 좋으나 너무 많은 것을 이야기하면 오히려 참을성이 없고 여기 저기 옮겨 다닌 것과 같은 인상을 줄 수 있으므로 주의하여야 한다. 아르바이트를 하면서 자신에게 도움이 되었던 점은 반드시 밝혀주어야 한다.

★☆☆ **휴일에는 주로 무엇을 하면서 시간을 보내는지 말해보시오.**

주로 집안 대청소를 합니다. 평일에도 청소는 하지만 구석구석 하기가 힘들기 때문에 주말에 대청소를 합니다. 이렇게 주말에 대청소를 하고 푹 쉬고 나면 기분도 새롭고 피로도 풀려서 그 다음 한 주를 새로운 기분으로 맞이할 수 있습니다.

직장생활로 인해 평일에 만나기 힘든 친구들을 만나서 이야기도 하고, 식사도 하면서 스트레스를 풀기도 합니다. 오랜만에 만나는 친구들의 경우 할 이야기가 많아서 모임이 길어지기도 하지만 친구들 을 만나면 정신적인 안정을 얻을 수 있습니다.

면접TIP

이 질문에서는 응시자의 시간 관리 능력을 보여주어야 한다. 휴일은 혼자서 시간을 관리할 수 있는 날이다. 주말을 어떻게 보내느냐에 따라서 다음 한 주의 생활이 달라질 수 있다. 여기에 자신의 상황에 따라서 시간을 관리하는 능력을 보여준다면 더욱 좋을 것이다. 주말에 지인들을 만난다는 답변도 좋으나 그로 인해 다음 날 업무에 지장이 있을 것 같다는 인상을 남기지 않도록 주의하여야 한다.

02 | 직렬별 출제예상질문

CHAPTER

\# 면접의 기초 #면접 준비 #주의사항

01 면접 출제예상질문 학습방법

01 직렬별 출제예상질문 답변 학습방법

① 시간이 임박한 경우에는 출제빈도가 높은 '★★★'에서 '★★☆'의 질문을 주요하게 학습한다.

② 지원하는 직렬의 '기출복원질문'은 물어볼 확률이 높은 질문이기 때문에 답변을 스스로 작성해본다.

02 질문별 출제빈도

중요도	출제빈도	참고사항
★★★	출제빈도 90%	평정요소별 기출복원질문의 상단에 표시된 ★의 개수에 따라 출제빈도를 확인하세요.
★★☆	출제빈도 60%	
★☆☆	출제빈도 30%	
☆☆☆	출제빈도 10%	

02 직렬별 출제키워드

직렬	키워드	페이지
행정	포스드코브, 기획, 계획, 정부실패, 영기준예상제도, 행정정보화의 역기능, 행정심판, 행정소송	
사서	재현율, 정확률, 공공도서관, 전문도서관	
군수	TQM, SCM, 군수 10종, 군수의 8대 기능, FMS, 린6 시그마 시스템, 국내조달, 국외조달정보수집, 보안 업무, 전시작전통제권, 군정보체계	
군사정보	정보수집, 보안 업무, 전시작전통제권, 군정보체계	
기술정보	신호정보, 감청, 도청, 모스부호, 무선통신, 전화회선	

직렬	키워드	페이지
기술정보	신호정보, 감청, 도청, 모스부호, 무선통신, 전화회선	
수사	법치주의, 범죄예방 교육, 위법과 부당의 차이	
건축	목함지뢰, 분광식 오일, 트러스 구조, 결로현상	
시설	공기조화, 개별방식, 공기조화설비 구성 4대 요소, 냉·난방방식, 균압관, 연소실	
전기	특고압, 유접점·무접점 회로, 2차전지, 누전차단기와 배선용 차단기, UPS, PLC, 배전반과 분전반	
전자	트랜지스터, 항복과 파괴, 베이스 접지회로, 변조와 복조, 압전물질, 아날로그 와 디지털 신호	
통신	변조의 종류, 직류와 교류, PCM, 순단, TDM, 평형 케이블, 동축 케이블, 광섬유 케이블, 마이크로파, 이동 통신, CDMA, 5G	
전산	랜섬웨어, 웜 바이러스, 프로그래밍 언어, 가상화폐, 가상기계	
사이버	보안의 3대요소, 스트림 암호, DES(Data Encryption Standard), DoS(Denial of Service)의 공격 유형, PGP(Pretty Good Privacy)	
영상	프리 프로덕션, 프로덕션, 포스트 프로덕션	
일반기계	엔트로피, 엔탈피, 임계점, 리벳접합과 용접의 특징, 절삭저항 3분력, 경도측정방법, 탄소강, 초전도, 형상기억합금	
용접	언더컷, 기계적 접합법, 아크, 피복제, 테르밋용접, 과열기	
유도무기	유도무기, 항법유도시스템	
총포	박격포, 총과 포의 구분	
탄약	TNT, DODIC, 재래식 탄약, 탄약과 유도탄의 차이, 장약과 작약, LOT번호, 와셔탄약	
전차	냉각장치, 전차와 자주포, 전차의 종류, 장갑차, 수냉식 엔진	
차량	CVT, 마스터실린더, 키르히호프 제1법칙, 냉매, 엔진 구성요소, 토크 컨버터, ECU, 과급기동력전달장치, VDC, ABS, 하이드로백, 터보차저	
함정기관	크랭크, 과급기, 기관손상, 배기 가스, 보슈식 연료 분사 펌프	
함정	해군함정의 종류, 과급	
항공보기	육군헬기의 종류, 항공기 연료, 지면효과, 페일세이프 구조, 토크 렌치, 밸런스 웨이트	
항공기관	압축기 실속, 터빈온도, TIT, 정비	
병리	조직병리, 소변관리	
방사선	CT, MRI, MRI 코일	
영양관리	HACCP, 교차오염, 영양사의 역할, 식품 안전성	

02 직렬별 기출복원질문 및 답변

01 행정직렬

기출복원질문

✦ 국민들의 안보의식을 상중하로 평가한다면 어느 정도라고 생각합니까?

✦ 공무원 징계의 종류에 대해 말해보시오.

✦ 부정부패를 해결하기 위한 체제론적 접근방법을 말해보시오.

✦ 공정력과 공정성의 차이를 말해보시오.

✦ 부당결부 금지에 대해 말해보시오.

✦ 사회보장제도에 대한 본인의 견해를 말해보시오.

✦ 보고서 작성 원칙에 대해 말해보시오.

✦ 의사결정과 정책결정에 대해서 설명해보시오.

★★★ **행정소송의 종류에 대해 설명해보시오.**

항고소송, 당사자 소송, 민중소송, 기관소송이 있습니다.

TIP 행정소송의 종류

종류	내용
항고소송	행정청의 위법한 처분을 취소하거나 변경하는 소송
당사자 소송	행정청의 처분 등을 원인으로 하는 법률관계에 관한 소송
민중소송	국가나 공공단체 기관이 법률에 위반하는 행위를 한 경우 자신의 법률상 이익과 관계없이 직접 그 시정을 구하기 위하여 제기하는 소송
기관소송	국가나 공공단체 기관 상호 간에 있어서 권한의 존부 또는 그 행사에 관하여 다툼이 있는 때에 이에 대하여 제기하는 소송

★★★ **준예산이 쓰이는 곳을 말해보시오.**

헌법이나 법률에 의하여 설치된 기관이나 시설의 유지 및 운영비, 법률상 지출의무의 이행을 위한 경비, 이미 예산으로 승인된 사업의 계속비 등이 있습니다.

★★★ **준예산의 개념을 설명해보시오.**

회계연도 개시 전 제출한 예산안이 개시 후 의결이 안 될 경우 일정한 범위 내에서 전년도 예산에 준해 지출할 수 있도록 집행하는 잠정적인 예산을 말합니다.

TIP

「헌법」 제54조
제1항. 국회는 국가의 예산안을 심의 · 확정한다.
제2항. 정부는 회계연도마다 예산안을 편성하여 회계연도 개시 90일 전까지 국회에 제출하고, 국회는 회계연도 개시 30일 전까지 이를 의결하여야 한다.
제3항. 새로운 회계연도가 개시될 때까지 예산안이 의결되지 못한 때에는 정부는 국회에서 예산안이 의결될 때까지 다음의 목적을 위한 경비는 전년도 예산에 준하여 집행할 수 있다.
- 헌법이나 법률에 의하여 설치된 기관 또는 시설의 유지 · 운영
- 법률상 지출의무의 이행
- 이미 예산으로 승인된 사업의 계속

★★★ **영기준예산제도에 대하여 말해보시오.**

정부의 신규예산편성 시 전년도 예산을 기준으로 책정하는 것과 달리 과거의 실적, 효과, 정책의 우선순위를 심사하여 예산을 편성하는 것입니다. 전년도 예산에 구애받지 않고 결정 단위 조직체의 기획과 예산작성 관련 모든 사업계획 활동에 대하여 그 출발점은 제로로 하는 것입니다.

TIP

영기준예산제도(ZBB)의 특징
① 우선순위에 따라 예산을 관리하는 방식으로 현재 시점에서 모든 사업을 재평가한다.
② 예산편성에 있어서 장기적 안목이 결여되어 있으므로 장기적 정책보다는 단기적 정책을 추구하게 된다.
③ 기존사업을 신규사업과 동일하게 취급한다는 점에서 예산의 경직성을 타파하고 재정의 경직성을 완화시킨다.
④ 감축을 강조하는 예산제도이다.

★☆☆ **계획예산제도(PPBS)에 대하여 말해보시오.**

장기적 계획수립과 단기적 예산결정을 프로그램으로 작성하여 유기적으로 연결시킴으로써 자원배분에 관한 의사결정의 일관성과 합리성을 도모하려는 예산제도입니다.

★★★ **법치행정의 개념을 말해보시오.**

법률에 의한 행정이라 부르며 의회에서 제정한 법률에 따른 행정을 말합니다. 법치행정은 민주행정을 뜻하며 행정의 횡포로부터 국민 기본권을 보호하고, 국민이 입는 피해를 구제해야 하며, 행정의 안정성과 예측 가능성을 확보를 보장하는 것입니다.

★★★ **법규창조력의 개념을 말해보시오.**

국회에서 제정하는 형식적 의미의 법률만이 법규로서 힘을 갖는다는 원칙입니다.

★★★ **처분이 무엇인지 말해보시오.**

행정청이 행하는 구체적 사실에 관한 법집행으로서의 공권력의 행사 또는 그 거부와 그밖에 이에 준하는 행정작용을 말합니다.

★★★ **직위분류제에 대하여 말해보시오.**

조직 내의 담당 직무의 성격을 기준으로 공직을 분류하는 것입니다. 또한 직무의 종류·난이도·책임에 따라 직급별·등급별로 분류해 관리하는 인사행정 제도입니다. 사람을 기준으로 분류하는 계급제와는 다른 점이 특징입니다.

TIP 직위분류제의 구성요소

종류	내용
직위	직위분류제가 시작되는 가장 최소한의 기초가 되는 단위. 한 사람의 공무원에게 부여할 수 있는 직무와 책임이다.
직급	직무의 종류, 곤란성과 책임도가 상당히 유사하여 채용·보수 등 인사행정상 동일한 취급을 해야 할 직위의 집합으로서 직위분류제의 가장 기본적인 요소이다.
직렬	직무의 종류는 유사하고 그 책임과 곤란성의 정도가 상이한 직급의 군을 말한다.
직군	직무의 종류가 광범위하게 유사한 직렬의 집합을 말하며 직위분류제의 가장 큰 단위이다.
직무등급	직무의 종류는 상이하지만 직무의 곤란성과 책임도가 상당히 유사하여 동일한 보수를 지급할 수 있는 모든 직위를 말한다.
직류	가장 최근에 도입된 것으로 동일한 직렬 내에서 담당분야가 동일한 직무로서 직렬을 세분화하였다. 이는 임용시험의 내용을 결정하고 보직관리를 하는 데 기준을 제시한다.

★★☆ **기획과 계획의 차이를 말해보시오.**

기획은 큰 틀은 세워놓고 방향을 잡는 과정입니다. 계획은 세세한 부분까지 돌아보고 실행으로 옮기는 것이므로 기획의 산물이라 할 수 있습니다. 예를 들면, 기획은 여행을 '왜' 가는 것인지에 초점을 둔다면 계획은 여행을 어디로 갈 것인지, '무엇'을 할 것인지에 초점을 두는 것입니다.

TIP 기획과 계획의 차이에 대해 정확히 아는 것도 중요하지만 예시를 들어 설명하는 것도 좋은 방법이 될 것이다.

★☆☆ 기획의 순서를 말해보시오.

'기획목표의 설정 → 상황분석(자료 · 정보수집 및 분석) → 기획전제의 설정(미래예측) → 대안의 탐색과 평가 → 최종안의 선택'입니다.

★★☆ 행정체제의 의의와 구성요소를 말해보시오.

① 환경 : 행정을 둘러싸고 있는 여러 사회적 · 경제적 · 정치적 현상(정책에 의하여 혜택을 받는 수익자 · 고객, 정부기관이나 행정관 등의 구성원 등)
② 투입 : 환경으로부터 행정체제의 전환과정으로 전달되는 것(정책에 대한 요구, 인력, 물자, 자금 · 행정인의 행동에 대한 지지 · 반대 및 무관심, 정보)
③ 전환과정 : 투입을 산출로 전환시키는 정책결과과정(행정기관의 공식적 구조, 행정인이 결정을 내릴 때 따르는 절차, 행정인의 개인적 경험 및 성향 등)
④ 산출 : 후속투입을 형성하는 방법으로서 산출이 환경에 미치는 영향(법의 공포와 집행계획의 실천, 수혜자나 고객을 위한 재화 · 용역 · 봉사 · 정책 · 법령 등)
⑤ 환류 : 적극적 환류작용은 목표 수정, 소극적 환류작용은 오차수정과 관련

★☆☆ 행정정보화의 역기능을 말해보시오.

개인정보의 침해, 정보의 빈익빈부익부 현상으로 인한 정보격차 발생, 인간성 상실 또는 인간소외, 해킹 등의 범죄 우려 등이 있습니다.

☆☆☆ 우리나라의 국정지표는 무엇입니까?

우리나라의 도약지표는 '다시 도약하는 대한민국, 함께 잘사는 국민의 나라'입니다. 국정목표로는 상식이 회복된 반듯한 나라, 민간이 끌고 정부가 미는 역동적 경제, 따뜻한 동행 모두가 행복한 사회, 자율과 창의로 만드는 담대한 미래, 자유 · 평화 · 번영에 기여하는 글로벌 중추국가, 대한민국 어디서나 살기 좋은 지방시대가 있습니다.

★★☆ 정책평가의 목적을 말해보시오.

정부활동의 법적 · 관리적 책임성 확보, 정책의 환류 기능(정책결정과 집행에 필요한 정보의 제공), 정책과정 참여자들의 지지 확보, 정부사업의 경세성 제고, 정책의 정당성 확인, 이론구축에 의한 학문적 기여(정책성과 학문적 연구와의 연계), 정책개선에 필요한 정보의 제공 등이 있습니다.

★★☆　**다면평가제에 대하여 말해보시오.**

다면평가제는 조직구성원들을 평가함에 있어 상관 한 사람이 평가를 내리는 것이 아니라 관련된 여러 사람이 평가자로 참여하여 평가의 객관성 및 신뢰도를 높이고자 하는 제도입니다.

TIP

① 순기능
- 관료조직의 권위적 관리를 억제한다.
- 동료나 부하의 업적에 '무임승차'하려는 행태를 억제할 수 있다.
- 정실주의를 차단한다.
- 지나친 연공서열 중시의 관행을 타파할 수 있다.
- 평가정보의 공정성·정확성·신뢰성을 제고함으로써 피평가자에 대해 정보피드백의 효과를 제고할 수 있다.
- 조직구성원들로부터 널리 능력을 인정받기 위해서 자기계발을 도모하는 데 강력한 동기부여를 할 수 있다.

② 역기능
- 인간관계가 좋은 사람이 능력이 우수한 사람보다 평가결과가 더 좋게 나오는 인기투표로 변질될 수 있다. 또한, 인간관계에 얽매여 주위 눈치를 살펴야 하는 상황에서 소신있는 결정과 업무처리에 방해가 될 수 있다.
- 한국의 경우 실제 관행상 평가자의 익명성이 철저하게 보장되기 어렵다는 문제점이 지적된다. 따라서 솔직한 평가를 내린 사람에게 원망이 돌아오므로 평가자에게 부담으로 작용한다.
- 담합에 의해 관대화 현상 등 평가결과에 왜곡이 나타날 수 있다.
- 응답자마다 평가기준이 다르므로 평가의 형평성이 저해될 수 있으며 지나치게 관대하거나 지나치게 비판적으로 평가를 내리는 등 편차가 클 수 있다.
- 평가자가 피평가자의 능력을 잘 모르면서 피상적 평가를 내려야 하는 상황이라면 여론몰이식 투표가 있을 수 있다.
- 시간이나 비용이 많이 소요되며 정확한 평가모형을 구상하기 어렵다.

★★☆　**정책평가에서 내부평가와 외부평가에 대하여 말해보시오.**

내부평가는 자체평가라고도 하며 정책결정·집행의 담당자들이나 체제 내부의 구성원들이 하는 평가입니다. 지속적이며 장기적인 평가의 경우 용이합니다. 반면, 외부평가는 제3자의 위치에 있는 외부 전문가가 수행하는 평가입니다. 내부평가에 비해 넓은 시각을 가지고 평가에 참여하기 때문에 정책 효과에 대한 전반적인 평가가 가능합니다.

TIP

내부평가와 외부평가의 비교

종류	내용
신뢰도	내부평가보다 외부평가가 공적인 신뢰를 얻기 쉽다. 그러나 외부평가는 현실과의 괴리가 많거나 중요한 정보를 빠뜨린다는 점에서 신뢰도가 오히려 낮을 수도 있다.
객관성	내부평가자에 비해 자유로운 위치에 있는 외부평가자가 객관성을 확보하기 용이하다.
정책에 대한 이해	내부평가자가 정책과정에 가까이 있기 때문에 정책의 현실적 문제들을 이해하는 데에 용이하다. 그러나 외부평가라도 실무자와 협의하면서 진행하면 필요정보를 충분히 얻을 수 있다.
활용가능성	내부평가가 외부평가에 비해 활용가능성이 높다. 그러나 명성이나 권위가 높은 외부기관에 의해 평가가 수행되면 피평가기관이 그 결과에 많은 관심을 가져 활용가능성이 높아질 수 있다.
자율성	내부평가에 비해 외부평가가 넓은 시각에서 혁신적인 개선방안을 제시하기 유리하다.
책임성	내부평가가 외부평가에 비해 평가에 대한 책임성 확보가 용이하다.

★☆☆ **규제정책에 대하여 말해보시오.**

개인과 집단의 행동제약과 관련된 정책입니다. 특정개인과 집단의 재산권행사나 행동의 자유를 구속 또는 억제하여 다른 사람을 보호하는 정책입니다. 정책 불응자에게는 강제력이 행사되며, 피규제자 활동의 자유가 제약되므로 법률의 형태를 취하는 것이 원칙입니다. 규제정책은 규제자와 규제를 받는 자들 간의 심각한 대립이 발생합니다.

TIP 규제정책

종류	내용
보호적 규제정책	개인이나 집단의 권리행사 또는 자유를 구속함으로써 일반대중을 보호하려는 정책으로, 대부분의 규제정책이 여기에 해당된다. 예를 들면, 근로자를 위한 근로기준법 · 개발제한구역의 설정 등이 이에 해당된다.
경쟁적 규제정책	많은 경쟁자 중에서 특정한 재화나 용역을 제공할 수 있는 권리를 소수의 전달자에게만 허용하는 것이다. 따라서 이권을 부여받게 되는 당사자는 독과점적인 이익을 얻게 된다. 예를 들면 항공노선의 지정, 방송국의 설립허가 등이 이에 해당한다.

★★☆ **포스드코브(POSDCoRB) 갈등관리 리더십 행정이란 무엇인지 말해보시오.**

절약과 능률을 강조하는 행정이라고 할 수 있습니다.

TIP 포스드코브(POSDCoRB)은 귤릭(Luther Gulick)이 제시한 최고관리층의 관리 기능을 나타낸 약어이다. 귤릭은 루스벨트 대통령이 1937년에 설치한 '행정관리에 관한 대통령위원회'에서 제출한 보고서에 POSDCoRB를 제시했다. 즉, 조직의 최고관리층이 담당해야 할 총괄관리 기능으로 그는 기획(Planning), 조직화(Organizing), 인사(Staffing), 지휘(Directing), 조정(Coordinating), 보고(Reporting), 예산(Budgeting)의 7대 기능을 제시하고, 이들 기능을 나타내는 단어의 첫 글자를 따서 POSDCoRB라는 약어를 만들었다.

★★★ **행정심판과 행정소송의 차이점은 무엇이며 장단점에 대해 말해보시오.**

행정심판과 행정소송의 관계에서 두 가지 다 행정청의 위법, 부당한 처분에 대한 권리나 이익을 확보하는 수단과 제도라는 점에서 비슷합니다. 행정심판은 법원의 간섭 없이 행정청 스스로 행정의 능률성과 동일성을 확보하기 위해 행정청에서 마련한 제도입니다. 행정소송은 행정청이 위법한 처분, 그 밖의 공권력의 행사 · 불(不)행사 등으로 인한 국민의 권리 또는 이익의 침해를 구제하고 공법상의 권리관계 또는 법 적용에 관한 분쟁 해결을 도모하는 법원의 재판 절차를 말합니다.

★☆☆ 정부실패의 원인에 대해 말해보시오.

정부가 정책을 수립하여 집행한 결과 당초에 내세운 정책의 목표와 그 성과 간에 큰 차이를 보이거나 오히려 나쁜 결과를 초래하게 된 상태를 말합니다. 정부실패의 원인으로 내부성, 파생적 외부효과, 비효율성, 권력의 편재, 비용과 편익의 절연을 들 수 있습니다.

TIP 정부실패의 원인

종류	내용
내부성	관료제 내에서 공익보다 개인의 조직과 이익, 즉 사적 목표를 우선시하는 현상
파생적 외부효과	정부가 개입하면서 발생하는 비의도적이거나 잠재적인 확산 효과와 부작용을 말한다. 정부가 주택 안정화 정책을 펼쳤을 때 정부가 의도한 바와 다르게 부동산 투기가 조장되는 것을 예 로 들 수 있다.
비효율성	경제주체가 독점적 지위를 가질 때 관리 효율성을 극대화하려는 유인이 부족하여 생산의 평균비용이 증가하는 것이다. 정부가 독점적인 지위를 가지면서 발한다.
권력의 판재	정부가 개입하더라도 권력과 특혜에 의한 남용이 이뤄질 때 분배적 불공평이 발생할 수 있다.
비용과 편익의 절면	공공재는 수혜자와 비용 부담자가 분리되어 있다는 특징을 가지고 있다. 이로 인해 비용에 대해 둔감해지며 자원을 효율적으로 활용하는 것이 어려워지는 현상을 말한다.

★★☆ 공무원의 헌법상 의무에 대해 말해보시오.

공무원은 국가기관의 담당자로서 국가에 봉사하는 임무를 가지며 이에 대응하는 특별한 의무를 부담합니다. 공무원의 의무는 그 지위에 있어서 당연히 발생하는 것으로 '성실의무, 복종의무, 친절공정의무, 비밀엄수의무, 청렴의무, 품위유지의무'가 있습니다.

TIP 공무원의 헌법상 의무

종류	내용
성실의무	모든 공무원은 법령을 준수하며 직무를 성실히 수행하여야 한다.
복종의무	공무원은 직무를 수행함에 있어서 소속 상관의 직무상 명령에 복종하여야 한다. 다만 이에 대한 의견을 진술할 수 있다.
친절공정의무	공무원은 국민, 주민전체의 봉사자로서 친절하고 공정하게 집무하여야 한다.
비밀엄수의무	공무원은 재직 중은 물론 퇴직 후에도 직무상 알게 된 비밀을 엄수하여야 한다.
청렴의무	공무원은 직무와 관련하여 직접 또는 간접을 불문하고 사례 · 증여 또는 향응을 수수할 수 없으며, 직무상의 관계여하를 불문하고 그 소속 상관에게 증여하거나 소속 공무원으로부터 증여를 받아서는 아니 된다.
품위유지의무	공무원은 직무의 내외를 불문하고 그 품위를 손상하는 행위를 하여서는 아니 된다. 외무공무원은 외교기밀의 엄수의무 · 품위유지의무 · 국제법의 준수 및 특권면제의 남용금지의무 및 외국정부의 시책에 대한 비판금지 의무를 부담한다. 공무원이 이상과 같은 의무에 위반한 때에는 징형(懲刑) 사유에 해당되어 징형(懲刑) 처분을 받게 된다.

기출복원질문

✦ 빅데이터를 도서관에 어떤 방식으로 적용할 수 있는지 말해보시오.

✦ 사서로서 논문 작성 이용자들에게 어떻게 도움을 줄 수 있는지 말해보시오.

✦ 독자 상담서비스에 대해 말해보시오.

✦ 직접교수법에 대해 말해보시오.

✦ 비밀조사법에 대해 말해보시오.

✦ 미국도서관협회(ALA)가 발표한 정보서비스 제공자의 행동지침에 대해 말해보시오.

✦ 디지털 도서관에서 활용한 프로토콜에 대해 말해보시오.

★☆☆   **재현율, 정확률에 대해 설명해보시오.**

TIP   재현율과 정확률

구분	내용
재현율	• 시스템이 소장하고 있는 적합문헌들 가운데 검색된 적합문헌의 비율, 검색의 완전성을 측정하는 것 • 재현율 = (검색된 적합 문헌 수/적합문헌 총수)×100
정확률	• 검색된 문헌들 가운데 적합문헌의 비율, 검색의 정확성을 측정하는 것 • 정도율(정확률) = (검색된 적합 문헌 수/검색된 문헌 총수)×100

★☆☆   **공공도서관과 전문도서관은 어떻게 다른지 설명해 보시오.**

TIP   공공도서관과 전문도서관의 차이점
• 전문도서관 : 공중의 정보이용 · 문화 활동 및 평생교육을 증진하기 위하여 설치한 도서관
• 공공도서관 : 설립기관 · 단체의 소속원 또는 공중에게 특정분야에 관 한 전문적인 봉사를 제공하기 위하여 설립된 도서관

기출복원질문

✦ 군수에서 가장 중요하다고 생각하는 것과 발전방안에 대해 말해보시오.

✦ 손망실 처리를 하면 개인에게 불리한지 유리한지 말해보시오.

✦ MBO의 특징을 말해보시오.

✦ 손익분기점분석에 대해 말해보시오.

✦ 군수의 8대 기능에 대해서 말해보시오.

✦ 조달 목과 시스템에 대해서 말해보시오.

✦ 군수품에 대해서 말해보시오.

✦ 채찍효과(Bullwhip Effect)의 해결방안에 대해 말해보시오.

✦ 적시생산시스템(Just – In – Time Production)에 대해 말해보시오.

✦ 국방예산에 대해서 말해보시오.

✦ 국방 표준화에 대해서 말해보시오.

✦ 수리부속의 수령과정에 대해서 말해보시오.

★★★　**군수의 정의에 대해 말해보시오.**

군수는 무기체계 연구개발 그리고 장비와 물자의 소요를 판단하고 생산 및 조달 · 보급 · 정비 · 수송 · 시설 · 근무 분야에 걸쳐 물자와 장비, 시설자금 등 모든 사용 가능한 자원을 효과적, 경제적, 능률적으로 관리하여 군사 작전을 지원하는 활동을 말합니다.

☆☆☆　**군수품의 기본 분류에 대해서 말해보시오.**

군수품은 성질 및 특성에 따라 장비, 물자, 탄약으로 기본 분류를 합니다.

TIP　기본 분류 : 장비 · 물자 · 탄약 분류〈군수품 관리훈령 제8조〉

• 장비 : 전차, 함정, 항공기 등과 같이 동력원(엔진, 전지, 전기 등)에 의해 작동되고, 비소모품이며, 주요기능을 독립적으로 수행할 수 있고, 정해진 수명기간 동안 동일성을 유지할 수 있는 완제품으로서 구조적으로 부분품, 결합체 및 구성품으로 구성된 물품

• 물자 : 식량류, 피복 및 비품류, 유류, 건설자재류 등 물건을 만드는 재료 또는 재료를 활용하여 생성된 산출물 등

• 탄약 : 특별히 제작된 용기 내의 폭약, 추진제, 불꽃, 소이제, 세균 및 방사능 등을 충전한 물질로써 항공기나 총포 등으로부터 발사되거나 매설, 투척, 투하, 유도 등 그 밖의 방법에 의하여 사용되는 것

★★☆ 군수 10종이 무엇인지 설명해보시오.

군수품 1 ~ 9종까지의 분류에 속하지 않은 물자로 비군사적 목적의 물자와 대민 지원물자 및 자재를 말합니다.

TIP 「군수품 관리훈령」 제9조에 따라 군수품은 용도, 성질, 보급방법 등이 유사한 품목별로 1종(식량류), 2종(일반물자류), 3종(유류), 4종(건설자재류), 5종(탄약류), 6종(복지매장판매품), 7종(장비류), 8종(의무장비/물자류), 9종(수리부속/공구류), 10종(기타 물자류)으로 분류한다.

★★☆ 군수의 8대 기능은 무엇인지 설명해보시오.

군수 임무는 군수 목표 달성을 위한 지원활동입니다. 군수 목표는 평시에는 국가방위에 소요되는 장비·물자에 최적의 예산을 투자하여 군사력을 준비·유지시키는 것이며 전시에는 군사 소요에 대해 군수 지원을 확실히 보장하는 것이 목표입니다. 이러한 군수 목표를 효과적으로 달성하기 위한 군수의 8대 기능은 연구개발, 소요, 조달, 보급, 정비, 수송, 시설, 근무활동으로 분류할 수 있습니다.

TIP 군수직렬 직무수행의 기본 요소에 대해 알고 있는지 확인하기 위한 질문으로, 직무의 전문성을 파악할 수 있다.

★★☆ 유통이란 무엇인지 설명해보시오.

유통은 마케팅 활동의 일환으로 볼 수 있습니다. 자사의 제품 또는 서비스를 어떠한 유통경로를 통해서 표적 시장이나 고객에게 제공할 것인가를 결정하고 새로운 시장기회와 고객 가치를 창출하는 일련의 활동을 말합니다. 또한 공급업체부터 최종 소비자로 이어지는 하나의 유통시스템은 제품이나 서비스가 흘러가는 단순한 경로가 아니라 새로운 가치와 소비를 창출하는 바탕을 마련하므로 유통은 생산과 소비를 연결하는 경제활동이라 할 수 있습니다.

★☆☆ TQM(Total Quality Management : 총체적 품질관리)이란 무엇인가?

조직 전반에 걸쳐 상품과 서비스의 질을 향상시키기 위한 것입니다. TQM은 고객만족을 서비스 질의 일차 목표로 삼고 구성원의 광범위한 참여하에 생산성을 향상시키는 데 목적을 둔 관리원칙을 말합니다.

★★☆ FMS(Flexible Manufacturing System)가 무엇인지 설명해보시오.

공장자동화기반 시스템화 기술(FMS)로 다품종 소량생산을 가능하게 하는 생산 시스템과 공장자동화의 기반이 되는 시스템화 기술을 말합니다.

★★☆ **SCM(Supply Chain Management)이란 무엇인지 설명해보시오.**

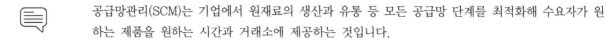

공급망관리(SCM)는 기업에서 원재료의 생산과 유통 등 모든 공급망 단계를 최적화해 수요자가 원하는 제품을 원하는 시간과 거래소에 제공하는 것입니다.

★☆☆ **변혁적 리더십과 거래적 리더십에 대해서 설명하고, 둘 중에서 본인이 선호하는 리더십 유형을 말해보시오.**

① 변혁적 리더십 : 구성원들의 가치관, 정서, 행동규범 등을 변화시켜 개인, 집단, 조직을 바람직한 방향으로 변혁시키는 과정을 말합니다. 구성원들의 의식 수준을 높이고 그들의 내적 성장이나 자아실현과 같은 높은 수준의 욕구에 관심을 기울이도록 유도하여 기대 이상의 성과를 이끌어내는 특별한 형태의 리더십입니다.

② 거래적 리더십 : 리더와 부하 간의 교환거래관계에 바탕을 둔 리더십을 말합니다. 리더는 업무를 효과적으로 수행할 수 있도록 부하들의 욕구를 파악하고 부하들이 적절한 수준의 노력과 성과를 보이면 그에 대한 보상을 하게 됩니다. 따라서 구성원들은 업무능력에 대한 보상을 받고, 리더들은 일의 완성으로 이익을 얻는 구조를 보여줍니다.

저는 일의 구성원들이 스스로 성장하며 더 높은 이상을 가지고 일을 한다면 거래적 리더십의 지도자와 일했을 때보다 멋진 결과가 나올 것이라고 생각합니다. 따라서 변혁적 리더십을 가진 상관이 되고 싶습니다.

TIP 군무원의 자세 중 리더십에 대한 질문이다.

★☆☆ **연쇄효과(Halo Effect)란 무엇인가?**

피평정자의 인상이나 타 평정요소의 결과에 의해 평정자가 영향을 받는 효과로 현혹효과 또는 후광효과라고도 부릅니다.

★★☆ **린 6 시그마 시스템이 무엇인지 설명해보시오.**

린 6 시그마 시스템은 업무프로세스를 가치 창출 여부에 따라 재조정하여 단순화하고 제품이나 업무 처리의 불량률을 최소화시키는 것을 말합니다.

☆☆☆ **3D프린터에 대해 설명해보시오.**

일반적인 프린터는 문서나 그림, 사진 등을 출력하는 데 사용하고 있습니다. 3D프린터도 같습니다. 컴퓨터에 데이터화되어 있는 자료인 3차원 모델을 주로 플라스틱, 그 외에 여러 가지 재료를 사용하여 실제로 볼 수 있는 형태로 출력해 주는 컴퓨터 출력 장치입니다.

★☆☆ **추가경정예산이 무엇인지 설명해보시오.**

추가경정예산은 본예산과는 별도로 예산을 성립한 이후에 생긴 부득이한 사유로 이미 성립된 예산에 변경하는 예산을 말합니다. 정부는 매년 1월부터 12월까지 1년 단위로 나라의 수입과 지출 계획 세우고 재정활동을 하게 되는데 세입이 예상보다 크게 줄었거나 예기치 못한 지출요인이 생겼을 때가 생깁니다. 따라서 이 계획을 바꿀 필요가 있을 경우 「헌법」 56조에 따라 추가경정예산을 편성해 국회 동의를 받아 집행하는 것을 말합니다.

☆☆☆ **배려와 양보의 차이점이 무엇인지 설명해보시오.**

배려는 남을 존중하고 자신을 희생해서 남을 위해 봉사하는 것이고, 양보는 남을 위해 자기의 주장을 굽힐 수 있고 자신의 이익을 희생하는 것을 말합니다. 예를 들면, 앞에 큰 짐을 들고 가시는 어르신을 도와드린다면 그것을 배려라고 할 수 있고, 지하철이나 버스에서 어르신에게 자리를 내어드리는 것을 양보라고 할 수 있습니다.

★★☆ **상담과 대화의 차이점이 무엇인지 설명해보시오.**

대화는 두 사람 이상이 모여서 이야기를 나누는 것이고, 특정한 목표가 없이 일상생활에 모여서 자신의 말로 생각과 느낌을 표현하고 이해하는 활동을 말합니다. 말하는 사람, 듣는 사람, 화제가 있어야 이루어지며 전달하려는 뜻이나 의도가 분명히 없어도 되며 친교의 목적으로 이뤄지는 경우가 많습니다.

TIP 상담은 상담자가 도움을 필요로 하는 사람에게 목표를 가지고 문제 해결의 실마리를 찾기 위해 도와주는 것이며 상담을 받는 사람이 자신의 환경에 대한 이해를 높이고 의사결정을 내릴 수 있도록 도와준다.

★☆☆ 광고와 홍보의 차이점에 설명해보시오.

광고는 판매로 이어지는 행위이며 광고하고자 하는 브랜드의 타깃과 매체를 정하여 구매를 어필하는 활동입니다. 구매 가능성이 높은 사람들을 대상으로 광고하는 것이 판매 성공으로 이끌기 때문에 타깃을 정하는 것이 가장 중요합니다. 홍보는 광고와 다르게 판매가 아닌 브랜드의 이미지를 구축하고 브랜드의 인식을 긍정적으로 만드는 것이 목표입니다. 또한 기업의 평판을 관리하고 브랜드를 알리면서 사람들과 긍정적인 관계를 형성하는 활동입니다.

TIP　광고는 수익을 목표로 하고 홍보는 신제품, 행사 등을 알리는 것을 목표로 한다.

☆☆☆ 갈등의 순기능과 역기능이 무엇인지 그리고 갈등의 해결방안에 대해 말해보시오.

갈등이 가지는 역기능은 조직의 안정성을 파괴하고, 장기화되는 경우 사회 구성원 간에 통합을 방해합니다. 이것이 극단화되면 구성원 간의 불신이 늘어나면서 불안정한 상황이 나타나게 될 것입니다. 적절한 갈등은 일관된 생각에서 벗어나 변화를 추구하며 창의성을 높여줍니다. 또한 갈등의 해결방안을 모색하며 내부의 결속력을 높일 수 있기 때문에 갈등이 가지는 순기능이라고 할 수 있습니다. 갈등을 해결하기 위해서는 상대방을 이해하기 위한 자세가 필요합니다. 자신을 양보하며 상대방에게 적응하는 시간을 갖는 것이 중요하며 그다음으로 자신의 입장을 이야기하고 설득하면서 서로 이해할 수 있는 단계를 갖고 풀어나가는 것이 좋을 것입니다.

★★★ 행정직이 아닌 군수직을 지원한 이유가 무엇입니까?

학교 졸업을 하고 취업을 준비하던 중 군 복무시절 함께 군무원 분들과 근무한 기억이 떠올랐습니다. 당시에 군무원 분들은 전문 직업인으로서의 자부심을 갖고 자신감 있게 직무를 수행하는 모습이었습니다. 군수직의 경우 국방부와 각 군의 군수품에 대한 모든 것들은 다뤄야 하므로 전문성을 바탕으로 국가에 기여하는 직렬이라는 생각에 보다 전문성을 바탕으로 국가에 기여할 수 있지 않을까 하여 군수직에 지원하게 되었습니다.

TIP　군수직에 지원한 동기를 묻는 질문이다. 면접에서 보편적으로 나오는 질문으로 과거의 경험과 지원 동기를 연결 짓는 것이 중요하며 군수직의 직무를 설명하며 대답하는 것이 좋다.

기출복원질문

✦ 정보수집과 보안 업무 중 더 중요하다고 생각하는 것이 무엇인지 말해보시오.

✦ 전시작전통제권을 전부 가져왔을 때 장단점에 대해 말해보시오.

✦ 군의 정보체계에 대해 말해보시오.

✦ 군사보안은 무엇을 의미하는가?

✦ 정보순환에 대해서 설명해보시오.

✦ 케트의 정보분석보고서의 유형에 대해서 말해보시오.

✦ 군사정보에 대해 공부한 경험이 있는가?

✦ K-방역의 정보력을 군사정보에 어떻게 적용할 수 있는가?

✦ 필터버블은 무엇인가?

✦ 드레퓌스 사건에 대해 말해보시오.

✦ 전시와 평시 상황에 정보관리방법에 대해 각각 설명해보시오.

✦ 블랙북이 무엇인지 말해보시오.

✦ 빅데이터에 대해서 말해보시오.

✦ 선전공작에 대해서 말해보시오.

✦ 정보발전을 위해서 우리나라가 해야할 것을 말해보시오.

★★★ **정보업무와 보안 업무에 대해 말해보시오.**

정보업무는 주변국 및 대북 군사정보를 수집하는 것을 말하며 보안 업무는 보안 사고를 예방하며 군사 기밀을 보호하는 일을 말합니다.

★☆☆ **매슬로우의 인간욕구 5단계에 대하여 말해보시오.**

가장 저차원인 생리적 욕구는 가장 기본적이며 선행되어야 하는 욕구입니다. 안전 욕구는 자기의 생명과 소유물을 안전하게 보호하고 싶어 하는 욕구입니다. 사회적 욕구는 이웃과의 따뜻한 애정, 사랑, 소속감을 유지하고자 하는 욕구입니다. 존경의 욕구는 자기존중욕구와 타인에게서 존경을 받고자 하는 욕구입니다. 가장 고차원인 자아실현 욕구는 자기가 진실로 되고 싶어 하는 자신을 만드는 욕구입니다.

★☆☆ **데이터 3법에 대해서 말해보시오.**

개인정보보호법, 정보통신망법, 신용정보법을 개정한 것입니다. 개인정보 중에서 가명정보는 공익·연구와 금융분야 등에서 이용할 수 있도록 합니다. 또한 정보보호가 다수의 법에 중복되어 규제가 되어있는 것을 통합하여 개인정보보호위원회에서 규제와 감독을 하는 주체가 됩니다.

★★☆　　**감청이란 무엇인지 설명해보시오.**

기술정보에 속하는 시각적 정보 이외의 각종 신호(Signal)를 대상으로 하는 경우 이를 신호정보 (Signal Intelligence, SIGINT)로 분류합니다. 신호정보는 과학기술의 발달에 따라 대상이 무한 대로 확장될 수 있는 특성을 가집니다. 따라서 신호정보는 인간의 음성부터 모스(Morse)부호, 전 화회선, 이메일, 무선통신 등의 각종 통신수단과 레이더 신호, 레이저 등의 유도 에너지, 적외선 의 방사현상, 방사성 물질의 방사 현상 등을 포함합니다.

★★☆　　**사이버 불링에 대해서 말해보시오.**

가상공간에서 집단으로 괴롭히는 것을 의미하는 신조어입니다. 사이버에서 특정한 인물을 타깃으 로 하여 SNS, 휴대폰 등을 사용하여 따돌리며 공격하는 행위입니다.

★★☆　　**아이작 아시모프의 로봇 3원칙에 대해 말해보시오.**

1원칙은 '로봇은 사람을 공격하거나 사람이 위험할 때 방조하면 안된다'이며, 2원칙은 '첫 번째 원칙이 어긋나지 않는 범위에서 인간의 명령에 반드시 따라야한다'입니다. 마지막 3원칙은 '1원칙 과 2원칙에 어긋나지 않는 범위에서 로봇은 스스로를 보호해야 한다'입니다.

★☆☆　　**빅데이터의 3V가 무엇인지 설명해보시오.**

데이터의 크기(Volume), 데이터의 속도(Velocity), 데이터의 다양성(variety)을 의미합니다. 이는 빅데이터가 가지고 있는 속성입니다. 크기(Volume)는 저장되는 물리적인 데이터양을 의미하고 속도(Velocity)는 고도화된 속도로 처리, 다양성(variety)은 다양한 데이터를 포함한다는 것을 의 미합니다.

기출복원질문

✦ 경찰이나 교정직 공무원을 지원할 수도 있는데 수사직에 지원을 하게 된 이유를 말해보시오.

✦ 범죄예방 교육을 어떻게 실시할 것인지 말해보시오.

✦ 무죄추정원칙에 대해 말해보시오.

✦ 형사소송의 이념과 기본원칙에 대해서 말해보시오.

✦ 디지털 포렌식에 대해서 설명해보시오.

✦ 친고죄와 반의사불벌죄의 정의와 함께 차이점을 말해보시오.

★★☆ **위법과 부당의 차이를 말하고, 상관의 부당 지시에 따른 대응방법에 대해 말해보시오.**

부당은 법에는 어긋나지 않으나 일반인의 상식이나 공평의 관념상 적당하지 않은 경우입니다. 위법은 전체적인 법 일반에 어긋나는 상태로 양의 차이가 없습니다. 만약 상관에게 부당한 지시를 받는다면 처음에는 신입이기에 이를 오해라고 생각할 수 있습니다. 그 후에도 계속 부당하다는 생각이 든다면 그때 상관에게 찾아가 제 의견을 논리적이고 예의에 벗어나지 않도록 말씀드리겠습니다.

TIP 군무원의 자세를 알아보기 위한 질문이다. 상관의 의도를 파악하고 자신의 역할과 임무를 확인해 자신의 의견을 다시 한 번 검토해본다는 정도가 답변으로 적절하다.

★★★ **법치주의란 무엇인지 말해보시오.**

법치주의란 사람이나 폭력이 아닌 법이 지배하는 것을 의미합니다. 다시 말해 국가가 국민의 자유와 권리를 제한하거나 국민에게 의무를 부과할 때에는 반드시 국민의 대표기관인 의회에서 제정한 법률을 사용해야 하고, 행정작용과 사법작용도 법률에 근거를 두어야 한다는 원칙을 말합니다. 따라서 법치주의는 국민의 자유와 권리를 보장하고 법적 안정성과 일반인의 생활 예측 가능성을 부여합니다.

★☆☆ **반의사불벌죄에 대해서 설명해보시오.**

피해자가 가해자의 처벌을 원하지 않는 경우에는 처벌을 할 수 없는 범죄에 해당합니다. 폭행, 협박, 명예훼손죄 등이 이에 해당합니다.

기출복원질문

✦ 주요 업체와 갈등이 있을 경우 어떻게 처리할 것인가?

✦ 트러스 구조에 대해 말해보시오.

✦ 건물이 붕괴하는 이유에 대해서 말해보시오.

✦ 결로현상의 해결할 수 있는 해결방안을 시공자와 사용자로 구분하여 각각 말해보시오.

✦ 철근콘크리트구조의 성립요인에 대해서 말해보시오.

✦ 수도직결방식에 대해서 말해보시오.

★☆☆ **코어의 평면상 분류에 대해서 설명해보시오.**

① **홀형** : 계단실형으로 독립성이 좋아서 프라이버시 보호에 용이하다. 통행부 면적이 작아서 건물의 이용도가 높다.

② **편본도형** : 프라이버시 보호는 약하지만 고층아파트에 적합하며, 통풍이나 채광이 양호하다.

③ **중복도형** : 부지 이용률이 높지만 프라이버시 보호, 채광, 통풍에는 취약하다.

④ **집중형** : 계단을 중앙에 배치하고 주위에 주호를 연계하는 것으로 대지의 이용률이 높고 많은 주호를 집중할 수 있지만, 복도 환기에 고도의 설비가 필요하고 채광, 통풍이 불편하다.

★☆☆ **드라이비트(Dryvit)에 대해 설명해보시오.**

외단열 방식 중에서 가장 흔하게 볼 수 있는 방식입니다. 미국 Dryvit사에서 개발한 외단열 공법입니다. 벽 외부에 직접 접착제를 바르고 단열재를 부착한 뒤에 그 위에 마감재를 도포하여 보호막을 생성하는 방식에 해당합니다. 건축비 절감이 되고 구조 변경도 손쉽게 가능하며 화려한 색감의 외벽을 만들 수 있지만 화재에 취약하다는 단점이 있습니다.

★☆☆ **철근콘크리트 구조체의 장점과 단점을 설명해보시오**

내구적이고 내화적이다. 재교공급이 용이하여 경제적이고, 부재 형상과 치수가 자유롭습니다. 하지만, 습식구조로 동절기에는 공사가 어렵고 균질한 시공이 어렵다. 재료의 재사용이나 제거가 어려운 편입니다.

기출복원질문

✦ 유지 보수에 있어서 가장 중요한 요인을 말해보시오.

✦ 시설 관리 공사에 대하여 설명해보시오.

✦ 에어컨 냉매 주입 시 압력에 대해 말해보시오.

✦ 냉동기의 4대 요소에 대해 말해보시오.

✦ 압축기의 역할에 대해서 말해보시오.

✦ 냉동기에 있는 균압관이 하는 역할과 점검 및 유지보수 요령에 대해 설명해보시오.

★☆☆　　**A급 화재는 무엇인가?**

일반화재로 나무 · 섬유 · 고무 · 플라스틱 등 일반 가연물이 타고 난 후 재가 남는 화재를 말합니다.

★★☆　　**냉매란 무엇인지 설명해보시오.**

TIP

① 냉매 : 냉동 사이클 속을 순환하여 열을 이동시키는 매개체가 되는 물질입니다.

② 냉매의 구비조건

　• 무색 · 무미 · 무취일　것

　• 가연성 · 폭발성 및 사람이나 동물에 해가 없을 것

　• 낮은 온도와 대기압력 이상에서 증발하고, 여름철 뜨거운 공기 중의 저압에서 액화가 쉬울 것

　• 증발 잠열이 크고, 비체적이 적을 것

　• 임계온도가 높고, 응고점이 낮을 것

　• 화학적으로 안정이 되고 금속에 대해 부식성이 없을 것

　• 사용온도 범위가 넓고 가스누출 발견이 쉬울 것

③ 냉매의 장단점

종류	내용
장점	• 오존을 파괴하는 염소(Cl)가 없다. • 다른 물질과 쉽게 반응하지 않는 안정된 분자구조로 되어있다. • 열역학적 성질은 R − 12와 비슷하다. • 불연성이며 독성이 없다.
단점	• R12와 같은 응축 온도에서 냉동 능력이 떨어진다. 응축온도를 낮춰야 한다. • 고무 및 플라스틱 제품의 상용성에 문제점이 있다. • 기존에 사용 중인 압축기 오일과 불용해성의 문제점이 있다. • 온실 효과가 있으므로 회수 및 재생에 문제점이 있다. • 냉동유의 흡수성에 문제점이 있다.

★☆☆ 냉각, 냉동, 냉장, 제빙의 의미를 말해보시오.

① 냉각 : 온도를 낮추고자 하는 물체로부터 열을 흡수하여 온도를 낮추는 방법입니다.
② 냉동 : 물체나 기체 등에서 열을 빼앗아 주위보다 낮은 온도로 만드는 경우로, 피냉각 물체의 온도가 – 15℃ 이하로 낮추어 물질을 얼리는 상태입니다.
③ 냉장 : 동결되지 않는 범위 내에서 물체의 열을 빼앗아 주위보다 낮은 온도로 물체의 온도를 낮춘 후 유지시키는 방법입니다.
④ 제빙 : 얼음을 생산할 목적으로 물을 얼리는 방법입니다.

☆☆☆ 냉동방법에 아는 대로 말해보시오.

① 자연적 냉동
• 드라이아이스의 승화열을 이용하는 방법 : 드라이아이스가 승화할 때 흡수하는 열량을 이용하여 냉동시키는 방법입니다.
• 기한제를 이용하는 방법 : 얼음에 이물질(나트륨 등)을 혼합하면 어는점이 낮아지는 성질을 이용하여 냉동시키는 방법입니다.
• 액체의 증발열을 이용하는 방법 : 알콜이나 액체 질소 등이 증발할 때는 주위의 열을 흡수하는데 이증발열을 이용하여 냉동시키는 방법입니다.
• 얼음의 융해열을 이용하는 방법 : 얼음이 융해할 때, 주위의 열을 흡수하는데 이 융해열을 이용하여 냉동시키는 방법입니다.
② 기계적 냉동
• 증기 압축식 냉동법 : 냉매(암모니아, 프레온 등)를 사용하여 압축·응축·팽창·증발로 이루어진 냉동 방법입니다.
• 증기 분사식 냉동법 : 증기 이젝터를 이용하여 주위 열을 흡수하고 물을 냉각하는 구조의 냉동방법입니다.
• 흡수식 냉동법 : 기계적 일을 사용하지 않고 열매체를 이용하는 방법으로 과부하가 발생하더라도사고의 위험성이 적고 경제적 운전이 가능하며, 진동 소음이 적고 자동운전 및 용량제어가 가능하나 가동시간이 길고 설치면적이 넓으며 설비비가 많이 드는 단점을 가집니다.
• 공기 압축식 냉동법 : 공기를 압축한 후 상온에서 냉각 압축된 공기를 팽창시키면서 냉동하는 방법을 말합니다.
• 전자 냉동법 : 서로 다른 반도체를 접합시켜 한쪽에는 열을 흡수하고 다른 한쪽에는 열을 방출하는 성질을 이용하여 냉동시키는 방법으로, 소음과 진동이 없는 장점이 있어 미래 냉동법이라 할수 있습니다.

★★☆ **지역난방에 대하여 말해보시오.**

보일러실에서 어떤 지역 내의 건물에 증기나 온수를 공급하는 방식으로 공장·병원·학교·집단 주택 등 전 지역에 걸쳐 난방을 하는 것을 말합니다.

TIP 지역난방의 장점
① 대규모 설비이므로 열효율이 높고 연료비가 절감된다.
② 각 건물에 굴뚝을 설치할 필요가 없으므로 건물의 유효면적이 넓어진다.
③ 도시의 매연이 감소된다.

★★★ **공기조화란 무엇인가?**

일정한 공기 안의 공기청정도·습도·온도 및 기류의 분포 등을 필요조건 상태로 조절하고 유지하는 것을 말합니다.

☆☆☆ **공기조화방식을 중 개별방식에 대하여 설명해보시오.**

① **일체형 공기정화기** : 냉동기·송풍기·공기 여과기 등이 하나로 구성된 것으로 설치와 취급이 간단하여 가정이나 사무실에서 주로 사용합니다.
② **룸 에어컨**
  • 창문형 : 에어컨에 필요한 모든 구성요소들을 하나의 케이스 안에 수납한 것으로 창문에 설치하는 방식입니다.
  • 분리형 : 압축기 및 응축기는 실외에 증발기, 실내에 순환 송풍기를 설치하는 방식입니다.
③ **멀티존 유닛 방식** : 덕트는 단일 방식이고, 온도 제어는 2중 덕트와 같은 방식으로 작은 규모의 공기조화 면적에 유리하지만 열 손실이 크기 때문에 기기에 부하가 많이 발생되어 소비동력이 많이 들어갑니다.

TIP 중앙 집중식 공기조화

종류	내용
단일 덕트 방식	가장 기본적인 방식으로 풍속이 15m/s 이하이면 저속 덕트라 하며 직사각형 덕트가 일반적으로 널리 사용되고, 풍속이 15m/s 이상이면 고속 덕트라 하여 스파일런관 또는 원형 덕트를 주로 사용한다.
2중 덕트 방식	온풍과 냉풍을 별도의 덕트에 송입받아 적당히 혼합하여 송출하는 방식으로, 각 실의 온도를 서로 다르게 조정하는 방식이다.
유인 유닛 방식	완성된 유닛을 사용하는 방식으로 공기가 단축되고 공사비가 적게 든다.
복사 냉·난방방식	건물의 바닥 또는 벽이나 천장 등에 파이프를 설치하고, 이 파이프를 통해서 냉·온수를 흘려보내 이 열로 냉·난방하는 방식이다.

★☆☆ 공기조화설비 구성 4대 요소를 말해보시오.

열원장치는 온수나 증기를 발생 시키는 보일러 장치, 냉수나 냉각공기를 얻기 위한 냉동기 또는 냉동 설비를 말합니다. 자동제어장치는 공기조화설비의 조건을 최상의 조건으로 만들기 위하여 풍량·유량·온동·습도를 조절하는 장치를 말합니다. 열운반장치는 열매체를 필요한 장소까지 운반하여 주는 장치로 송풍기·펌프·배관·덕트·압축기를 말합니다. 공기조화기는 실내로 공급되는 공기를 사용 목적에 따라 청정 및 항온항습이 될 수 있도록 하는 종합적인 기계를 말합니다.

★★☆ 난방기기의 난방방식을 말해보시오.

① 증기난방
- 증기가 응축수로 변했을 때 방열하는 응축 잠열을 이용하는 방식입니다.
- 시설 규모가 크며 난방시간이 일정한 곳에 사용합니다.
- 중력 환수식 증기난방법, 기계 환수식 증기난방법, 진공 환수식 증기난방법이 있습니다.
② 온수난방
- 방열기의 입구 및 출구의 온도차에 의한 현열을 이용하는 방식입니다.
- 종일 난방이 필요한 곳에 주로 사용합니다.
- 중력 순환식 온수난방과 강제 순환식 온수난방이 있습니다.

☆☆☆ 열전달 방법을 말해보시오.

전도는 고체를 통해 일어나며 소재의 단열성이 높을수록 열전도율은 떨어집니다. 대류는 온도와 밀도 기울기를 바탕으로 하는 공기의 움직임 덕분에 열로 이동하며 공기가 고요할수록 대류 현상이 적게 발생합니다. 모든 물질은 자체적인 온도와 방출성에 따라 복사열을 흡수하거나 방출하고 복사열이 흡수되거나 반사되면 열전달이 적어집니다.

기출복원질문

✦ 특고압을 실제로 취급해 본 적이 있는지 말해보시오.

✦ 유접점 회로와 무접점 회로에 대해 설명해보시오.

✦ 전기공사에 사용되는 도구에 대해 말해보시오.

✦ 전기 현장 관리를 해 본 적이 있습니까?

✦ 다이오드를 순방향으로 두 개 연결하면 무슨 회로가 됩니까?

✦ 태어나서 만져본 가장 큰 전압이 얼마 정도 되는지 말해보시오.

✦ 전기와 관련된 경험이 있다면 말해보시오.

✦ 반도체에 대해 설명해보시오.

✦ 감전방지방법에 대해 말해보시오.

✦ 접지목적과 접지위치에 대해 설명해보시오.

✦ 변압기의 원리에 대해 말해보시오.

✦ mccb와 elb의 차이점에 대해 말해보시오.

✦ 역률에 대해 설명하고 발생 이유에 대해 말해보시오.

✦ 변압기 작동 원리에 대해 말해보시오.

★★☆ **2차전지의 정의를 말해보시오.**

외부 전원을 공급받아 충전하여 사용하는 반영구적인 전지입니다. 2차전지의 핵심소재는 분리막, 양극재, 음극재, 전해질 등이 있습니다. 충전물질을 무엇으로 사용하는가에 따라 전지의 종류가 달라집니다.

★☆☆ **전기차가 필요하다고 생각하는가?**

네, 자원은 한정되어 있으며 화석연료로 인한 환경오염은 심각하게 진행되고 있습니다. 미래를 생각하면 친환경 자동차는 꼭 필요하다고 생각합니다.

★★☆ **누전차단기(Earth Leakage Breaker)와 배선용 차단기(Molded Curcuit Cases Breaker)의 차이점을 말해보시오.**

누전차단기는 단락·과부하·누전 시 차단되며 내부에 영상변류기가 있어 누전 감지 기능을 합니다. 배선용 차단기는 과부하 보호가 목적이며 단락·과부하 시 차단됩니다.

★★★ UPS(Uninterruptible Power Supply)란 무엇인지 설명해보시오.

무정전 전원 공급 장치(UPS)라고 하며 일반 전원 또는 예비 전원 등을 사용할 때 전압변동, 주파수변동, 순간 정전, 과도 전압 등으로 인한 전원 이상을 방지하고 항상 안정된 전원을 공급하여 주는 장치입니다. 컴퓨터의 보급 확대와 더불어 그 수요가 급증하고 있습니다.

★☆☆ PLC(Power Line Communication)가 무엇인지 설명해보시오.

전력선 통신(電力線通信)이라고 하며 가정이나 사무실의 소켓에 전원선을 꽂으면 음성·데이터·인터넷 등을 고속으로 이용할 수 있는 기술을 말합니다. 전력선만으로 텔레비전·전화·퍼스널컴퓨터 등 가정의 모든 정보기기를 연결하는 홈 네트워크·홈뱅킹 등 다양한 분야에까지 이용할 수 있으며 인터넷 서비스와 네트워크 구축뿐만 아니라 전력선 기반 지능형 가전제품의 원격제어와 계량기 등의 원격 검침, 각종 전기기계의 원격제어 등도 가능하게 됩니다. 기존 광통신 케이블을 이용할 수 있어 설치비용이 저렴할 뿐만 아니라, 통신요금도 거의 들지 않는다는 장점이 있습니다.

★☆☆ 접지 공사의 종류와 해당되는 공사에서 사용하는 저항값을 설명해보시오.

접지 공사의 종류는 제1종 접지 공사, 제2종 접지 공사, 제3종 접지 공사, 특별 제3종 접지 공사가 있으며 제1종은 특고압 기기 외함, 특고압 변압기 중성선, LA 단독접지, 피뢰침 접지들에 적용하며 저항값은 10[Ω]입니다. 제2종은 접지 공사는 고-저압 혼촉방지판, 특고압-고압 혼촉방지판에 적용하며 저항값은 누설전류 값의 반비례하며 일반적으로 5[Ω] 이하로 유지됩니다. 제3종 접지 공사는 고압계기용 변성기 외함접지, 전동기, 전등, 전열접지에 적용하며 저항값은 100[Ω] 이하입니다. 특별 제3종 접지 공사는 400V를 넘는 저압 기계 기구의 외함에 적용하며 저항값은 10[Ω] 이하입니다.

★☆☆ 직류에서 전압 범위에 대해 말해보시오.

직류의 전압 범위는 저압에서 750V 이하, 고압에서 750V 초과 7kV 이하, 특고압에서는 7kV 초과입니다.

TIP 교류는 저압에서 600V 이하, 고압에서 600V 초과 7kV 이하, 특고압에서는 7kV를 초과한다.

★☆☆ 배전반, 분전반에 대해 설명해보시오.

배전반은 변압기 등에 직접 연결돼서 각 분전반으로 전기를 배분하는 역할이고, 분전반은 배전반으로부터 공급받아서 직접적으로 전기를 분배해줍니다.

★★★ 누전차단기의 정의를 말해보시오.

사용하는 전기보다 더 높은 전압이 들어오거나 전선 또는 전기기구에 누전이 발생할 경우 기기고장 또는 화재가 일어날 수 있습니다. 따라서 누전현상을 미리 감지하고 자동으로 전기를 차단하는 배선 기구입니다.

TIP 누전차단기 설치 장소
① 물 등 도전성이 높은 장소
② 철판, 철골 위 등 도전성이 높은 장소
③ 기타 노동부장관이 정하는 장소

☆☆☆ 히스테리시스 곡선에 대해서 설명해보시오.

히스테리시스 손은 최대자속밀도의 1.6곱에 비례하기 때문에 자속밀도가 크면 손실이 증가합니다. 또한 주파수에 비례하므로 주파수가 높으면 손실이 증가합니다. 히스테리시스 곡선의 면접은 체적당 에너지 손실이 크기 때문에 면적이 크면 손실도 큽니다. 또한 곡선의 중축과 만나는 점은 자류자기, 횡축과 만나는 점은 보자력을 의미하기 때문에 자성체의 체적이 크면 손실도 커진다는 특징이 있습니다.

★☆☆ 도체의 성질과 전하분포에 대해서 설명해보시오.

도체 내부의 전계의 세기는 0입니다. 전하는 도체 내부에 존재하지 않고 도체 표면에 분포합니다. 도체 표면과 내부의 전위는 동일하며 표면은 등전위면에 해당합니다. 도체 표면에서 전계의 세기는 도체 표면에 항상 수직에 해당합니다. 전하밀도는 곡률이 클수록 높습니다.

기출복원질문
✦ 간선에 대하여 설명해보시오.
✦ 레이더에 대해 말해보시오.
✦ 디지털 변조기법에 대해 말해보시오.

★★☆ **트랜지스터의 장점을 말해보시오.**

소형이며 경량이라 기기를 소형으로 제작할 수 있습니다. 효율이 좋으며 내부 전압 강하가 적고, 음극 전원의 예열이 불필요하며 즉시 가동됩니다. 충격이나 진동에 강하며 수명이 반영구적입니다.

TIP 트랜지스터의 단점
① 이득이 적고 고온과 전체적 과부하에 약하다.
② 입력 임피던스가 낮다.
③ 주파수 특정이 좋지 않고 역내전압이 낮다.

★★☆ **아날로그 통신과 디지털 통신에 대해 말해보시오.**

아날로그 통신은 대표적으로 TV의 신호나 전화 통신 등이 있습니다. 전화교환기는 송화기로부터 음성 아날로그 신호를 그대로 나누어 소리의 크기에 따라 반송파의 진폭을 바꾸고 주파수를 변화시킵니다. 따라서 전송 중 잡음이 생기기 쉽고 점유주파수 대역폭이 좁은 단점을 갖습니다. 디지털 통신에서는 단말장치로 아날로그 신호를 디지털 신호로 전환시킵니다. 그리고 다시 이 디지털 신호를 디지털 통신망이라 불리는 전용회선으로 상대측에 전송해 수신 측에서 또다시 원래의 신호로 바꿉니다. 디지털 통신은 디지털 전송에 있어서 도중에 잡음이 생기거나 왜곡 현상이 있더라도 원래의 정보를 복원할 수 있고, 품질이 안정되어 있습니다. 또한 디지털 통신은 각종 신호를 동일한 펄스열에서 취급하기 때문에 설비의 공용이 가능하고 망 설계가 유연합니다.

★★☆ **항복과 파괴에 대하여 말해보시오.**

PN접합면에서 역전압을 증가시켜 일정 전압 이상이 될 경우 전자사태에 의해 소수 캐리어가 증가하며 역전류가 급격히 증가하는 항복현상이 일어납니다. 이때의 임계전압을 항복전압이라 하며 항복전압은 불순물의 농도가 클수록, 온도가 높을수록 낮아집니다. 이 전압보다 떨어지면 항복은 본래의 다이오드 특성으로 복귀하나 파괴는 복귀하지 않습니다.

★★☆ **압전물질에 대하여 말해보시오.**

결정판에 일정 방향으로 압력을 가하면 판의 양면에 외력에 비례하는 전하가 나타나게 만드는 물질로 수정, 전기석, 로셸염, 티탄산바륨, 인산이수소암모늄, 타르타르산에틸렌디아민 등이 있습니다.

★★☆ **베이스 접지회로에 대하여 말해보시오.**

트랜지스터 회로의 접지방식 중 하나입니다. 입력저항은 가장 적으나 출력저항이 가장 크고, 차단 주파수가 가장 높은 접지회로입니다. 따라서 고주파 증폭에 사용합니다.

TIP 컬렉터 접지회로(Common Collector)
① 전압 이득이 1 이하이며, 음되먹임을 하는 회로로 임피던스 저항회로에 사용한다.
② 입력저항은 크나 출력저항이 비교적 적어 증폭기보다는 임피던스 정합(Impedance Matching)에 주로 사용된다.

★☆☆ **피킹코일(Peaking Coil) 접속회로에 대하여 말해보시오.**

증폭기의 고역에서 이득 감소는 트랜지스터 자체 성능인 차단 주파수가 높지 않기 때문입니다. 접합용량 성분, 부유용량 성분과도 관계가 있으므로 이러한 원인을 피하고 고역을 넓히기 위해 사용하는 코일입니다.

★☆☆ **발진의 안정조건을 말해보시오.**

① 부하의 변화 : A급 증폭단인 완충 증폭기를 넣습니다.
② 주위 온도의 변화 : 발진회로를 온도가 일정한 항온조 안에 넣거나 온도 보상회로를 추가합니다.
③ 전원전압의 변화 : 전원 안정화회로를 써서 전압의 안정도를 높입니다.
④ 능동소자의 상수 변화 : 전원, 온도에 의한 변동이므로 ②③의 조치로 해결합니다.

★☆☆ **수정발진기의 주파수 변동 원인에 대하여 말해보시오.**

부하의 변동, 기계적인 변동, 전원전압의 변동, 양극회로의 조정 불량, 주위 온도 변화에 의한 수정편의 신축 변형, 수정 공진자, 부품의 온도·습도 등에 의한 영향입니다.

★★★ FM 변조 방식의 특징을 말해보시오.

잡음을 AM보다 감소시킬 수 있으며 수신의 충실도를 향상시킬 수 있습니다. 점유 주파수 대역 폭이 크고 단파대역에는 적합하지 않으며 약전계 통신에 적합합니다. 기기의 구성이 복잡합니다. 주파수 대역을 넓게 취할 수 있는 VHF 대역을 이용하며, S/N비가 개선됩니다.

★★☆ 클리퍼에 대하여 말해보시오.

파형의 상부 또는 하부를 일정한 레벨로 잘라내는 회로를 의미합니다. 특정 레벨 이상을 잘라내는 피크 클리퍼와 특정 레벨 이하를 잘라내는 베이스 클리퍼, 상·하의 두 레벨을 잘라내는 슬라이서 또는 리미터가 있습니다.

★☆☆ 차동 연산 증폭기의 특징을 말해보시오.

입력전압의 차가 출력전압으로 얻어지므로 DC에서 고주파 증폭까지 할 수 있습니다. 각 부품의 온도 변화에 따른 특성이 변화해도 출력전압에는 변동이 극히 적으며 종합 증폭도는 음극접지 단일 진공관의 경우와 같습니다.

★☆☆ NOT게이트에 대하여 설명해보시오.

부정회로로써 정반대의 출력이 얻어지는 회로로 인버터라고 합니다. 트렌지스터의 에미터 접지형 증폭기에 있어 베이스 입력과 컬렉터 출력의 전압의 전달 특성이 180° 위상차를 가지는 원리를 이용한 것입니다.

★★★ 변조와 복조에 대해 설명해보시오.

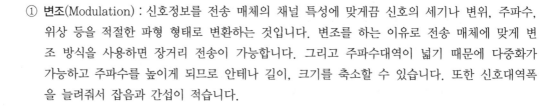

① 변조(Modulation) : 신호정보를 전송 매체의 채널 특성에 맞게끔 신호의 세기나 변위, 주파수, 위상 등을 적절한 파형 형태로 변환하는 것입니다. 변조를 하는 이유로 전송 매체에 맞게 변조 방식을 사용하면 장거리 전송이 가능합니다. 그리고 주파수대역이 넓기 때문에 다중화가 가능하고 주파수를 높게 되므로 안테나 길이, 크기를 축소할 수 있습니다. 또한 신호대역폭을 늘려줘서 잡음과 간섭이 적습니다.
② 복조(Demodulation) : 변조된 신호로부터 원래의 정보 신호를 추출해내는 과정을 의미합니다. 원거리 통신에서 아날로그 신호를 받아서 컴퓨터가 사용하는 디지털 신호로 변환하는 과정을 예로 들 수 있습니다.

★★☆ 항공기 레이더에 대해 설명해보시오.

항공 탑재 레이더는 항공기 내에 설치된 레이더의 총칭으로 항공기 내부에 탑재되는 레이더에는 기상 레이더, 지형 레이더, 주변의 항공기나 비행물체를 탐색하는 레이더 등이 있습니다.

기출복원질문

✦ 정보통신의 경쟁력을 강화시키기 위한 방법에서 무엇이 있다고 생각합니까?

✦ 라인코딩과 HDB3의 정의는 무엇인가?

✦ IT분야 중 정보통신의 미래에 대해서 어떻게 생각합니까?

✦ 보안장비 제조사에 대해 말해보시오.

✦ 스위치와 허브에 대해 설명해보시오.

✦ 로밍에 대해 말해보시오.

✦ 4G과 5G의 차이점은 무엇인가?

✦ 현재 발전중인 통신기술 한 가지를 말해보시오.

✦ FDM과 RDM의 정의와 차이에 대해 말해보시오.

★★☆ **변조의 종류를 말해보시오.**

진폭 변조, 주파수 변조, 위상 변조, 디지털 변조가 있습니다.

TIP 변조의 종류

종류	내용
진폭 변조 (Amplitude Modulation, AM)	반송파의 진폭을 신호파의 세기에 따라 변화시키는 조작
주파수 변조 (Frequency Modulation, FM)	반송파의 주파수를 신호파의 세기에 따라 변화시키는 조작
위상 변조 (Phase Modulation, PM)	반송파의 위상을 신호파의 세기에 따라 변화시키는 조작
디지털 변조 (Digital Modulation, DM)	신호를 0과 1의 2진값 정보로 교환하여 베이스밴드 신호로 만들어 그 신호를 고주파에 싣는 조작

★☆☆ **직류(DC)와 교류(AC)에 대하여 말해보시오.**

직류(DC)는 배터리·건전지와 같이 시간의 흐름에 따라 출력되는 전압·전류의 크기가 일정하고, 전압·전류가 일정하므로 크기를 정확히 산출할 수 있습니다. 교류(AC)는 전류와 전압의 크기가 시간의 흐름에 따라 출력되는 전압과 전류로 시간에 따라 크기가 변하게 됩니다. 따라서 시간마다 전압과 전류의 크기(진폭)가 수시로 변하여 정확한 크기 산출이 어렵습니다.

★★☆ **통신에서 신호란 무엇인가?**

정보를 표현하거나 전달하기 위해 사용하는 상태 또는 양을 말합니다. 전압과 전류, 전력으로 정보를 표현하고 전달 도중에 매체나 상태의 변화가 있어도 정보 전달이 가능합니다.

★★☆ **신호는 어떻게 구분하는가?**

확정적 신호와 랜덤 신호로 구분할 수 있습니다. 결정 신호의 주기가 존재하느냐 존재하지 않느냐에 따라서 신호와 비주기 신호로 나뉩니다. 예측성은 과거의 신호 분포로부터 미래의 신호분포를 예측 할 수 있느냐 없느냐에 따라서 분류합니다.

☆☆☆ **랜덤 신호란 무엇인지 말해보시오.**

어느 표본 함수의 미래 값이 과거의 관측 값으로 정확하게 예측될 수 없는 신호입니다. 이는 확률적으로 모델화 되어 있는 신호입니다.

★☆☆ **베이스밴드는 무엇인가?**

정보원이 입력변환(마이크장치 등)에서 발생된 신호의 주파수대역은 무선전송을 합니다. 주파수보다 훨씬 낮은 주파수 범위의 제한된 대역폭 신호를 말하는데, 전화의 경우 0 ~ 3.5KHz의 가청주파수대역(음성신호의 대역)이며, 텔레비전의 경우 0 ~ 4.3MHz의 영상신호대역입니다. 베이스밴드 통신은 베이스밴드 주파수만을 사용하기 때문에 이용에 제한을 받습니다. 몇 개의 베이스밴드 신호를 변조하여 서로가 겹치지 않도록 그들의 주파수 스펙트럼을 각각 다른 위치로 이동을 시키면 이동할 수 있는 모든 대역을 더욱 효과적으로 사용할 수 있습니다. PAM(Pulse Amplitude Modulation), PWM(Pulse Width Modulation), PPM(Pulse Position Modulation), DM(Delta Modulation)의 신호들은 베이스밴드 신호입니다.

★☆☆ **전송부호의 요구 조건을 말해보시오.**

① 직류 성분이 적어야 합니다. 저주파 및 고주파 차단 특성이 우수해야 하며 대역폭이 적어야 합니다.
② 신호의 동기화 능력과 신호의 에러 검출 능력을 가져야 합니다.
③ 신호 간섭 및 잡음에 대한 면역성이 높아 신뢰도가 높아야 합니다.
④ 구성이 간단해야 합니다.

☆ ☆ ☆ **순단의 뜻을 말해보시오.**

TIP

① 정의 : 순단은 수신신호의 레벨이 짧은 시간 내에 매우 큰 폭으로 감소하는 현상이다.

② PCM 품질평가 용어

구분		내용
wonder		PCM의 구성에서 중계기 그리고 케이블 등과 같은 전송매체상의 전송지연의 변화 또는 온도 변화에 따른 지연편차나 발진기의 위상편차 등에 의해 발생하는 지터
slip		외부 동기용 신호와 내부 동기용 신호의 차이에 의해서 펄스 중 일부가 유실되는 현상
위상지터		전송 신호 중에서 주파수에 의해 위상변조나 주파수변조에서 수신파형이 표본점 전후에서 위상이 흔들리는 현상
위상내		신호를 0과 1의 2진값 정보로 교환하여 베이스밴드 신호로 만들어 그 신호를 고주파에 싣는 조작
위상도약		위상의 변화가 급하게 변화를 보이는 것에서 발생하는 현상
순단		수신신호의 레벨이 짧은 시간 내에 매우 큰 폭으로 감소하는 현상
지터 (Jitter)	시스템 지터	디지털 중계기에서 이용되는 디지털 데이터의 패턴 상관기에서 발생하는 지터
	Random 지터	정보 전송된 신호와는 무관하게 중계기에서 발생하는 불특정한 지터
	Residual 지터	고속의 MUX나 DEMUX에서 저속의 출력단에 발생하는 지터
	Alignment 지터	PCM 구성의 각 단에서 입력펄스 신호와 타이밍 펄스의 편차에 의한 지터
	Accumulated 지터	PCM 구성에서 중계가 양단에서 지터의 합에 의해 발생하는 지터

☆ ☆ ☆ **압신기란 무엇인가?**

전송 시 레벨 범위를 좁게 함으로써 잡음이나 누화를 경감하기 위해 사용합니다. 압축기에서는 송신 측 출력 신호의 레벨 변화(신호를 비선형 함수로 변형)를 압축하며, 신장기에서는 수신 측 입력 신호의 레벨 변화를 신장하여 신호를 본래대로 되돌리는 작용(수신기의 역동작)을 합니다.

★ ★ ☆ **재생(3R)의 기능을 말해보시오.**

파형재생(Reshaping)은 잡음과 감쇠에 문제로 왜곡된 파형을 다시 재생시켜주는 기능입니다. 식별재생(Regeneration)은 송신된 디지털펄스 신호를 식별하여 송신 신호와 같은 크기로 증폭하여 재생하는 기능입니다. 타이밍 재생(Retiming)은 디지털 신호로부터 Clock을 추출한 후 다시 타이밍 파를 만들어 신호의 위상을 재생하는 위상재생, 신호의 동기가 맞지 않으면 타이밍이 맞지 않게 되고 이런 현상이 누적되면 펄스열의 왜곡으로 타이밍회로의 동조가 부정확하여 위상의 흐트러짐이 생겨 잡음이 발생하며 이를 타이밍 편차(Jitter 잡음)라 합니다.

★★★ PCM(Pulse Code Modulation)의 3단계 과정을 말해보시오.

표본화, 양자화, 부호화입니다. 표본화는 일정 시간 간격으로 아날로그 데이터의 값을 뽑아내는 과정이며 양자화는 표본화에서 뽑아낸 값을 일정 레벨의 신호로 바꾸는 과정입니다. 부호화는 이산적 신호를 0과 1에 해당하는 펄스로 바꾸는 과정입니다.

★☆☆ ADM(Adaptive Delta Modulation, 적응 델타변조)와 ADPCM(Adaptive Differential Pulse Code Modulation, 적응 차분펄스부호변조)의 특징을 비교해보시오.

TIP

ADM과 ADPCM의 비교

구분	ADM	ADPCM
표본화 주파수	8KHz	Nyquist Rate의 2 ~ 4배(16 ~ 32KHz)
PCM 단어	4bit	1bit
양자화 계단수	16	2
전송속도	32kbps	16kbps, 32kbps
시스템 구성	복잡	간단
적용분야	군사용, 이동 통신, 특수분야	일반 공중통신용
S/N비	35kbps 이상에서 양호	5kbps 이하에서 2, 3dB 양호

★★☆ MUX란 무엇인가?

Multiplexer로 다중화를 뜻합니다. 많은 양의 데이터를 하나의 채널에 전송하고 이것을 수신 측에서 원래의 형태로 나누어 주는 것입니다.

★★☆ TDM(Time Division Multiplexing, 시분할 다중화)에 대하여 말해보시오.

한 전송로를 일정한 시간 폭으로 나누어 사용합니다. 신호들을 겹치지 않게 하기 위해서는 표본화 속도가 커야 합니다. 비트삽입식과 문자 삽입식이 있습니다. 송수신 간의 동기를 맞추는 동기 방식을 필요로 합니다. 통신망 형태를 PTP(Point-To-Point) 시스템에 사용합니다. 장거리 전화 통신에 이용합니다.

★★☆ **데이터 전송속도를 설명해보시오.**

 데이터 전송속도는 초당 보낼 수 있는 문자(Character)수, Word수, Block수를 말합니다.

★★☆ **PLL(Phase – Locked Loop)의 특성을 말해보시오.**

 2동조형 검파기에 비해 왜곡이 적고 조정이 용이하며 부품의 수가 적습니다. 쉽게 검파 대역의 조정이 가능하며 AM 송신기의 국부 발진회로로 사용됩니다.

★★☆ **베어러(Bearer)속도는 무엇인가?**

 기저대역 전송방식에서 데이터 신호 이외에 동기 신호, 상태 신호 등을 포함하는 전송속도를 말합니다. 디지털 회선에서 동기를 취하는 프레임 비트와 통신의 상태를 상대에게 전하는 상태를 맞춘 '엔벨로프'라고 부르는 신호형식으로 변형하여 전송합니다.

★☆☆ **통신 케이블의 절연 저항 측정에 사용되는 장비는 무엇인가?**

 Megger로 통신 케이블의 절연 저항 측정에 사용합니다.

★☆☆ **Cross Talk이란 무엇인가?**

전송선로의 누화로 어느 한 통신선로에 다른 통신회선의 통신 에너지가 유도되어 되돌아오는 것을 말합니다. 일반적으로 통신선로에는 많은 왕복도체가 근접·병행하고 있으므로 이들 도체 간에는 전기적 결합(정전결합, 전자결합)이 다른 근접한 선로에서 통신에 영향을 주며 생겨납니다.

TIP 누화의 분류

종류	내용
근단누화(Near – End Cross Talk)	유도회선의 송단 측에서 피유도회선의 송단 측에 누화가 발생되는 현상
원단누화(Far – End Cross Talk)	유도회선의 송단 측에서 피유도회선의 수단 측에 누화가 발생되는 현상, 동축 케이블에서의 누화는 원단누화가 근단누화보다 크며, 평형 케이블에서는 근단누화가 원단누화보다 큼

★☆☆ **케이블 선로 누화 방지책을 말해보시오.**

TIP 케이블 선로 누화 방지책의 종류

종류	내용
시험접속	선로의 접속점에서 상하측의 정전용량을 측정하여 서로 상쇄되도록 두 회선을 교차시키는 방식
압신기	송전단에서 음성신호를 1/2로 압축하여 보내고, 수전단에서 이것을 2배로 신장함
누화보상	사용하는 주파수 대역중의 회선을 이와 동등한 특성을 가진 집중결합을 역위상이 되도록 삽입하는 방식
프로징 (Frogging)	• 주파수 프로징 : 고군과 저군을 변환하는 구별 4선식 방식 • 케이블 프로징 : 반송파를 사용하는 쌍을 중계기마다 바꾸어 넣는 방법

★☆☆ **평형 케이블(Balanced Cable, Twisted Pair)의 특징을 말해보시오.**

대역폭, 거리, 데이터 전송에 상당한 제약점을 가집니다. 간섭과 잡음에 민감하며 근접함 Pair끼리는 누화현상을 감소시키기 위하여 피치를 달리하여 꼰 것을 사용합니다.

★★☆ **동축 케이블(Coaxial Cable)의 용도를 설명해보시오.**

근거리 네트워크의 구성, TV신호 분배, 광대역 전송로로 사용, 단거리 시스템 링크, 베이스밴드 전송과 브로드밴드 전송에 사용됩니다.

TIP 동축 케이블의 장단점

구분	내용
장점	• 전송손실이 적다. 평형 케이블은 전송되는 주파수에 정비례하여 증가하며 동축 케이블은 전송 주파수의 평방근에 비례하여 증가한다. • 고주파에서는 외부 도체의 차폐가 우수하며 누화 특성이 개선된다. • 평형 케이블보다 주파수 특성이 우수하며 광역대 초다중화 전송에 이용된다. • 평형 케이블보다 간섭 및 누화 특성이 양호하며, 특성 임피던스는 주파수에 관계없이 일정하다. • 전송 특성이 양호하며, 넓은 주파수 대역에 걸쳐 등화가 용이하고, 내부 도체와 외부 도체의 절연이 극히 좋아 전력 전송이 가능하다. • 전송로 중 케이블 간의 혼선은 무시할 정도이고 신호세력의 감쇠나 전송지연으로 인한 변화가 적은 매체이다.
단점	• 선로의 중간에 임피던스 불균등점이 존재하면 반사현상이 일어나 반사와 재반사가 되풀이 되어 경음 또는 Ghost 등이 발생하게 된다. • 저주파에서는 표피효과와 근접작용의 영향이 감소되어 누화가 발생하기 때문에 60KHz이하에서는 사용하지 않는다. • 근거리 및 소규모 회선 구간에 적합하다.

★★☆ 광섬유 케이블이 현대에 각광받는 이유를 말해보시오.

경량성으로 작업능률이 양호합니다. 무유도성으로 전자유도의 영향이 없고 통신속도가 빠르며 대용량의 전송이 가능합니다.

★☆☆ 광파손실의 종류를 아는 대로 말해보시오.

① 레일리 산란손실(Sactting Loss) : 광섬유 재료의 밀도 및 성분이 국소적으로 불균일하게 변화하는데 기인한 불가피한 손실로 고유손실에 해당됩니다.
② 흡수손실 : 광섬유속을 전파하는 광파가 광섬유의 분자·원자의 특성에 의해 광파가 흡수되어 감쇠되는 손실입니다(**예** OH – 기흡수손실, 자외선흡수손실, 적외선흡수손실 등).
③ 마이크로밴딩(Micro Banding)에 의한 손실 : 광섬유를 케이블로 만드는 과정에서 광섬유에 힘이 가해져 광심선의 도파로 불균등에 의해 모드분사에 의해 발생되는 손실입니다.
④ 구조불완전에 의한 손실 : 코어와 클래드의 경계면에 미세한 구조 불완전에 의해 산란 및 복사현상에 의한 손실입니다. 동심성이 유지되지 않아 발생합니다.
⑤ 만곡손실 : 광섬유가 구부러졌을 때 임계각 이하에서 입사하는 빛이 섬유 밖으로 방사하면서 생하는 손실입니다.

☆☆☆ 레이저(Laser)광의 특징에 대해 말해보시오.

단색광과 지향성을 갖습니다. 열이 없는 냉광이며 고휘도입니다. 파장은 약 1마이크로미터 정도입니다.

☆☆☆ 우연적인 왜곡 형태에 대하여 아는 대로 말해보시오.

전송로 상에서 동적으로 발생하는 불안정한 왜곡 형태를 말합니다. 발생하는 왜곡의 예측이 불가능하며 제어가 어려운 왜곡 형태입니다. 백색잡음(White Noise), 충격성 잡음(Spike Noise), 혼선, 상호변조잡음, 반향(Echo), 진폭의 변화(비트의 어긋남), 전송로상의 순간적인 장애현상, 무선 페이딩현상, 위상의 변화(Phase Jitter, Phase Hit)가 있습니다.

TIP

시스템적인 왜곡 형태 : 전송로의 불안에 의한 왜곡으로 전송로 상에서 늘 발생하는 잡음형태이다. 이와 같은 왜곡은 전자적인 보상장치에 의해 왜곡을 최소화하거나 감소가 가능하다.
① 손실(Loss)
② 진폭감쇠왜곡
③ 고조파왜곡
④ 지연왜곡
⑤ 주파수 변이
⑥ 바이어스 왜곡
⑦ 특성왜곡

★☆☆ 절대온도 0에서 최외각 전자가 가지는 에너지 높이를 무엇이라고 부르는가?

페르미에너지라고 합니다. 고체 내 전자의 에너지 분포가 급격히 변화하는 에너지 준위로, 열평형 상태에서 전자를 찾을 수 있는 확률이 1/2이 되는 에너지 준위입니다. 페르미 준위가 다른 물질과 접할 경우 페르미 준위가 높은 쪽에서 낮은 쪽으로 전자가 이동하기 때문에 페르미 준위가 일치하는 현상이 나타납니다.

★★☆ 광섬유의 구조에 대하여 설명해보시오.

광섬유는 코어(Core)와 클래드(Clad)로 구성되어 있습니다. 코어(Core)는 광이 전파하는 광섬유의 중심 물질로 레이저 광선이 통과하는 영역입니다. 클래드(Clad)는 광섬유에서 코어를 둘러싸고 있는 영역으로 코어에 입사된 광에너지를 광섬유 밖으로 빠져나오지 못하도록 전파를 격리하는 부분입니다.

★★☆ 무선통신이란 무엇인가?

무선통신을 송신 측에서 전송하고자 하는 정보(음성·영상·자료·기호·부호 등)를 전파에 실어서(변조) 공간을 매체로 방사하고, 수신 측에서 전파되어온 전파에서 원래의 정보를 복원(복조·검파)하는 것입니다.

★☆☆ 이동통신에 대해서 말해보시오.

이동전화 교환국을 이용하여 사람·자동차·선박·항공기 등의 이동체와 이동체 상호 간 또는 공중전화망을 통한 이동체와 일반 전화와의 통신을 말합니다. 이동통신은 육상·항공·해상이동통신으로 분류할 수 있습니다.

TIP

이동통신 주파수에 따른 사용방식

구분	사용
9KHz ~ 400GHz	육상이동, 해상이동, 항공이동, 방송업무 등에 사용
54 ~ 68MHz대 및 800 ~ 900MHz대	육상이동 및 해상이동 업무에 사용
단점118 ~ 142MHz대	항공이동 업무에 사용

★★★ 이동통신시스템의 구성요소를 말해보시오.

이동국(Mobile System, MS), 기지국(Base Station Transceiver Subsystem, BTS), 교환 국 (Mobile Switching Center, MSC)입니다.

☆☆☆ 감쇠, 왜곡, 간섭, 잡음에 대하여 설명해보시오.

① 감쇠(Attenuation) : 신호가 전파되면서 거리에 따라 크기가 감소하는 것입니다.
② 왜곡(Distorition) : 신호가 전파되면서 찌그러지는 현상(감쇠왜곡, 지연왜곡, 상호변조왜곡)을 의미합니다.
③ 간섭(Interference) : 원하는 신호의 수신을 방해하는 에너지입니다.
④ 잡음(Noise) : 필요한 신호 속에 혼입되어 정상적인 수신 및 처리를 방해하는 바람직하지 않은 전기신호를 말합니다.

★★☆ 마이크로파란 무엇인가?

마이크로파는 1 ~ 30GHz 정도의 영역을 전자파로 나타내는 것입니다. 광대역성을 얻기 용이하므로 초다중 통신에 이용되며 한 개의 무선회선으로 수백, 수천 채널을 중계할 수 있습니다. 다중 전화회선과 텔레비전 중계, 위선 중계회선 등에 널리 사용됩니다.

☆☆☆ 장·중파 전파의 특징을 말해보시오.

회절 손실이 적고 협대역 통신에 적합합니다. 안정한 전계를 믿을 수 있지만 외부 잡음에 의한 방해가 많습니다.

★★☆ 단파 통신의 특징을 말해보시오.

적은 전력으로 원거리 통신이 가능합니다. 장·중파에 비해 혼신이 적으나 원거리 전파에서는 혼신영향이 큽니다. 전송용량이 적으며 전송품질 불량이 있고 Fading 영향을 받기 쉽습니다. 유지보수가 불편합니다. 불감지대가 생기며 전리층 산란파에 의해 미소전파가 수신되나 불안정합니다. 지향성이 예민한 송수신 ANT 이용에 용이합니다.

★★★ PCN(Personal Communication Network)의 특징을 말해보시오.

개인통신 서비스를 제공하기 위하여 휴대 단말기를 이용하여 지역적으로 고정되어 있는 가입자 회선의 일부를 무선화하여 이동 중에도 장소와 시간에 구애받지 않고 통화가 가능하도록 한 서비스입니다. PCN의 기능으로 가입자 위치를 망에 등록하는 위치등록기능, 가입자의 위치등록정보에 의하여 자동 경로설정과 변환을 행하는 추적접속 기능, 거리와 서비스에 따라 과금 징수를 제어하는 유연과금, 암호화, 도난대책을 위한 보안기능 등이 있습니다.

TIP PCN의 특징
① 단말기 가격이 저렴하며 통신반경이 광역이다.
② 통신망 구성이 용이하며 신속하게 이루어질 수 있다.
③ 이동성이 보장되는 편의성을 가진다.
④ 디지털 통신 방식의 채택으로 혼신 없는 통화가 가능하다.

★☆☆ 프로토콜의 구성요소를 말해보시오.

구문(Syntax)은 데이터 구조에 관한 것으로 형식, 부호화 방법, 전기적 신호 크기에 대한 것입니다. 인터넷에서 사용하는 프로토콜인 UDP의 처음 16비트는 출발지의 포트 주소이며, 다음 16비트는 목적지의 포트 주소입니다. 의미(Semantics)는 각 비트가 무슨 뜻인지에 대한 것으로 각종 제어 절차에 대한 것입니다. 프로토콜 주소 부분의 비트들은 송·수신지를 의미합니다. 타이밍(Timing)은 타이밍은 데이터를 언제, 어떻게, 어느 정도의 속도로 전송할 것인가를 나타냅니다. 송신자가 100Mbps로 자료를 보내는데 수신자가 50Mbps로 수신하면 자료는 손실될 수밖에 없습니다.

★★★ CDMA(Code Division Multiple Access)가 무엇인지 설명해보시오.

하나의 채널로 한 번에 한 통화밖에 하지 못하는 한계가 있는 아날로그 방식의 문제점을 해결하기 위해 개발된 디지털 방식 휴대폰의 한 방식으로, 코드분할 다중접속 또는 부호분할 다중접속이라고 합니다. CDMA는 아날로그 형태인 음성을 디지털 신호로 전환한 후 여기에 난수를 부가하여 여러 개의 디지털 코드로 변환해 통신하는 것입니다. 휴대폰이 통화자의 채널에 고유하게 부여된 코드만을 인식하므로 통화 품질이 좋고 통신 비밀이 보장된다는 장점이 있습니다.

★★☆　**위성통신이란 무엇인가?**

지구적도 상공 약 36,000km 상공에 지구의 자전과 같은 주기로 공전하면서 장거리 통신의 중계기 역할과 방송 중계에 이용할 수 있도록 통신회선을 구성하는 방식입니다. 우주위성통신의 기본 형식 으로는 우주국(위성체)과 지구국, 우주국과 우주국, 그리고 우주국을 중계로 하는 지구국 간 통신 등으로 분류되며, 여기서 위성통신은 우주국에 의한 지구국과 지구국 간의 통신을 말합니다.

TIP　위성통신의 특징
① 장점
　• 지리적 장애를 극복할 수 있다.
　• 다원 접속성이다.
　• 통신망 설정이 신속하다.
② 단점
　• 소용량 필요시 초기 투자비가 크다.
　• 위성의 수명은 단기성이다.

☆☆☆　**GPS 위치 측정 기법에 대하여 말해보시오.**

위성과 수신기 사이의 거리를 측정해서 지구상의 위치를 파악할 수 있습니다. 이때 위성으로부터 수신기까지 도달하는 데 걸리는 시간을 측정하고 이를 거리로 환산하는 방법을 사용합니다.

TIP　위치 측정 기법의 종류
① 단독 측위법
　• 1대의 수신기를 이용하여 4개 이상의 GPS 위성으로부터 신호를 수신하고 자신의 위치를 실시간으로 계산하는 방 법입니다.
　• 지상이나 공간에서 수신기의 위치를 100m 정도의 정밀도로 관측하는 SPS가 있습니다.
　• 비교적 정밀도가 낮지만 간단하게 쓰입니다.
② D(Differential)GPS
　• 단독 측위법의 정밀도를 향상시킨 방법으로 측량용과 항법용 수신기를 이용하는 실시간 위치측정 방법입니다.
　• 수신기 2대 이상을 이용하여 축지점을 관측하는 방법으로 위선 4개로 부처 동시에 전파를 수신합니다.
③ 기타방법
　• 후처리 상대 측위 방법 : 비 실시간으로 고정밀 위치 결정 요구 분야에 사용하는 방법입니다.
　• RPK(Real Time Kinematic) : 실시간적으로 고정밀 위치 결정 요구 분야에 사용하는 방법입니다.

★★☆　**HAPS란 무엇인가?**

대기권 중 기상조건이 비교적 안정된 성층권(지상 약 20 ~ 50km)에 통신용 무선응용 장비와 관측 장비 등을 탑재한 무인비행선을 일정 위치에 체공시켜 지상에서 통신, 방송 및 원격탈사 등 다양한 서비스를 제공하는 무선통신 시스템입니다. 이 시스템은 서비스 대상 지역에 고정·이동 디지털 무선채널 등을 다양한 전송률로 양방향 통신이 가능하도록 합니다.

★★☆ **LAN의 정의를 말해보시오.**

수 km 이내의 동일 빌딩 또는 구내 등 기업 내의 비교적 좁은 지역에 분산 배치된 각종 단말장치 사이에서 고속으로 상호 통신을 하기 위한 통신망입니다.

TIP

LAN 구성 조건과 특징

구분	사용
구성 조건	• 제한된 지역 • 단일 기관 소유 • 높은 채널 용량과 전송속도 요구 • 스위칭 기술(교환 기술)을 갖는 데이터 망 • 자원 공유를 위한 사용자의 네트워크 접근 용이성 및 호환성 • 확장 가능성 및 융통성 • 간단한 구성, 사용 편리성 • 표준화된 프로토콜
특징	• 간단한 구성 • 최소화된 전송 지연 • 고속의 전송속도 및 낮은 에러율 • 외부 네트워크 영향이 없음 • 네트워크 접근의 용이성 • 방송모드 가능 • 다양한 접속 기술로 인한 높은 호환성

★☆☆ **PSK(Phase Shift Keying)와 QPSK(Quadrature Phase Shift Keying)의 차이점에 대해 말해보시오.**

위상 편이 변조(PSK)는 신호파의 파형에 따라 반송파(搬送波)의 위상을 변조시키는 방법입니다. 일정진폭의 반송파 위상을 2등분(180°위상차), 4등분(90°위상차), 8등분(45°위상차) 등으로 나누어 각각 다른 위상에 0 또는 1을 할당하거나 2비트 또는 3비트를 한꺼번에 할당하여 상대방에 보내고 수신 측에서는 이를 약속된 원래의 데이터 신호의 상태로 만들어주는 변조 방식입니다. 직교 위상 편이 변조(QPSK)는 위상 편이 방식(PSK)의 하나로, 두 값의 디지털 신호 0과 1의 2비트를 모아서 반송파의 4위상에 대응시켜 전송하는 방식을 말합니다. 따라서 QPSK를 4위상 편이 변조파라고도 하는데 4위상 편이 변조파는 2위상 편이 변조파와 같은 주파수 대역폭에서 2배의 정보를 전송할 수 있습니다. 위성방송에서는 음성신호의 전송이나 위성통신에 널리 사용되고 있습니다.

★ ★ ☆　5G에 대해서 설명해보시오.

5세대 이동 통신으로 최대 속도가 20Gbps에 달하는 이동 통신 기술입니다. 4세대 이동 통신인 LTE에 비해 속도가 20배가량 빠르고 처리 용량은 100배 많습니다. 강점인 초저지연성과 초연결성을 통해 4차 산업혁명의 핵심 기술인 가상현실, 자율주행, 사물인터넷 기술 등을 구현할 수 있습니다.

☆ ☆ ☆　스위치와 허브에 대해 설명해보시오.

허브(Hub)는 네트워크에 다수의 시스템을 연결할 때 사용합니다. 허브가 가지고 있는 각각의 포트에 네트워크 케이블을 연결함으로써 시스템을 네트워크에 동참시킬 수 있습니다. 다만 활성화된 포트가 있을 경우 다른 포트는 활성화될 수 없는 단점을 가집니다. 스위치 허브(Switch Hub)는 중앙에 위치한 허브에 스위치 기능이 있어 임의의 호스트에게서 수신한 프레임을 모든 호스트에게 전송하는 것이 아니고, 해당 프레임이 목적지로 지정한 호스트에게만 전송합니다. 따라서 이들 사이의 프레임 전송이 진행되고 있어도, 다른 호스트끼리 프레임을 전송할 수 있다는 장점을 가집니다.

★ ★ ☆　광케이블(Optical Cable)에 대해서 설명해보시오.

광케이블이란 원통 모양이며, 심(Core) · 클래드(Clad) · 재킷(Jacket) 등으로 되어 있습니다. 심이 매우 가늘며 유리나 플라스틱으로 만든 광섬유입니다. 광케이블의 경우 빛을 이용해 통신하기 때문에 과거에 사용하던 구리선과 비교했을 때 속도와 거리의 관점에서 비교할 수 없을 만큼의 이점을 가집니다. 신호를 부호로 만든 광선을 내부반사로 전송하는데, 다른 유선 전송매체에 비하여 대역폭이 넓어 데이터 전송률이 뛰어납니다. 이 밖에도 크기와 무게가 적어 지지 구조물의 크기를 줄일 수 있고 빛의 형태로 전송하므로 충격성 잡음, 누화(漏話) 등의 외부적 간섭을 받지 않습니다. 근거리와 광역 통신망, 장거리 통신, 군사용, 가입자 회선 등에 많이 쓰입니다. 이러한 광케이블에도 단점이 존재하는데 대표적으로 보수가 힘들다는 것입니다. 구리선의 경우는 선을 자르고 이어 붙이는 것으로 보수가 가능하지만, 광케이블에 손상이 생긴 경우 선로 전체를 들어내고 새로 만들어야 합니다.

☆☆☆ **FDM(Frequency – Division Multiplexing)과 TDM(Time – Division Multiplexing)에 대해 설명해보시오.**

주파수 분할 다중화(FDM)는 아날로그 기술로 한 전송로의 대역폭을 여러 개의 작은 채널로 분할하여 여러 단말기가 동시에 이용하는 방식입니다. 예를 들면, 넓은 고속도로를 몇 개의 차선(채널)으로 나누는 것과 같이 넓은 대역폭을 좁은 대역폭으로 나누어 사용하는 것으로 표현할 수 있습니다. 시분할 다중화(TDM)는 링크의 높은 대역폭을 여러 연결이 공유할 수 있도록 하는 디지털 과정입니다. TDM은 하나의 전송로 대역폭을 시간 슬롯(Time Slot)으로 나누어 채널에 할당함으로써 몇 개의 채널들이 한 전송로의 시간을 분할하여 사용합니다.

TIP

TDM과 FDM의 비교

구분	사용
TDM	• 지연의곡 및 누화가 작다. • 통화회선이 적을 때 경제적이다. • 통신속도가 높다. • 통화로당 점유주파수 대역폭이 넓다. • 기존유선망과 간단히 접속할 수 없다. • 통화로의 구성 단가가 싸다. • 동기가 필요하다.
FDM	• 간섭파의 영향에 강하다(누화가 많다). • 광대역 전송이 가능하다. • 초다중 신호의 전송에 적합하다. • Fading에 의해 통화신호 레벨은 변동하지 않는다. • 다중화한 채널수에 비례하여 전송매체의 대역폭이 증가한다. • 동기가 필요 없다.

★★☆ **멀티미터가 무엇인지 설명해보시오.**

전류, 전압, 저항, 전기 용량 등 전기 회로의 특성들인 물리량을 누구나 손쉽게 측정할 수 있도록 만들어진 도구입니다. 여러 가지 물리량을 측정할 수 있기 때문에 멀티미터라고 불리게 되었으며, 종류에는 아날로그형과 디지털형으로 구분됩니다. 이는 측정하는 방법에 따라서 나뉘는데, 아날로그형 멀티미터는 가동 코일로 된 지침을 사용하여 측정된 물리량의 값을 연속적으로 표시하여 보여주는 형태를 가지는 반면 디지털형 멀티미터는 액정 디스플레이 장치를 가지고 있으며, 다이얼 스위치를 돌려서 측정하고 싶은 물리량을 쉽게 선택할 수 있습니다.

- ✦ 직접 프로그래밍 해본 프로그램이 있다면 어떤 알고리즘으로 동작했는지 설명해보시오.
- ✦ 하둡(Hadoop)과 관련한 경력이 있는가? 있다면 어떤 경험인가?
- ✦ 웹 프로그래밍을 해본 경험이 있는가?
- ✦ IaaS, Paas, Saas의 개념에 대해서 설명하고 차이점을 설명해보시오.
- ✦ 프로그래밍 공부를 하기 위해서 노력한 것은 무엇인가?

★★☆　**랜섬웨어의 정의와 감염경로 및 예방법에 대해서 말해보시오.**

랜섬웨어는 몸값(Ransom)과 소프트웨어(Software)의 합성어입니다. 사용자 컴퓨터 시스템을 잠그거나 데이터를 암호화해서 사용할 수 없도록 만든 다음 사용하고 싶다면 돈을 내라고 요구하는 악성 프로그램 입니다. 주로 이메일 첨부파일이나 웹페이지 접속을 통해 들어오기도 하고, 확인되지 않은 프로그램이나 파일을 내려 받는 과정에서 들어오기도 합니다. 랜섬웨어를 만들어 불법적인 경로로 돈을 벌려는 해커들의 근거지는 주로 해외에 있기 때문에 정체가 드러나지 않으며, 피해를 봤더라도 범인을 잡는 것이 사실상 불가능합니다. 이를 예방하기 위해서는 확인되지 않은 주소의 이메일이나 스팸 메일은 열어보지 않는 것이 좋으며, 파일을 내려받기를 할 때에도 도메인이 정확히 확인된 공식 사이트에서만 내려 받는 것이 안전합니다. 또한, 운영체제의 업데이트를 주기적으로 실시하는 것도 중요하며 운영체제 업데이트를 최신 버전으로 유지하고 있으면 랜섬웨어를 어느 정도 차단할 수 있을 것입니다.

★★☆　**랜섬웨어와 웜 바이러스의 차이에 대해 말해보시오.**

웜 바이러스는 컴퓨터, 네트워크, 사용자에 대한 정보를 입수한 뒤, 다른 시스템의 소프트웨어적 취약점을 이용하여 침투한 후 자신의 복사판을 만들어 옮기는 방법으로 시스템과 네트워크를 마비시키는 악성 프로그램입니다. 랜섬웨어는 사용자의 컴퓨터 및 모바일 기기를 잠그거나, 문서, 사진 및 기타 중요 파일을 암호화하는 악성 프로그램입니다. 바이러스처럼 랜섬웨어는 게임이나 기타 유형의 적법한 소프트웨어로 위장하곤 합니다. 랜섬웨어는 사용자의 데이터를 암호화한 이후 주로 해제의 대가로 비용을 요구합니다. 때로는 이러한 몸값을 지불하면 암호화가 해제되어 다시 파일 액세스가 가능해지는 경우도 있습니다. 하지만 대부분 몸값을 지불하더라도 데이터를 되찾지 못하는 상황이 발생합니다.

★★☆　**다룰 수 있는 컴퓨터 언어는 무엇입니까?**

TIP
컴퓨터 언어 종류
C언어, C++(C 언어의 확장판으로 만들어진 객체지향형 프로그래밍 언어), C#(C++에 기본을 두고, 비주얼 베이직(Visual Basic)의 편의성을 결합하여 만든 객체지향 프로그래밍 언어), Java, PERL ('Practical Extraction and Report Language'의 약자로 C언어와 구문이 비슷하며, SED · AWK · TR 등과 같은 유닉스 기능을 포함하는 스크립트 프로그래밍 언어), API(운영체제와 응용프로그램 사이의 통신에 사용되는 언어나 메시지 형식), HTML(웹 문서를 만들기 위하여 사용하는 기본적인 웹 언어), COBOL(사무 처리를 위한 컴퓨터 프로그래밍 언어), 파이썬(Python) 등이 있다.

+ 보안의 3대 요소에 대해 말해보시오.
+ 스트림 암호에 대해서 말해보시오.
+ DES(Data Encryption Standard)가 무엇인지 말해보시오.
+ 익스플로잇에 대해 말해보시오.
+ 드로퍼에 대해 말해보시오.
+ 랜섬웨어에 대해서 말해보시오.
+ 스미싱 공격에 대해서 말해보시오.
+ BCP(Business Continuity Planning)에 대해 말해보시오.

★★☆ **생체인증(Biometrics)의 특징에 대해서 말해보시오.**

불변의 신체적 특성을 활용하여 진행하는 인증방식입니다. 신체의 지문, 홍채, 망막, 정맥, 땀샘 등을 활용합니다. 타인이 도용이나 복제할 수 없는 생체의 특성을 이용합니다.

★☆☆ **ECB(Electronic Code Book Mode)의 블록암호 운영 모드에 대해 말해보시오.**

단순한 모드로 평문이 한 번에 하나의 평문 블록으로 처리됩니다. 또한 각 평문 블록은 동일한 키로 암호화되며, 주어진 하나의 키에 대하여 평문의 모든 블록에 대한 유일한 암호문이 존재합니다.

★★★ **DoS 및 DDoS 공격 대응책에 대해 말해보시오.**

방화벽과 침입 탐지 시스템을 설치하여 공격을 막아야합니다. 또한 시스템을 업그레이드를 통해 공격에 방어해야하며, 안정적으로 네트워크를 설계해야 합니다.

기출복원질문

✦ 영상직 군무원으로서 하고 싶은 것이 있다면 말해보시오.

✦ 사진 인화방법에 대해 말해보시오.

✦ 필름보관 관리방법에 대해서 말해보시오.

✦ 영사기 관리방법에 대해서 말해보시오.

☆☆☆ **프리 프로덕션, 프로덕션, 포스트 프로덕션에 대해 설명해보시오.**

프리 프로덕션은 영화의 개발 단계가 끝나고 난 다음부터 본격적으로 제작에 착수하면서 준비해야 할 일들을 말합니다. 프로덕션은 영화 제작에서 촬영 단계, 본 촬영 단계를 의미하며 포스트 프로덕션은 영화 제작의 후반작업으로 영상편집, 색 보정, 음악과 음향추가, 특수효과 등을 모두 포함하는 과정을 말합니다.

★☆☆ **필름에 대해서 설명해보시오.**

투명한 고급 셀룰로이드에 감광막을 붙인 건막입니다. 필름은 최초에는 사진을 목적으로 사용되다가 영상 촬영이 가능한 필름으로 제작되었습니다. 다양한 규격이 사용목적에 따라 다릅니다.

★☆☆ **기록물을 관리하는 원칙에 대해서 말해보세요.**

기록물의 생산부터 활용까지의 모든 과정에 걸쳐 진본성(眞本性), 무결성(無缺性), 신뢰성 및 이용가능성이 보장될 수 있도록 관리하여야 합니다.

기출복원질문

✦ 절삭조건과 절삭저항에 대하여 말해보시오.
✦ 일반기계직렬의 업무를 아는대로 말해보시오.
✦ 축이음에 대해 말해보시오.
✦ 리벳에 대해 말해보시오.
✦ 용접이음에 대해 말해보시오.

★★★ **엔트로피와 엔탈피를 설명해보시오.**

엔탈피는 물질이 가지는 총 에너지량로 열함량을 의미합니다. 한 가지 형태의 에너지가 다른 형태로 전환될 수 있으며 새로 생성되거나 파괴되지 않는 것을 말합니다. 엔트로피는 무질서도가 증가하는 방향으로만 움직입니다. 따라서 총 에너지에서 일로 변환되지 않는 에너지를 말합니다.

★★☆ **임계점이 무엇인지 설명해보시오.**

상평형이 정의 될 수 있는 한계점이기도 하며 이 점을 넘을 경우 상의 경계가 사라지는 것을 말합니다. 대표적으로 액체와 기체의 상 구분이 가능한 최대 온도-압력 한계인 액체-기체 임계점입니다.

★★☆ **절삭조건의 3요소를 말해보시오.**

절삭속도, 절삭깊이, 이동속도를 말합니다.

★★★ **절삭저항 3분력의 종류를 말해보시오.**

절삭 중 바이트에 가하는 힘입니다. 서로 지각 세 방향에 작용하는 주분력 및 이송분력과 배분력이 있습니다.

TIP 절삭저항 3분력
① 주분력 : 절삭방향에 평행하게 작용하는 분력입니다. 공작물을 제거하는 주성분입니다.
② 이송분력 : 공구의 이송방향으로 작용하는 성분으로 공구의 이송을 방해하는 저항력입니다. 경사각 크기에 영향을 받는다.
③ 배분력 : 공구의 축방향으로 작용하는 성분입니다.

★★★ **리벳접합과 용접의 특징과 차이, 장단점을 말해보시오.**

① 리벳접합 : 기계적 접합으로 강판 등 금속재료 결합 시 사용합니다. 판상의 두 모재를 겹쳐서 동일한 위치에 가열한 리벳을 관통시킨 후 두들겨 두 부재를 고정하는 접합방법입니다.

구분	내용	단점
특징	• 가열 부재 손상의 우려가 적다. • 작업이 간단하다. • 진동에 의하여 풀리지 않는다. • 분해가 가능하다.	• 돌기가 나오기 때문에 높은 강도가 필요한 제품은 외형상 보기에 좋지 않다. • 많은 양의 리벳을 접합할 경우 무게가 무거워진다. • 모재 형상에 따라 적용이 제한적이다. 예 파이프 모양

② 용접 : 야금적 접합법으로 2개의 서로 다른 물체를 접합하고자 할 경우 접합 부위를 용융시켜 여기에 용가재인 용접봉을 넣어 접합하거나(용접) 접합부위를 녹기 직전까지 가열하여 압력을 통해 접합(압점)하거나 모재를 녹이지 않은 상태에서 모재보다 용융점이 낮은 금속을 접합부에 넣어 표면장력으로 결합시키는 방법(납땜)을 말합니다. 리벳보다 기밀성능이 좋으며 재료를 절감할 수 있고 가공모양을 자유롭게 할 수 있습니다.

특징	장점	단점
특징	• 중량이 감소합니다. • 공정수가 감소합니다. • 자재가 절약됩니다. • 이음효율이 향상됩니다. • 기밀유지 성능이 좋습니다. • 가공모양을 자유롭게 할 수 있습니다.	• 용접부 검사가 어렵습니다. • 저온취성, 균열의 염려가 있습니다. • 재질의 변형과 수축의 우려가 있습니다. • 응력집중에 민감합니다.

★★☆ **경도측정방법의 종류와 특징을 설명해보시오.**

압입 경도시험은 적정 하중이 볼, 원추, 피라미드, 쐐기 등과 같은 압입체에 작용하여 사용되는 시편에 압흔을 남겨 경도를 측정하는 방법입니다. 브리넬 경도계, 로브웰 경도계, 비커스 경도계, 마이어 경도계가 있습니다. 반발 경도시험은 다이아몬드의 첨단을 갖는 낙하하중을 지정된 높이에서 측정하고자 하는 시편의 표면에 낙하시킵니다. 이때 반발한 높이로서 경도를 측정하는 방법으로 쇼어 경도계가 해당합니다.

★☆☆ **구성인성이 발생하는 원인을 말해보시오.**

바이트 경사각이 작을 경우, 절삭속도가 늦을 경우, 절입이 크고 이송이 늦을 경우입니다.

탄소강이란 무엇인가?

순수한 철에 2%의 탄소를 합금한 것으로 내식성은 탄소량이 감소할수록 증가하나 일정량 이하가 되면 내식성이 계속 증가하지 않고 일정하게 됩니다.

☆☆☆

탄소강의 5대 원소를 말해보시오.

규소(Si), 망간(Mn), 인(P), 황(S), 구리(Cu)입니다.

TIP   탄소강 5대 원소

구분	사용
규소(Si)	강의 인장강도, 탄성한계, 경도 및 주조성을 좋게하며 연신율 · 충격값 · 전성 · 가공성 등은 떨어진다.
망간(Mn)	황과 화합하여 적열취성을 방지하고 결정성장을 방지하며 강도 · 경도 · 인성 및 담금질 효과를 증가시킨다.
인(P)	경도와 강도를 증가시키나 메짐과 가공 시 균열의 원인이 된다.
황(S)	인장강도, 연신율, 충격치, 유동성, 용접성 등을 저하시키며 적열취성의 원인이 된다.
구리(Cu)	인장강도, 탄성한도, 내식성이 증가하지만 압연 시 균열 원인이 된다.

☆☆☆

합금의 특징을 말해보시오.

용융점이 낮고 전기전도율과 열전도율이 낮습니다. 강도와 경도가 크고 전성과 연성이 작습니다. 담금질 효과가 큽니다.

★★★

형상기억합금이란 무엇인가?

형상기억이란 어떤 온도에서 변형시킨 것을 온도를 올리며 당초의 형태로 되돌아가는 현상을 의미합니다. 형상기억합금이란 어떤 현상을 기억하여 여러 가지 형태로 변형시켜도 적당한 온도로 가열하면 다시 변형 전의 형상으로 돌아오는 성질을 가진 합금을 말합니다.

★☆☆   순 금속의 특징을 말해보시오.

상온에서 고체 형태를 띠며 광택이 있으며 빛을 잘 반사합니다. 연성과 전성이 좋으며 변형이 용이합니다. 열전도율과 전기전도율이 좋고 용융점이 높습니다.

★☆☆   금속의 화학적 성질에 대하여 말해보시오.

부식은 환경에 따라 금속이 화학적 또는 전기적 작용에 의해 비금속성 화합물을 만들어 점차 손실 되어가는 현상입니다. 내식성은 부식에 대한 저항력을 말합니다.

TIP   금속의 성질

구분		내용
물리적 성질	비중	재료의 무게와 관계가 있다.
	열정 성질	금속의 온도는 비열에 따라 변하며, 온도에 따른 금속의 길이와 부피의 변화는 열팽창 계수에 따라 변한다.
	비열	물질 1kg의 온도를 1K만큼 올리는 데 필요한 열량을 말한다
	열팽창 계수	물체의 온도가 1℃ 상승하였을 경우 늘어난 금속의 길이·부피와 늘어나기 전 길이·부피의 치수 비를 말한다.
	열전도율	열의 이동 정도를 말한다.
기계적 성질	탄성	외력에 의해 변형된 물체가 외력을 제거하면 다시 원상태로 되돌아가려는 성질이다.
	소성	물체에 변형을 준 뒤 외력을 제거해도 원래의 상태로 되돌아오지 않고 영구적으로 변형되는 성질이다.
	전성	넓게 펴지는 성질로 가단성이라고도 불린다.
	연성	탄성한도 이상의 외력이 가해졌을 때 파괴되지 않고 잘 늘어나는 성질을 말한다.
	취성	물체가 외력에 의해 늘어나지 못하고 갑자기 파괴되는 성질로 연성에 대비되는 개념이다. 취성 재료는 연성이 거의 없으므로 항복점이 아닌 탄성한도를 고려하여 다뤄야 한다
	인성	재료가 파괴되기 전까지 에너지를 흡수할 수 있는 능력이다.
	강도	외력에 대한 재료 단면의 저항력을 나타낸다.
	경도	재료 표면의 단단한 정도를 나타낸다.
	재결정	금속이 재결정이 되면 불순물이 제거되어 더욱 순수한 결정을 얻어낼 수 있는데 이 재결정은 금속의 순도나 조성, 소성변형 정도, 가열시간에 큰 영향을 받는다. 1시간의 가열로, 95% 이상의 결정이 재결정되는 온도를 재결정 온도라고 한다.
	크리프	고온에서 재료에 일정한 크기의 정하중을 작용시키면 시간이 경과함에 따라 변형이 증가되는 현상이다.
가공 상의 성질	주소성	금속이나 합금을 녹여서 주물을 만들 수 있는 성질이다. 유동성, 수축성, 가스의 흡수성을 포함한다.
	적합성	금속이나 합금 등 재료의 용융성을 이용하여 두 부분을 반영구적으로 접합할 수 있는 난이도를 나타내는 성질이다.
	절삭성	금속이나 합금 등 절삭공구에 의해 재료가 절삭되는 성질이다.

★★☆ **니켈의 성질을 말해보시오.**

① 상온에서는 강자성체이며, 360℃ 이상에서는 자성을 잃습니다.
② 내식성이 좋습니다.
③ 열전도와 전연성이 우수합니다.
④ 질산에는 부식성이 떨어지나 황산에는 부식성이 좋습니다.
⑤ 알칼리에 대한 저항력이 큽니다.

★☆☆ **파인 세라믹스의 성질을 말해보시오.**

내마멸성이 크고 내열, 내식성이 우수합니다. 충격, 저항성 등이 약합니다. 특수 타일, 인공 뼈,
자동차 엔진 등에 사용됩니다.

★★☆ **복합재료의 구성요소를 말해보시오.**

섬유, 입자, 층 등이 있으며 일반적으로 연속강화 복합재료, 단섬유강화 복합재료, 입자강화 복
합재료, 층상 복합재료 등으로 구분됩니다.

TIP 복합재료의 특성
① 가볍고, 높은 강도를 가지고 있다.
② 이방성 재료이다.
③ 단일 재료로서는 얻을 수 없는 기능성을 갖추고 있다.
④ 우주 항공용 부품, 고급 스포츠 용품 등에 주로 사용되어 왔으나, 대량생산으로 생산가격이 낮아지면서 경량화를 위
한 자동차 등에도 사용된다.

★☆☆ **와셔의 용도를 말해보시오.**

볼트의 구멍이 클 경우, 볼트 자리의 표면이 거칠 경우, 압축에 약한 목재, 고무, 경합금 등에
사용할 경우, 풀림을 방지하거나 가스켓을 조일 경우에 사용합니다.

TIP 와셔의 종류

구분	내용
평와셔	둥근와셔와 각와셔로 육각볼트, 육각너트와 함께 주로 사용된다.
특수와셔	금속풀림방지에 주로 쓰이며, 스프링 와셔, 이붙이 와셔, 접시 스프링 와셔, 스프링판 와셔, 로크너트 등이 있다.

★☆☆ 초전도란 무엇인가?

어떤 임계온도에서 전기 저항이 완전히 소실되어 0이 되는 것을 말합니다.

★★☆ 리벳 이음에 대하여 설명해보시오.

겹쳐진 금속판에 구멍을 뚫고, 리벳을 끼운 후 머리를 만들어 영구적으로 결합시키는 방법입니다.

TIP 리벳이음의 종류

종류		내용
사용목적	관용리벳	주로 기밀을 요하는 보일러나 압력용기에 사용된다.
	저압용 리벳	주로 수밀을 요하는 물탱크나 연통에 사용된다.
	구조용 리벳	주로 힘과 전달과 강도를 요하는 구조물이나 교량에 사용된다.
판 이음방법	겹치기 이음	결합할 판재를 겹치기 한 이음으로, 힘의 전달이 동일 평면으로 옳지 않은 편심 하중으로 된다.
	맞대기 리벳	한쪽 덮개판 맞대기 이음, 양쪽 덮개판 맞대기 이음이 있다.
리벳의 열수	• 한줄 리벳 이음 • 복줄 리벳 이음 : 2줄 리벳 이음, 3줄 리벳 이음	

★★☆ 커플링(Coupling)이란 무엇인가?

① 고정커플링(Fixed Coupling) : 일직선상에 있는 두 축을 연결할 때 사용하는 커플링으로 원통형 커플링과 플랜지 커플링으로 나뉩니다.

② 플랙시블 커플링(Flexible Coupling) : 두 축의 중심을 완벽하게 일치시키기 어려울 경우나 엔진, 공작기계 등과 같이 진동이 발생하기 쉬운 경우에 고무·가죽·금속판 등과 같이 유연성이 있는 것을 매개로 사용하는 커플링입니다.

③ 올덤 커플링(Oldhams Coupling) : 두 축이 평행하거나 약간 떨어져 있는 경우에 사용되며, 양축 끝에 끼어 있는 플렌지 사이에 90℃ 키 모양의 돌출부를 양면에 가진 중간 원판이 있고, 돌출부가 플랜지 홈에 끼워 맞추어 작용하도록 3개가 하나로 구성되어 있습니다. 두 축의 중심이 약간 떨어져 평행할 때 동력을 전달시키는 축으로 고속회전에는 적합하지 않습니다.

마찰차의 특징을 말해보시오.

운전이 정숙하나 효율성이 떨어집니다. 전동의 단속이 무리 없이 행해지며 무단 변속하기 쉬운 구조입니다. 과부하일 경우 미끄럼에 의하여 다른 부분의 손상을 방지할 수 있습니다. 미끄럼이 생기므로 확실한 속도비와 큰 동력은 전달시킬 수 없습니다.

★☆☆ **완충용 기계요소가 필요한 이유를 말해보시오.**

산업용 기계나 공작기계에서 발생하는 진동은 기계 자체의 성능에 영향을 끼칠 뿐만 아니라 제품의 품질도 저하시킵니다. 또한 소음의 원인이 되어 작업자 및 작업환경에 영향을 주어 작업능률을 떨어트립니다. 따라서 각종 기계에는 완충 및 방진 장치를 설치하여 기체 자체의 진동을 감소시키고 다른 기계로부터 진동을 차단시켜야 합니다.

기출복원질문

✦ 용접에서 산화와 절화를 방지하는 방법을 설명해보시오.

★★★ **언더컷 원인 3가지를 말해보시오.**

언더컷은 모재의 용접부분에 용착금속이 완전히 채워지지 않아 정상적인 비드가 형성되지 못하고 부분적으로 홈이나 오목한 부분이 생기는 것입니다. 전류나 용접속도, 아크길이의 과다로 인해 발생합니다.

★☆☆ **피복제의 기능을 말해보시오.**

용접봉의 피복에 사용되는 재료입니다. 금속 전극 봉을 적당한 청정제로 피복한 것으로 보충재가 되며 용접부가 산화하는 것을 방지합니다.

★★☆ **우수한 용접성을 결정하는 요인은 무엇인가?**

용접방법, 주위의 분위기, 합금조성, 접합부의 모양과 크기에 따라서 결정됩니다.

★★☆ **기계적 접합법은 무엇이 있는가?**

볼트, 리벳, 폴딩, 심 등이 있습니다.

TIP   야금적 접합법 : 용접, 압점, 납땜

☆☆☆ **용접부의 구조상 결함의 종류를 말해보시오.**

기공 및 피트, 은점, 슬래그 섞임, 용입불량, 융화불량, 언더컷, 오버랩, 균열, 선상조직 등이 있습니다.

★★★ 용접 시 안전수칙에 대하여 설명해보시오.

반드시 헬멧과 가죽장갑을 착용합니다. 옷이나 장갑에 기름이나 오물이 묻지 않도록 하며 소매나 바지를 올리지 않습니다. 용접 시 맨눈으로 아크(Arc)를 보면 눈이 상하므로 반드시 보안경을 착용합니다. 보신구가 불안전하면 사용하지 않습니다. 모든 가연성 물질을 용접하는 부근에서 멀리 하고 용접대 위에 뜨거운 용접봉, 동강, 강철조각, 공구 등을 놓아두지 않습니다. 용접을 하지 않을 때 홀더(Holder)로부터 용접봉을 빼 둡니다. 작업장은 항상 적당한 통풍장치가 필요합니다.

★★☆ 아크가 발생하는 원리를 말해보시오.

적당한 전압을 가진 두 개의 전극을 접촉하였다가 떨어뜨리면 전극 사이에서 불꽃이 나오고, 기체나 금속 증기가 만들어져 그 속을 큰 전류가 흘러 빛과 고온의 열이 발생하는 방전현상입니다.

★☆☆ 가스용접 불꽃 이상 현상 세 가지를 말해보시오.

① 인화현상 : 팁 끝부분이 막히면 가스의 분출이 나빠지고 가스혼실까지 불꽃이 도달하여 토치를 붉게 달구는 현상입니다.
② 역류현상 : 토치 내부 청소 불량으로 내부 기관부가 막혀 고압 산소가 밖으로 배출되지 못해 낮은 아세틸렌 쪽으로 흐르는 현상을 말합니다.
③ 역화현상 : 토치 팁 끝이 모재에 닿아 순간적으로 막히거나 팁 과열 또는 사용가스 압력이 적정하지 않을 때 팁 속에서 폭발음을 내면서 불꽃이 꺼졌다 다시 나타나는 현상을 말합니다.

☆☆☆ 과열기의 특징을 말해보시오.

열효율이 높아지며 증기의 마찰저항이 감소되고 터빈 날개 등의 부식이 감소됩니다.

★☆☆ 냉각재로 사용되는 것은 무엇인가?

열의 운반과 원자로의 온도를 유지하는 기능 을 하며 비상시 비상 냉각기능을 하는 냉각재로는 중수 · 경수 · 이산화탄소 등이 사용됩니다.

☆☆☆ 유체의 정의를 말해보시오.

액체와 기체는 형태가 없고 쉽게 변형되는데 이러한 액체와 기체를 통틀어 유체라 합니다. 유체는 아무리 작은 전단력이 작용하여도 쉽게 미끄러지지 않는데 분자들 간에 계속적으로 미끄러지면서 전체모양이 변형되는 것을 흐름이라고 합니다.

★★★ 피복아크용접에 대해 설명해보시오.

피복아크용접은 피복제를 바른 용접봉과 피용접물 사이에 발생한 아크의 열을 이용해서 용접하는 방법이며, 거의 모든 금속재료의 용접에 사용됩니다.

★★★ 테르밋용접에 대해 설명해보시오.

테르밋용접은 알루미늄분과 산화철과의 혼합물, 즉 알루미늄·테르밋을 사용하여 철 또는 강제를 충합(衝合) 접촉시키는 방법입니다. 철과 강의 용접에 한정되지만 장치의 간편성, 경비와 시간을 절약할 수 있는 점에서 기계 구조물, 주물의 파손 수리 등에 응용됩니다.

TIP

테르밋용접의 특성
① 작업이 용이하며 용접작업 시간이 짧게 소요된다.
② 용접용 기구가 간단하고 설비비가 싸며 전력을 필요로 하지 않는다.
③ 용접변형이 적으며 작업장소의 이동이 쉽다.
④ 주조용접과 가압용접으로 구분된다.
⑤ 접합강도가 다른 용접법에 비해 상대적으로 낮다는 단점이 있다.
⑥ 레일, 차축, 선박의 선미프레임 등의 맞댐용접과 보수용접에 사용된다.

17 유도무기 직렬

☆☆☆　**유도무기 종류에 대해 말해보시오.**

 유도무기는 전자장치로 지령되거나 스스로의 기능에 의하여 발사된 후 침로나 속도를 수정하여 어떤 지점 또는 목표에 도달하거나 명중하는 무기이다.

★★★ **박격포의 제원을 말해보시오.**

고각도 사격에 이용하는 휴대용 보병무기로 우리나라 60mm 박격포(K181)는 중량 19.5kg, 사거리 3,500m입니다.

★★☆ **총과 포의 구분 방법을 설명해보시오.**

총과 포를 구분하는 기준은 구경, 탄자의 폭발 위치, 관측자와 사격자가 동일한지 여부 등이 있습니다. 총은 개인이 휴대하기 편하며, 타격 범위가 좁고 정확해서 한두 사람을 조준하여 살상하거나 다치게 하고 좁은 범위에 신호를 보낼 수 있습니다. 반면에 포는 무거워서 휴대가 불편하고 움직임이 느려 위치가 발각되기 쉽습니다. 포는 타격 범위가 넓고 정확하지 않기 때문에 총보다 넓은 범위로 신호를 보내야 합니다. 포와 총 모두 발사 시 열기와 연소한 화약의 연기 등이 발생하며, 연기량이 큰 포의 경우 개방된 공간이나 충분히 넓은 공간에서 사용하고 보통 건물 밖에서 건물을 부수거나 원거리 엄호 등의 용도로 쓰입니다. 따라서 일부 포의 경우 강한 열기와 연기로 사격자 또는 주위 사람들이 다치거나 죽을 수 있기 때문에 주의해야 합니다.

★★★ **목함지뢰가 무슨 지뢰인지 설명해 보시오.**

목함지뢰는 나무 상자에 TNT 약 200g과 신관을 넣어 고정한 지뢰로 폭발 시 피해 반경이 약 2m에 달합니다. 크게 압력식과 인력 해제식의 2종류로 나뉘는데, 압력식은 안전핀이 있는 경우 15kg 이상의 압력이 가해져야 폭발하지만 안전핀을 제거하면 1kg의 압력에도 터집니다. 반면, 인력 해제 식은 여러 개의 목함지뢰를 끈 등으로 연결한 상태에서 끈을 건드리면 부비트랩처럼 터지는 방식을 가집니다.

기출복원질문

✦ TNT의 성질 3가지와 풀네임을 말해보시오.
✦ 탄약에 대해 말해보시오.
✦ 무연화약의 정의와 종류에 대해서 말해보시오.
✦ 열역학 제1법칙과 제2법칙에 대해 말해보시오.
✦ 폭속에 영향을 주는 요인에 대해서 말해보시오.
✦ APFSD에 대해 말해보시오.
✦ 전차 탄에 대해서 말해보시오.
✦ 노이만 효과에 대해서 말해보시오.
✦ DODIC에 대해 말해보시오.

★★★　**탄약직 군무원의 업무를 말해보시오.**

탄약 제조, 분해, 품질검사, 성능검사, 탄약 저장, 안전관리, 정비 및 수리, 재고통제, 적송, 비파괴시험을 통한 탄약의 결함 검출 및 판독, 각종 유도탄, 수중 탄 발사장치 및 관계되는 장비의 분해, 조립, 설치, 정비, 수리 등의 업무를 맡고 있습니다.

★★★　**DODIC(Department Of Defense Identification Code)가 무엇인지 설명해보시오.**

국방부 탄약 식별 기호(DODIC)는 탄약을 식별하기 위한 기호로 미 국방부 분류 지침에 의거하여 세계 공통으로 쓰고 있으며, 영문자 A ~ Z 중의 세 자리 숫자로 표시됩니다.

★★★　**재래식 탄약과 기타 특수 탄약의 종류를 설명해보시오.**

재래식 탄약은 소화기로부터 화포와 전차에 이르기까지 투발·투척·발사에 의해 작용하는 모든 탄약을 말합니다. 전자 방식에 의해 유도되는 탄약을 제외한 일반적인 탄약을 말합니다. 특수 탄약은 특별한 통제와 취급 그리고 보안을 필요로 하기 때문에 특별히 지정한 탄약입니다. 특수 탄약으로는 핵 및 비핵탄두 부분, 원자 폭발물, 핵 탄환, 추진 장약 및 수리부속품들이 있으며 유도탄 본체, 유도탄 본체에 관계된 유도탄, 추진화약, 완전한 탄약 또한 특수 탄약이라는 용어의 의미 안에 포함됩니다.

★★☆ 탄약과 유도탄의 차이를 말해보시오.

탄약은 전투에 사용되는 폭발물, 발사 화약, 신호탄, 점화용 화합물, 화생방 물질 등을 장전한 장치 등의 모든 것을 말합니다. 탄약에는 화포에 의해서 발사되는 것, 사람 또는 기구에 의해서 투척되는 것, 항공기에 의해서 투하되는 것, 지하에 매설하거나 표적에 부착하게 되어 있는 것, 수중에 매달게 되어 있는 것, 또는 폭발물에 점화하거나 폭발을 촉진하는 것, 폭발물을 표적에 도달하게 하는 것 등의 여러 종류가 있습니다. 유도탄은 무선, 레이더, 적외선의 유도에 따라 목표물에 닿아서 폭발하도록 만든 포탄이나 폭탄을 말합니다. 미사일은 대포에서 발사되는 포탄처럼 겨냥해서 쏘는 것이 아니라, 그 체계 안에 사람의 감각·신경·두뇌에 상당하는 장치를 가지고 지상·함상·기상(機上)으로부터의 지령에 의해서 발사됩니다. 속도 및 방향을 수정하여 목표에 도달해서 명중시키는 기능을 가지고 있습니다. 감지 장치로는 레이더·레이저·적외선 장치·소나·가속도계·자이로·지령 신호의 수신 장치 등이 사용되고, 두뇌로는 컴퓨터·기억 장치·프로그래머가 사용되며, 신경으로는 자동제어 기구가 사용됩니다.

★☆☆ 화약의 분류 중 법령에 의한 분류로 화약, 폭약, 화공품이 있는데 각각 2종류씩 말해보시오.

① 화약 : 고체 또는 액체 폭발성 물질로 일부분에 충격 또는 열을 가하면 순간적으로 전체가 기체 물질로 변하고 동시에 다량의 열을 발생하는 물질을 말합니다. '흑색 화약'과 '무연 화약'이 있습니다. '흑색 화약'은 지산칼륨, 황, 목탄의 3종을 혼합한 화약으로 광산 화약, 산탄총용 등 추진약으로 사용됩니다. 이는 마찰에 민감하여 폭발하기 쉽습니다. '무연화약'은 탄환 발사에 이용되는 발사약으로 주로 질산에스테르를 기제로 하고 있습니다. 연기 발생이 적어서 '무연화약'이라는 이름이 붙여졌습니다.

② 폭약 : 화약류 중에서 폭발 반응이 신속하고 충격파를 수반하여 폭발을 일으키는 물질을 말합니다. '정밀폭약'과 '탄광폭약'이 있습니다. '정밀폭약'은 터널에서 발파 후 마무리 면을 곱고 정밀하게 만드는데 사용하거나 석재 현장에서 암석 절단에 사용하는 조절발파용 폭약으로 내수성과 내한성이 뛰어나며 안전하고 경제적입니다. 느린 속도로 발파하고자 할 때나 외부환경에 충격을 덜 주는 것을 목적으로 합니다. 탄광폭약은 탄광에서 사 용할 수 있게 비교적 안전하게 제조된 폭약으로 2차 폭발을 방지하도록 폭발온도가 낮고 폭염과 연소 시간이 짧아서 안전폭약이라고도 합니다.

③ 화공품 : 화약류를 사용 목적에 맞게 가공한 것을 통틀어서 말하는 것입니다. 탄환, 폭탄 등에 장착하여 적당한 시기에 소정의 동작을 하여 폭발시킵니다. '불꽃'은 폭발 또는 연소시켜서 빛, 불똥, 불꽃, 연기, 소리 등에 화약의 추진력을 가해 관상용으로 이용하는 화공품의 일종으로 법률상으로는 연화라고 부릅니다. '신호염관'은 철도나 선박의 사고방지를 위해 신호용으로 사용하는 화공품입니다.

★☆☆ 장약과 작약에 대해 설명해보시오.

장약은 화포의 약실에 장입하는 화약이나 탄알을 말합니다. 분리 장전 및 반고정탄에 사용되는 추진 장약 또는 폭발물 등이 있습니다. 작약은 화학탄, 폭탄 또는 지뢰의 충전물로서 탄체를 파열 및 비산시켜 살상과 파괴 효과를 발생 시키는 데 사용되는 고성능 화약입니다. 작약은 강한 폭발력을 가지며 저장 시 외부의 충격에도 쉽게 폭발하지 않는 안전성을 가지고 있어서 장기 보관할 수 있는 특징이 있습니다.

★★☆ 화약, 폭약, 화공품의 정의를 말해보시오.

화약은 고체 또는 액체 폭발성 물질로 일부분에 충격 또는 열을 가하면 순간적으로 전체가 기체 물질로 변하고 동시에 다량의 열을 발생하는 물질을 말합니다. 폭약은 화약류 중에서 폭발 반응이 신속하고 충격파를 수반하여 폭발을 일으키는 물질을 말합니다. 화공품은 화약류를 사용 목적에 맞게 가공한 것을 통틀어서 말하는 것입니다. 탄환, 폭탄 등에 장착하여 적당한 시기에 소정의 동작을 하여 폭발시킵니다.

☆☆☆ 와셔(Wasa)탄약이 무엇인지 설명해보시오.

한국전쟁 이후 전시를 대비해 미국이 한국에 비치한 탄약분입니다. 따라서 소유는 미국이지만 관리는 한국이 하고 있습니다.

★★★ LOT번호에 대해 말해보시오

로트(LOT)번호는 탄약제조번호를 말합니다. 제조시설에서 동일한 생산조건하에서 일정 기간 생산된 탄약량에 부여하며 탄약 저장의 최소 단위가 됩니다. 로트번호가 동일한 탄약은 물리적 또는 화학적 변질요소를 다르게 가하지 않는 이상 언제나 동일한 특성과 기능을 보장합니다. 중요한 것은 이를 통해 탄약의 정보를 알 수 있다는 것입니다. 따라서 탄약에 이상이 있을 경우 이 번호를 통해 전수조사하며 위험을 예방할 수 있습니다.

기출복원질문

✦ 윤활유에 흰색 오일이 섞여 나오는 이유를 설명해보시오.
✦ 전차정비 시 주의사항에 대해 말해보시오.
✦ 전차의 주임무에 대해 말해보시오.
✦ 장갑차의 제동장치가 고장난 경우 점검사항은 무엇인가?
✦ 3세대 전차의 특징과 3.5세대 전차의 특징을 말해보시오.

★★☆　　**냉각장치가 무엇인지 설명해보시오.**

내연기관의 폭발행정에서 생기는 고온에 의한 실린더의 과열을 방지하는 장치를 말합니다. 냉각장치는 크게 공랭식과 수랭식의 두 가지 구조로 나눌 수 있습니다. 공랭식 냉각장치는 실린더 주위에 냉각핀을 마련하고 실린더 내의 온도의 일부를 대기 속으로 흩어지도록 한 것입니다. 냉각작용은 수냉식보다 간편한 구조를 가지기 때문에 소형 기관 외에는 사용하지 않습니다. 수냉식 냉각장치는 실린더의 주위에 설치된 워터 재킷, 라디에이터, 팬, 온도 조절기(서모스탯) 등으로 구성되어 있습니다. 구조는 공랭식에 비해 다소 복잡하지만, 냉각 작용이 훨씬 우수하기 때문에 내연기관의 냉각장치에 많이 사용되고 있습니다.

★★★　　**전차와 자주포는 어떠한 냉각장치를 사용하고 있는지 말해보시오.**

자주포는 속사 위주의 화기가 아니므로 별도의 냉각장치가 필요 없습니다. 따라서 공랭식이며, 전차는 수냉식입니다.

★☆☆　　**장갑차 제동장치 고장 시 점검사항을 설명해보시오.**

먼저 브레이크 오일이 새고 있는지 확인해 보고 오일의 양도 체크해, 유압 피스톤이나 호스 등을 수리해야 합니다. 또한 브레이크가 열을 받았는지 점검하고 브레이크 라인 공기를 제거합니다. 브레이크 마스터 실린더와 브레이크 휠 실린더에 이상이 생겼다면 교환해줍니다.

전차의 종류에는 무엇이 있습니까?

TIP

전차의 종류

분류 방식		내용
무게 · 화포의 구경	경(輕)전차	무게 15 ~ 20t에 37 ~ 45mm 정도의 포 탑재
	중(中)전차	무게 20 ~ 50t에 57 ~ 76mm 정도의 포 탑재
	중(重)전차	무게 50t 이상에 90mm 이상의 포 탑재
용도	정찰 · 대공	경전차
	전투 · 구축	중(中)전차
그외	지원	중(重)전차
	지상전차, 수륙양용전차, 화염방사기를 장비한 전차, 레이더를 장비한 전차 등	

★★☆ **수냉식 엔진이 무엇인지 과열원인과 함께 설명해보시오.**

자동차 엔진의 냉각시스템에는 주행풍(주행 중 엔진으로 유입되는 바람)과 같은 외부공기를 통해 엔진을 냉각하는 공랭식과, 냉각수를 사용해 온도를 조절하는 수냉식이 있습니다. 수냉식은 엔진의 한쪽에 냉각수를 두고 냉각수의 순환을 통해 열을 방출하는 시스템입니다. 수냉식은 냉각기능이 우수하고 엔진 전 영역에 걸쳐 균일하게 온도를 유지하는 장점을 갖고 있습니다. 하지만 구조가 복잡하여 고장의 가능성이 다소 높고 기관의 무게 및 크기가 커진다는 단점이 있지만 현재 대부분 차량에는 수냉식을 사용하고 있습니다. 엔진 과열은 주로 냉각장치의 고장에서 비롯됩니다. 그중 상당수가 냉각수의 양이 부족한 경우에 발생하기 때문에 냉각수의 양을 자주 점검하여 적정량을 미리 보충해 주는 것이 바람직합니다.

기출복원질문

✦ 터보 구성품에는 무엇이 있는지 설명해보시오.

✦ 정비소 정비 중 가장 어려웠던 점은 무엇이었습니까?

✦ 유로 5, 유로 6에 대해 설명해 보시오.

✦ CVT에 대해 설명해보시오.

✦ 마스터실린더에 대해서 아는 대로 말해보시오.

✦ 차량 제동 시 차량이 한쪽으로 쏠리는 원인을 말해보시오.

✦ 디젤차량에서 고장이 제일 잦은 부분은 어디인지 말해보시오.

✦ 휠 실린더를 교체하는 방법에 대해 말해보시오.

✦ 차량정비 업무가 가능하겠는가?

✦ 엔진과 같은 중량물 교체작업이 가능한가?

★★★ **토크 컨버터는 무엇을 하는 장치입니까?**

자동변속 장치로 오일을 이용하여 동력을 전달하는 장치입니다. 자동차나 선박에 변속 기어를 사용하지 않아도 되며 시동 시 회전력도 큽니다.

★★☆ **파스칼의 원리를 말해보시오.**

밀폐공간에 채워진 액체나 기체의 일부분에 압력을 가할 경우 압력이 밀폐된 모든 면에 똑같은 크기로 전달된다는 원리입니다. 즉, 단면적에 작용한 힘은 같으며 모든 면에 압력이 동일하게 가해지므로 조금만 힘을 가해도 큰 힘이 발휘됩니다. 파스칼의 원리를 이용한 것으로는 브레이크 페달의 조작력을 유압으로 변환시켜 제동력을 발생하는 유압식 브레이크가 있습니다.

★★☆ **하이브리드 차량과 전기차의 구동요건을 말해보시오.**

하이브리드 전기자동차는 두 가지 기능이나 역할이 하나로 합쳐져 사용되는 자동차를 말합니다. 내연기관과 축전지 두 개의 동력원을 사용하여 구동되는 자동차입니다. 전기차는 자동차 구동 에너지를 화석연료의 연소로부터 받는 것이 아닌 배터리에 축적된 전기를 동력원으로 모터를 회전시켜 움직이는 것입니다.

★☆☆ **회생제동의 원리를 설명해보시오.**

브레이크의 운동 에너지를 다른 에너지로 전환하는 장치로 전기 자동차 성능을 향상시키기 위한 원리입니다.

★★☆ 엔진의 구성요소를 말해보시오.

엔진본체는 동력을 발생하는 부분으로 크게 실린더 헤드, 실린더 블록, 크랭크 케이스로 구성되어 있습니다. 실린더는 일반적으로 직렬, V자형으로 나열한 것이 많다. 각 실린더 안에는 피스톤이 있으며 커넥팅 로드와 연결되어 있습니다. 피스톤이 왕복운동을 하면 크랭크축이 회전운동을 합니다. 실린더 헤드는 실린더 블록의 위쪽에는 실린더헤드가 설치되며, 내부는 연소실이 되고 이 부분에 흡기밸브와 배기밸브가 설치되어 있습니다. 밸브는 캠축에 의해 작동되며, 흡입구와 배기구를 열고 닫아 혼합기를 실린더 내로 흡입되게 하고 연소가스를 배출합니다.

★★☆ 피스톤이란 무엇인가?

실린더 안에서 왕복운동을 하여 동력(폭발)행정에서 발생한 고온·고압의 팽창압력을 커넥팅 로드를 통해 크랭크축에 전달하고 회전력을 발생 시켜 동력을 얻습니다.

TIP

피스톤의 구조
① 헤드, 링지대, 보수부, 스커트부 등으로 이루어져 있다.
② 피스톤 헤드는 연소실의 일부를 형성하며 고온에 노출되어 팽창하기 때문에 스커트부의 직경보다 약간 작다.

★★☆ 실린더 냉각의 이유를 말해보시오.

실린더는 작동 중에 2,000℃ 이상 고온에 노출됩니다. 따라서 기능이 저하되는 것을 방지하기 위해 실린더 주위 냉각장치를 갖추고 계속적으로 냉각시켜야 합니다.

☆☆☆ 4행정과 2행정 사이클 엔진을 비교해보시오.

TIP

4행정과 2행정 사이클 엔진의 비교

분류 방식	내용
4행정 사이클 엔진	• 각 행정이 확실하게 독립적으로 이루어져 효율이 높다. • 기동이 쉽고 저속에서 고속까지 속도의 범위가 넓다. • 블로 바이와 실화가 적고 연료나 윤활유의 소비율이 낮다. • 실린더수가 적을 경우 회전이 원활하지 못하다. • 밸브기구가 복잡하고 밸브기구로 인한 소음이 생긴다. • 탄화수소의 배출은 적으나 질소산화물의 배출이 많다.
2행정 사이클 엔진	• 배기량에 대한 출력은 4행정보다 크지만 연료소비율은 2배이며 출력은 1.2 ～ 1.5배 정도 된다. • 흡기와 배기가 불완전하여 열손실이 많으며 탄화수소의 배출이 많다. • 연료와 윤활류의 소모율이 많으며 역화가 일어날 우려가 있다. • 밸브기구가 간단하여 마력 당 엔진의 중량이 적다. • 크랭크축의 매 회전마다 동력을 얻음으로 회전력의 변동이 크지 않다. • 배기 가스 재순환 특성으로 질소산화물의 배출이 적다.

★★☆ **크랭크축이란 무엇인가?**

크랭크 케이스 내에 설치된 메인 베어링으로 지지되며 각 실린더의 동력행정에서 얻어진 피스톤의 직선왕복운동을 커넥팅 로드를 통하여 전달받아 회전운동으로 바꾸고, 흡입·압축·배기행정에서는 피스톤의 운동을 도와주어 연속적인 동력이 발생하게 합니다.

TIP
점화조건
① 연소의 시간 간격이 일정해야 한다.
② 혼합기가 각 실린더에 균일하게 분배되어야 한다.
③ 크랭크축에 진동이 일어나지 않아야 한다.
④ 하나의 메인 베어링에 연속하여 하중이 걸리지 않아야 한다.
⑤ 인접한 실린더에 연이어 점화되지 않아야 한다.

★☆☆ **연소실의 조건을 말해보시오.**

혼합기를 효율적으로 연소시키는 형상으로 해야 합니다. 화염전과 시간과 연소실의 표면적이 최소가 되게 하여 열손실을 적게 해야 합니다. 흡·배기밸브의 지름을 크게 하여 흡·배기작용을 신속하고 원활하게 해야 합니다. 압축행정 시 혼합기 또는 공기가 와류를 일으킬 수 있는 형상이어야 합니다. 가열되기 쉬운 돌출부가 없어야 합니다.

★☆☆ **내연엔진과 외연엔진의 특징을 말해보시오.**

내연엔진은 연료와 공기를 실린더 내에서 연소시켜 발생한 연소가스로부터 직접 기계적 에너지를 얻는 엔진을 말합니다. 종류로는 왕복형(가솔린, 디젤, 석유, LPG엔진), 회전형(로터리엔진), 분사추진형(제트엔진)이 있습니다. 외연엔진은 실린더 외부에 있는 연소장치에 연료가 공급되어 연소되면서 발생한 열에너지를 실린더 내부로 끌어들여 기계적 에너지를 얻는 엔진을 말합니다. 종류로는 왕복형(증기엔진), 회전형(증기터빈엔진)이 있습니다.

TIP
내연엔진의 장단점

구분	특징
장전	• 출력에 비해 소형이며 가볍다. • 열효율이 높다. • 운전 및 운반성이 좋다. • 시동 및 정지가 우수하다. • 부하의 변동에 따라 민감하게 작용한다. • 운전비용이 저렴하다. • 연료소비율이 낮다.
단점	• 왕복운동형의 경우 진동과 소음이 많다. • 자체 시동을 할 수 없다. • 저렴하지 않다. • 저속회전이 어렵다. • 왕복운동형의 경우 대출력을 얻기가 용이하지 않다.

★★☆ **베어링은 어디에 사용하는가?**

피스톤과 커넥팅 로드, 커넥팅 로드와 크랭크 핀 및 크랭크축 메인저널 사이에는 상호관계운동을 하므로 이러한 곳에 베어링을 사용합니다.

★☆☆ **윤활장치란 무엇인가?**

엔진의 섭동에서 금속간의 고체마찰에 의한 동력의 손실을 방지하고 부품 마모와 마멸 방지를 위해 섭동부에 오일을 주입하는 일련의 장치입니다.

☆☆☆ **윤활유 구비조건을 말해보시오.**

응고점이 낮으며 청정력이 좋아야 합니다. 점도가 적당하며 열전도성이 좋아야 합니다. 적당한 비중이 있어야 하며 산에 대한 안정성이 커야 합니다. 카본 및 회분생성이 적어야 하며 유막을 형성해야 합니다.

★★★ **냉각장치는 무엇인가?**

엔진의 과열과 과냉을 방지하여 엔진 손상을 예방하는 장치입니다. 엔진 과열은 부품 변형과 오일 유막이 파괴되어 윤활이 불완전하며, 엔진 과냉은 연료소비가 증가되고 액체 상태 가솔린 때문에 오일이 희석되어 베어링부 마멸이 촉진됩니다.

TIP

냉각 방식

종류		특징
공랭식	정의	엔진을 직접 대기에 접촉시켜 냉각하는 방식이다.
	종류	실린더의 외부에 냉각핀을 설치, 냉각 면적을 크게 하여 주행 시 접촉하는 바람을 이용하는 자연냉각식과 냉각팬으로 강제 송풍하는 강제 냉각식이 있다.
	장단점	공랭식은 수냉식에 비해 구조가 간단하지만 온도의 제어가 곤란하며 소음이 크다.
	이용	일반적으로 실린더 수가 많지 않은 소형엔진과 항공기용 엔진에 주로 사용된다.
수냉식	정의	라디에이터에서 냉각된 냉각수를 이용하여 엔진을 냉각하는 방식이다.
	작동	물펌프로 냉각수를 실린더 블록과 실린더 헤드의 물재킷을 순환시키고, 가열된 냉각수를 라디에이터에서 방열하여 냉각한 후 다시 물펌프로 순환시키는 강제순환 방식이 이용된다.
	이용	자동차 대부분이 수냉식이다.

★☆☆　윤활작용을 말해보시오.

부식방지 작용, 방청 작용, 응력분산 작용, 세척 작용, 냉각 작용, 밀봉 작용, 마찰감소 및 마멸 방지 작용입니다.

TIP　윤활 작용
① 부식방지 작용 : 산화작용에 의해서 부식되는 것을 방지하는 작용입니다.
② 방청 작용 : 수분이나 부식성 가스 침투를 방지하는 작용입니다.
③ 응력분산 작용 : 국부압력을 액 전체에 분산시켜 평균화하는 작용입니다.
④ 세척 작용 : 불순물을 유동과정에서 흡수하는 작용입니다.
⑤ 냉각 작용 : 윤활부에서 발생한 열을 흡수하고 방열한다.
⑥ 밀봉 작용 : 고압가스의 누출을 방지합니다.
⑦ 마찰감소 및 마멸방지 작용 : 강인한 유막을 형성하여 표면마찰을 방지합니다.

☆☆☆　부동액의 종류를 말해보시오.

메탄올, 에틸렌글리콜, 글리세린이 있습니다..

TIP　부동액 종류와 특징

종류	내용
메탄올	비점이 80℃, 응고점이 −30℃이며 낮은 온도에서 동결되지 않으나, 비점이 낮아 증발되기 쉽습니다.
에틸렌글리콜	냄새가 없고 증발하지 않으며 비점이 높고(197.2℃) −30℃까지 동결되지 않으나, 금속을 부식시키므로 방청제를 첨가해야 여름에도 사용할 수 있다.
글리세린	공랭식은 수냉식에 비해 구조가 간단하지만 온도의 제어가 곤란하며 소음이 크다.

★☆☆　조속기 종류에 대해 설명해보시오.

공기식 조속기는 연료의 분사량을 스로틀 밸브의 개도와 엔진의 회전속도에 따른 부압의 변화를 이용하여 자동적으로 조속하는 것입니다. 기계식 조속기는 분사 펌프의 회전속도의 변화에 따른 플라이 웨이트(추)의 원심력을 이용한 것입니다.

★★☆　유압이 높아지는 원인을 말해보시오.

엔진의 온도가 낮아 오일 점도가 높은 경우, 윤활회로 내에 막힘이 있을 경우, 유압조절밸브(릴리프밸브)스프링의 장력이 과다할 경우, 유압조절밸브가 막힌 채로 고착된 경우, 각 마찰부의 베어링 간극이 적을 경우에 유압이 높아집니다.

★★☆ **엔진이 과냉을 하는 이유를 말해보시오.**

수온조절기가 열린 채 고장이 나거나 열리는 온도가 너무 낮은 경우에 발생합니다. 따라서 출력이 저하되며 연료소비율의 증대와 오일이 희석되며 베어링이나 각 부가 마멸됩니다.

TIP 엔진의 과열 원인

종류	특징
공랭식	• 수온조절기가 닫힌 채 고장이거나 작동온도가 너무 높을 경우 • 라디에이터의 코어 막힘이 과도하거나 오손 및 파손이 되었을 경우 • 팬벨트의 장력이 약하거나 이완 절손이 되었을 경우 • 물펌프의 작용이 불량할 경우 • 냉각수의 부족, 누출이 생길 경우 • 워터재킷 내의 스케일이 과다할 경우 • 라디에이터 호스가 손상되었을 경우
수냉식	• 각 부품의 변형이 생긴다. • 조기점화, 노킹이 일어난다. • 출력이 저하된다. • 윤활유의 유막파괴나 소비량이 증대된다.

☆☆☆ **가솔린 엔진의 4행정을 말해보시오.**

흡기 행정 – 압축 공정 – 배기 행정 – 연소·팽창 행정입니다.

TIP 가솔린 엔진의 4행정
① 흡기 행정 : 피스톤이 하강하면서 실린더 내부 압력은 낮아지고 혼합기가 흡입됩니다. 흡기밸브가 열리고 배기밸브는 닫힙니다.
② 압축 공정 : 피스톤이 상승하면 실린더 내부의 압력이 높아지고 혼합기가 압축됩니다. 흡기밸브와 배기밸브가 모두 닫힙니다.
③ 배기 행정 : 피스톤이 상승하면 피스톤 내부의 연소가스가 배출됩니다. 흡기밸브가 닫히고 배기밸브는 열립니다.
④ 연소·팽창 행정 : 압축된 혼합기에 불을 붙여 연소를 일으킵니다. 연소가스가 팽창해 피스톤이 하강합니다. 흡기밸브와 배기밸브가 닫힙니다.

★★☆ **가솔린 엔진에 노킹이 일어나는 현상의 원인을 말해보시오.**

기관에 과부하가 걸렸을 경우, 기관이 과열되었을 경우, 점화시기가 너무 빠를 경우, 혼합비가 희박할 경우, 낮은 옥탄가의 가솔린을 사용했을 경우 노킹이 발생합니다.

★☆☆ **ECU(Electronic Control Unit)에 대하여 설명해보시오.**

 전자제어 연료 분사 방식입니다. 각종 센서를 부착하고 센서가 보낸 정보로 기관의 작동상태에 알맞은 연료 분사량을 컴퓨터로 제어하고 이를 인젝터를 통하여 흡기다기관에 분사하는 형식입니다. 최적의 연비저감과 출력향상을 위한 점화시기를 조절하는 장치입니다.

TIP
ECU 특징
① 공기흐름에 따른 관성질량이 작아 응답성이 향상된다.
② 기관의 출력이 증대되고, 연료소비율이 감소한다.
③ 배출가스 감소로 인한 유해물질 배출감소 효과가 크다.
④ 연료의 베이퍼록(Vapor Lock), 퍼컬레이션(Percolation), 빙결 등의 고장이 적으므로 운전성능이 향상된다.
⑤ 이상적인 흡기다기관을 설계할 수 있어 기관의 효율이 향상된다.
⑥ 각 실린더에 동일한 양의 연료 공급이 가능하다.
⑦ 전자부품의 사용으로 구조가 복잡하고 값이 비싸다.
⑧ 흡입계통의 공기누설이 기관에 큰 영향을 준다.

★★☆ **디젤엔진 연소실의 구비조건을 말해보시오.**

 분사된 연료를 가능한 짧은 시간에 완전 연소해야 합니다. 평균 유효압력이 높아야 하며 연료소비율이 적어야 합니다.

TIP
연소실의 종류

종류	특징
직접분사식	실린더 헤드와 피스톤 헤드부 사이에 형성되는 단일 연소실을 가지고 있으며 그 속에 연료를 분사하여 연소시키는 방식이다. 하트형, 반구형, 구형이 있다.
예연소실식	주연소실 상부에 예연소실이라는 부실이 있으며 그곳에 연료를 분사하여 연료 일부를 연소시킨다. 이렇게 연소할 때 생긴 압력에 의해 나머지 연료를 주연소실로 분출하고 와류에 의해 공기와 잘 혼합되어 완전 연소시킨다.
와류실식	실린더나 실린더 헤드에 와류실을 두어 압축행정 시 강한 와류를 생성시키고, 이 와류 중에 연료를 분사하여 완전 연소를 시킨다. 와류실식은 직접분사식과 예연소실식의 중간적 특성을 갖는다.
공기실식	주연소실 외에 공기실을 갖는다. 연료는 주연소실 내로 분사하며 피스톤의 하강에 따라 공기실로부터 공기가 분출하여 산소를 공급하고, 소용돌이(와류)를 일으켜 연소시킨다.

★★☆ **앵글라이히 장치는 무엇인가?**

 엔진이 고속으로 회전하면 공기량과 저속 회전 시의 공기량이 달라지는 모순을 해결하기 위해 운전 시 모든 회전범위에 걸쳐 흡입공기를 유효하게 이용할 수 있게 분사량을 바꿔 공기와 연료의 비율이 일정하게 되도록 한 장치입니다.

분사 펌프(인젝션 펌프)는 무엇인가?

연료를 연소실 내로 분사하는데 필요한 압력을 줌과 동시에 엔진 부하나 회전수의 변화에 따라 각 실린더에 적량의 균일하게 최적인 분사시기에 분사하기 위한 장치입니다.

분배형 연료 분사 펌프의 특징을 말해보시오.

소형이며 경량입니다. 부품수가 적습니다. 캠의 양정이 아주 작기 때문에 엔진의 고속회전을 얻을 수 있습니다. 펌프 윤활을 위해 특별한 윤활유를 필요로 하지 않습니다. 플런저가 왕복운동과 함께 회전운동도 하므로 편마멸이 적습니다. 플런저의 작동회수가 실린더 수에 비례해서 증가되므로 실린더 수와 최고 회전속도의 제한을 받으며 연료 분사량이 균일하고, 엔진 시동이 쉽습니다.

예열장치의 필요성을 말해보시오.

디젤 엔진은 압축착화 엔진이므로 한랭 시에는 좀처럼 착화되지 않습니다. 따라서 시동을 걸기 전에 흡기 다기관 내의 공기를 미리 가열해 주는 장치가 필요합니다.

TIP

예열장치의 종류

종류	특징
예열플러그식	예연소실식과 와류실식의 엔진에 사용하며 연소실내의 압축공기를 직접 예열한다.
흡기가열식	직접분사식 엔진에 사용하며 실린더에 흡입되는 공기를 가열한다.
예정장치 점검	• 정격에 맞지 않는 용량의 플러그를 혼용할 경우 • 엔진의 진동, 과열, 연소가스의 블로바이 현상이 발생할 경우 • 저항값이 작아졌을 경우 • 예열기간이 너무 길 경우

과급기란 무엇인가?

대기압보다 높은 압력으로 엔진에 공기를 압송하는 것입니다. 과급을 하면 엔진의 충전 효율을 높이며 엔진 축력, 회전력, 연료소비율의 향상과 착화지연을 짧게 할 수 있습니다. 2행정 사이클 엔진은 소기작용을 위한 과급이 반드시 필요합니다.

디젤 엔진의 장점을 말해보시오.

열효율이 높습니다. 연료소비율이 적고 배기 가스의 유해가 적습니다. 연료비가 저렴하며 전기점화장치가 없으므로 무선통신을 방해하지 않습니다.

★☆☆ 커먼레일방식의 연료공급과정을 말해보시오.

연료 공급과정은 '저압 연료펌프 → 연료여과기 → 고압 연료펌프 → 커먼레일 → 인젝터'입니다.

TIP 커먼레일 방식의 장점
① 유해 배기 가스의 배출을 감소시킬 수 있다.
② 연료소비율을 향상시킬 수 있다.
③ 기관의 성능을 향상시킬 수 있다.
④ 운전성능을 향상시킬 수 있다.
⑤ 콤팩트한 설계와 경량화가 가능하다.

★★☆ 동력전달장치(Power Train System)란?

엔진에서 발생한 동력을 구동바퀴까지 전달하기 위한 장치를 말합니다. 클러치, 변속기, 추진축, 종감속 기어, 차동장치, 액슬축 등으로 이루어져 있습니다.

TIP 동력전달장치의 개요

종류	특징
클러치	엔진의 동력을 변속기에 전달하거나 차단하는 장치이다.
변속기	자동차의 주행상태에 따라 기어의 물림을 변환하여 구동력을 증감시키고 전진과 후진 및 중립상태 로 할 수 있는 장치이다.
추진축	변속기로부터의 동력을 종감속 기어에 전달하는 장치이다.
종감속 기어	추진축에서 전달되는 동력을 직각으로 뒤차축에 전달하여 일정한 감속(구동력 증대)을 얻어내기 위한 장치이다.
차동장치	커브길 또는 굴곡 노면에서의 양쪽바퀴의 회전수 차이를 자동적으로 조절해 주는 장치이다.
액슬축	종감속 기어로부터의 동력을 좌우바퀴에 전달해주는 장치이다.

★★☆ 클러치 페달의 자유간극을 말해보시오.

페달을 움직여 릴리스 레버에 힘이 작용할 때까지 움직인 거리를 말합니다. 너무 작을 경우 릴리스 베어링 조기 마모가 되고 미끄럼 현상이 발생하며 너무 클 경우 클러치 단속이 불확실하여 클러치 변속이 잘 되지 않습니다. 일반적으로 클러치 페달 자유간극은 20 ~ 30mm 정도입니다.

TIP 자유간극을 두는 이유에는 클러치의 미끄럼 방지, 클러치 판과 릴리스 베어링의 마멸 감소 등이 있다.

유압식 클러치를 설명해보시오.

페달을 밟으면 유압이 발생하여 릴리스 포크를 움직이는 것입니다. 마스터 실린더에서 발생되는 유압으로 릴리스 포크를 움직이게 하며 그 사이에 오일파이프와 플렉시블 호스가 유압을 연결합니다.

구분	특징
장점	• 마찰부분이 적어 페달을 밟는 힘이 적어도 된다. • 압력이 빠르게 전달되기 때문에 클러치 조작이 신속하다.
단점	• 조작기구가 복잡하다. • 오일이 새거나 공기가 유입되면 조작이 잘 안 된다. • 기계식에 비하여 가격이 비싸다.

★ ★ ☆ **인플레이터(Inflater)란 무엇인가?**

자동차가 충돌할 때 에어백 ECU(Air Bag Control Unit)로부터 충돌신호를 받아 에어백 팽창을 위한 가스를 발생시키는 장치입니다. 단자 연결부분에 단락 바를 설치하여 모듈을 떼어낸 상태에서 오작동이 발생하지 않도록 단자 사이를 항상 단락 상태로 유지합니다.

★ ☆ ☆ **사이드 월(Side Wall)이 무엇인가?**

트레드에서 비드부까지의 카커스를 보호하기 위한 고무층으로 노면과는 직접 접촉하지 않습니다. 그러나 하중이나 노면으로부터의 충격에 의해 계속적인 굴곡운동을 하므로 굴곡성 및 내피로성이 높은 고무를 사용해야 하며 규격, 하중, 공기압 등 타이어의 기본 정보가 문자로 각인된 부위입니다.

★ ☆ ☆ **페이드(Fade)란 무엇을 뜻하는가?**

빠른 속도로 달릴 경우 풋브레이크를 지나치게 사용하면 브레이크가 흡수하는 마찰 에너지가 매우 커집니다. 이 에너지가 모두 열이 되어 브레이크라이닝과 드럼 또는 디스크의 온도가 상승합니다. 이렇게 되면 마찰계수가 극히 작아져서 자동차가 미끄러지며 브레이크가 작동하지 않는 현상을 말합니다.

★★☆ 축전지 충전 시 주의사항을 말해보시오.

충전장소는 환기장치를 하고 화기를 멀리합니다. 축전지의 온도가 45℃ 이상이 되지 않도록 하며, 각 셀의 필러플러그를 열어 놓습니다. 원칙적으로 직렬접속으로 충전합니다. 과충전(열이 나고 케이스나 단자가 솟아오름)이 되지 않도록 주의하며 축전지를 떼어내지 않고 급속 충전 시 양쪽 케이블을 분리합니다.

☆☆☆ 동력조향장치의 구성품을 말해보시오.

오일펌프, 파워실린더, 제어 밸브, 안전 체크 밸브가 있습니다.

★☆☆ 자동식 변속기의 장단점을 말해보시오.

① 장점
• 엔진이 멈추는 일이 적어 운전하기 편리합니다.
• 발진 · 감속 · 감속이 원활하게 되어 승차감이 좋습니다.
• 유체가 댐퍼의 역할을 하여 충격을 흡수합니다.
② 단점
• 구조가 복잡하고 값이 쌉니다.
• 연료소비가 10%정도 많아집니다.
• 밀거나 끌어서 시동할 수 없습니다.

TIP 자동식 변속기의 종류

종류	특징
유체 클러치	동력을 유체운동 에너지로 바꾸고 이를 다시 동력으로 바꾸어 변속기로 전달하는 클러치이다.
토크 컨버터	토크 컨버터(변환기)는 유체 클러치와 근본적인 원리는 같으며 유체의 운동에너지를 이용하여 회전력을 자동으로 변환하는 동시에 유체 클러치의 역할을 한다.
자동변속 기어부	토크 컨버터의 뒷부분에 있는 유성기어와 다판 클러치, 브레이크 밴드, 일방향 클러치 및 유압제어 기구로 구성되어 있으며 유성기어 장치를 사용한다.

★☆☆ 축전지의 역할을 말해보시오.

자동차에 전원을 공급하는 공급원입니다. 납과 산의 화학적 작용으로 전기에너지를 발생시켜 시동 시 전원으로 작용하며 운전 중에 생기는 충전장치의 출력부족이나 전압변동을 보상하여 안정된 전원을 공급합니다.

TIP 축전지 종류

종류	특징
알칼리 축전지	• 고율의 방전성능이 우수하다. • 과충전, 과방전 등 불리한 사용조건에서도 성능이 떨어지지 않는다. • 사용시간이 10 ～ 20년이나 된다. • 값이 비싸다. • 대량 공급이 곤란하기 때문에 일부 특수자동차에만 사용된다.
납산 축전지	• 제작이 쉽다. • 저렴하여 거의 모든 자동차가 사용한다. • 중량이 무겁고 수명이 짧다.

★☆☆ 등화장치의 종류 중 신호용에는 무엇이 있는가?

차의 주행방향 신호를 알리는 방향지시등과 풋 브레이크 등이 있습니다.

TIP 등화장치 종류

종류	특징
알칼리 축전지	전조등, 안개등, 길내등, 계기등, 후진등
납산 축전지	차고등, 차폭등, 주차등, 번호판등, 후미등
신호용	방향지시등, 브레이크등
경고용	유압등, 충전등, 연료등
장식용(장식등)	버스나 트럭의 윗부분 장식을 말한다.

★★☆ 하이드로백이 무엇인지 설명해보시오.

하이드로백은 유압식 브레이크 장치에 설치되어 브레이크 페달을 밟았을 때 마스터 실린더에서 발생 하는 유압을 증대시켜 큰 제동력이 발생하도록 하는 장치입니다. 하이드로백의 종류에는 원격 조작 식과 직접 조작식이 있습니다. 원격 조작식은 하이드로백을 마스터 실린더와 별개로 설치하는 것으로 주로 대형 자동차에 사용되고, 직접 조작식은 하이드로백이 마스터 실린더와 일체로 된 것으로 소형 자동차에 사용됩니다.

★★★ **하이브리드 구동형식에 따른 종류를 말해보시오.**

① **직렬방식** : 기관(가솔린, 디젤)에서 출력되는 기계적 에너지는 발전기를 통하여 전기적 에너지로 바꿉니다. 전기적 에너지를 배터리 또는 모터로 공급하여 항상 모터로 구동됩니다.

② **병렬방식** : 배터리 전원으로 차를 움직일 수 있으며 기관(가솔린, 디젤)만으로도 차량 구동이 가능합니다. 두 가지 동력원을 같이 사용하는 방식입니다. 주행조건에 따라 기관과 모터가 동력원을 변화할 수 있는 방식으로 다양한 동력전달방식이 가능합니다. 이에 따른 구성으로 소프트와 하드방식이 있습니다.

③ **소프트방식** : 기관과 변속기 사이에 모터가 삽입된 간단한 구조를 가지고 있으며 모터가 기관의 동력보조역할을 합니다. 전기적 부분의 비중이 적어 가격이 저렴합니다. 순수한 전기차 모드의 구현은 불가능하므로 하드방식에 비하여 연비가 나쁘다는 단점을 가집니다.

④ **하드방식** : 기관, 모터, 발전기의 동력을 분할, 통합하는 기구를 갖추어야 하므로 구조가 복잡하지만 모터가 동력보조 뿐만 아니라 순수 전기차로도 작동이 가능합니다. 이러한 특징 때문에 연비는 우수하나 대용량의 배터리가 필요하고 대용량 모터와 2개 이상의 모터 제어기가 필요합니다. 소프트 타입에 비한 전용부품 비용이 1.5 ~ 2배 이상 소요됩니다. 기관은 배터리 충전 시에만 사용합니다.

★★☆ **ABS(Anti - lock Brake System)가 무엇인지 설명해보시오.**

잠김방지브레이크 시스템은 자동차가 급제동할 때 바퀴가 잠기는 현상을 방지하기 위해 개발된 특수 브레이크입니다. 자동차가 달릴 때는 4개 바퀴에 똑같은 무게가 실리지 않는데 이런 상태에서 급제동하면 일부 바퀴에 로크업(Lock - up)현상, 즉 바퀴가 잠기는 현상이 발생하게 됩니다. 이것은 차량이 여전히 진행하고 있는데도 바퀴는 완전히 멈춰선 상태를 말하는데, 이때 차량은 미끄러지거나 옆으로 밀려 운전자가 차의 방향을 제대로 제어할 수 없게 됩니다.

★☆☆ **VDC(Vehicle Dynamic Control)가 무엇인지 설명해보시오.**

자체자세제어(VDC)는 운전자가 별도로 제동을 가하지 않더라도, 차량 스스로 미끄럼을 감지해 각각의 바퀴 브레이크 압력과 엔진 출력을 제어하는 장치입니다. 여기에는 구동 중일 때 바퀴가 미끄러지는 것을 적절히 조절하는 TCS, ABS, EBD, 자동감속제어, 요모멘트 제어(Yaw - Moment Control : 한쪽으로 쏠리는 것을 막는 자세제어)가 모두 포함됩니다. VDC의 가장 큰 역할은 스핀 또는 언더·오버 스티어가 발생하는 것을 제어하여 사고를 미연에 방지합니다. 예를 들어, 스핀이나 언더스티어(일정한 반지름의 원운동을 하는 자동차가 속도를 빠르게 할 때 원의 반지름이 저절로 커지는 현상)가 발생하면, VDC는 이를 감지해 안쪽 또는 바깥쪽 바퀴에 제동을 가해 차량의 자세를 제어함으로써 안정된 상태를 유지해줍니다.

★★☆   터보차저(Turbo Charger)에 대하여 말해보시오.

현재 기관의 출력으로 보다 높은 출력을 얻고자 할 경우 과급기를 설치합니다. 전체적 효율을 높이기 위한 많은 양의 공기를 연소실로 흡입할 필요성이 있습니다. 터보 과급기는 연소실에서 배출되는 배기가스를 이용하여 터빈 블레이드를 회전시켜 이를 거쳐 압축기를 회전시킵니다. 흡입공기는 압축기에 의해 압축되고 높은 밀도의 공기가 연소실로 흡입하게 되어 흡입공기의 밀도를 높여 충진율을 개선함으로써 출력이 증가합니다. 또한 소형기관에 설치할 경우 동일 배기량의 기관에 비해 높은 출력을 얻을 수 있기 때문에 단위 출력당 기관의 중량을 가볍게 할 수 있습니다. 그러나 터빈 축은 약 10 ~ 15만 rpm으로 회전하므로 내열성이 우수한 재질의 금속을 선택해야 하며 부가적으로 냉각을 시키기 위한 윤활장치가 필요합니다.

기출복원질문

✦ 함정이 조난한다면 어떻게 대처할 것인지 말해보시오.

✦ 가솔린 기관과 디젤 기관의 차이에 대해 설명해 보시오.

✦ 보슈식 연료 분사 펌프의 역할에 대해 설명해보시오.

✦ 터보차져 설치 목적에 대해 설명해보시오.

✦ 흑색 배기 가스의 원인은 무엇인가?

✦ 과급기란 무엇인지 설명해보시오.

★★★ **함정기관 군무원의 특성과 장점이 무엇인지 설명해보시오.**

 군사전문기술적인 업무를 지원하는 함정직군으로 주 추진기관과 선박용 발전기, 원동기와 관련되는 보조 장비를 정비하고 수리하는 기술적인 업무를 수행합니다.

☆☆☆ **크랭크의 구성요소를 말해보시오.**

 크랭크는 크랭크축, 크랭크암, 크랭크핀으로 구성되어 있습니다. 크랭크핀은 크랭크암 길이를 반지름으로 하는 원운동으로 크랭크축을 회전시킵니다. 크랭크축은 피스톤의 왕복 운동을 회전 운동으로 바꾸는 기능을 합니다.

☆☆☆ **기관손상과 전복사고가 서로 연결점이 있습니까?**

 네, 기관점검이 제대로 이루어지지 않았을 경우, 기관에 손상이 생기게 됩니다. 이는 전복사고로 이어집니다. 예를 들면, 기관실 환기를 충분히 하지 않고 기관시동 스위치를 누르는 순간 화재가 일어나 시동축전지 부근에 폭발적인 연소가 발생했고 선박이 침몰되는 사건이 있었습니다.

기출복원질문

✦ 배기 가스가 검은색일 때 대처방안에 대해 말해보시오.

★★★ **과급이란 무엇인지 설명해보시오.**

내연기관의 연소용 공기를 압축하여 기관에 보내는 작용을 말하는데, 이때 사용하는 송풍기를 과급기라 합니다. 과급은 그 구동 방식에 따라 크랭크축에서 기어에 의해 증속구동(增速驅動)하는 기계 과급 방식과 배기 가스터빈에 의한 배기터빈 과급 방식으로 나뉩니다.

★☆☆ **해군함정의 종류를 말해보시오.**

TIP
① 전투함 : 순양함, 구축함, 호위함, 초계함, 고속정
② 지원함 : 수송함, 상륙함, 소해함, 기뢰부설함, 구조함

기출복원질문

✦ 항공기관직과 항공보기직이 있는데 기체직에 지원한 이유를 말해보시오.

✦ 육군 헬기종류를 말해보시오.

☆☆☆ **항공기 연료에는 어떤 것이 있는가?**

항공유는 비행기에 따라 다릅니다. 대표적으로 Kerosene타입의 JetA − 1은 등유 기반의 연료입니다. 민간여객기에 사용합니다. 연료가 저온·저압 상태에서도 쉽게 얼지 않으며 연소량과 발열량이 좋습니다. JP-5, JP-8인 군용 항공유는 타입의 연료입니다. 주로 군용 제트기에 사용합니다. 인화점이 낮아 화재폭발의 위험이 있고 높은 고도에서 연료손실의 위험이 있어 첨가제를 많이 넣습니다. Aviation Gasoline은 휘발유에 여러 첨가제를 넣어 만든 항공유입니다. 자동차 엔진과 같은 구조를 가진 경비행기에 사용합니다.

★★★ **지면효과란 무엇인지 설명해보시오.**

헬리콥터가 지면 가까이에서 제자리 비행할 때 공기의 하향 흐름이 지면에 부딪치게 되고 헬리콥터와 지면 사이의 공기를 압축하여 공기 압력을 높이게 되어 제자리 비행 위치에 헬리콥터를 유지시키는데 도움을 주는 쿠션역할을 합니다. 이러한 효과를 지면효과(Ground Effect)라 하고, 지면효과에 의해 헬리콥터는 추력을 절감할 수 있습니다.

★☆☆ **페일세이프 구조가 무엇인지 설명해보시오.**

페일세이프 구조는 기기나 장치가 오동작을 일으켰을 경우, 반드시 안전한 측이 되도록 하는 방식으로 고장이 났을 경우에 인명을 위협하는 곳에서 반드시 사용합니다. 최근에는 화학 플랜트나 로켓 등 대부분의 경우에 쓰이고 있습니다.

★☆☆ **밸런스 웨이트(Balance Weight)란 무엇인지 설명해보시오.**

밸런스 웨이트는 타이어와 휠에 무게의 불균형이 있으면 바퀴가 돌아갈 때 원심력으로 회전축이 흔들리는데, 이와 같은 불균형을 바로잡기 위해 휠에 부착하는 평형장치를 말합니다. 이것은 납을 주성분으로 한 합금으로, 림 플런저에 붙이는 것과 휠에 붙이는 것이 있습니다.

★★☆   토크 렌치 종류와 사용 시 주의사항을 말해보시오.

토크 렌치는 볼트와 너트를 규정된 토크(회전력)에 맞춰 조일 때 사용하는 공구입니다. 토크 렌치의 종류로는 플레이트형, 다이얼형, 프리세트형 등이 있습니다.

① **플레이트형** : 판 용수철의 휘는 정도로 죄는 힘을 읽을 수 있습니다. 다이얼형은 소켓에 끼우는 접속 부의 봉을 돌려 게이지 지침을 움직여 이 지침으로 죄는 힘을 읽을 수 있습니다.

② **프리세트형** : 슬리브를 돌려 미리 설정한 토크에 눈금을 맞춰 완료되면 소리가 나서 쉽게 알 수 있습니다.

③ **사용 시 주의사항** : 토크 렌치를 다룰 때 먼저 소켓 렌치 같은 것으로 약간 조이고 나서 사용합니다. 그리고 토크 렌치를 같은 곳에 몇 번을 사용하면 정확한 토크 값이 나오지 않으며 토크 값의 오차를 수정하기 위해 정기적인 수정이 필요합니다.

기출복원질문

✦ 압축기 실속이 초래하는 결과에 대해 말해보시오.

★★★　**압축기 실속에 대하여 설명해보시오.**

비행기 깃 사이의 유로 내에서 과도한 받음각으로 경계층이 떨어져 나가거나 서징(Sursing)이 발생하는 현상을 압축기 실속이라 합니다. 압축기 실속의 원인 대부분 과도한 공기량 때문입니다. 기관을 가속할 때 연료의 흐름이 너무 많으면 압축기 출구 압력이 높아져 흡입 공기 속도가 감속하여 실속이 발생할 수 있습니다. 또한 지상 작동 시 엔진 회전 속도가 설계 회전 속도보다 낮아지면 압력비가 적어져 압축기 뒤쪽 공기가 충분히 압축되지 못하여 비체적이 증가하기 때문에 공기가 압축기 뒤 쪽의 좁은 단면적을 통하여 빠져나가지 못하게 됩니다. 따라서 공기의 누적 현상이 발생하고 공기흡입 속도가 감소하여 실속이 발생합니다. 이 외에도 항공기 속도에 비해 압축기 로터 회전속도가 너무 빠를 때에도 실속이 발생합니다.

☆☆☆　**터빈온도가 무엇인지 설명해보시오.**

터빈 엔진 배기부의 가스 온도로 엔진의 성능을 나타냅니다.

★★★　**TIT(Temperature Indicator Transmitter)이 무엇인지 설명하시오.**

관찰과 통제하기 위한 목적을 위해 온도를 보여주고 어디든 신호를 전송해주는 기계로 온도를 측정 하지는 않습니다.

★★☆　**정비란 무엇인지 말해보시오.**

정비란 계획된 작전상의 제반 요구를 수행하기 위하여 운용 중인 무기체계를 사용 가능한 상태로 유지하거나 사용 가능 상태로 복귀시키기 위한 일련의 활동을 의미합니다. 장비의 성능 향상을 위한 개조 및 장비의 설치 업무와 이에 따르는 연구 및 실천 업무 등을 포함합니다. 이러한 정비 활동에는 일상 근무, 고장 탐구, 손질, 재보급, 검사, 교정, 조절, 수정, 제작, 재생, 부속 유용, 물자 상태별 분류 등이 있습니다.

기출복원질문

✦ 소변관리에서 제일 중요한 점을 말해보시오.

✦ 조직병리 박절 순서를 말해보시오.

✦ 소변이 오랜 시간 실온에 방치되면 어떤 변화가 발생하는가?

✦ 다혈구증에 대해 설명해보시오

✦ 전염병 발생 단계를 말해보시오.

✦ 교감신경과 부교감신경의 특징을 말해보시오.

✦ 감염지수에 대해서 말해보시오.

✦ 적혈구용적률 측정법에 대해 말해보시오.

★★★ **세균성 식중독의 특징에 대해 말해보시오.**

주로 여름철에 발생합니다. 잠복기가 비교적 짧으며, 면역이 생기지 않는 특징이 있습니다.

기출복원질문

✦ 듀얼 소스 CT, 듀얼 에너지 CT에 대해 설명해보시오.

✦ 방사선 관련 업무 경험이 있다면 말해보시오.

✦ Chest PA의 경우 방사선 선량은 일반적으로 몇인지 말해보시오.

✦ 본인은 MRI나 CT촬영을 해본 적이 있습니까?

✦ 방사선군무원이 된다면 장병들을 위해 할 수 있는 일이 무엇이라고 생각합니까?

★★★ **CT(Computed Tomography)와 MRI(Magnetic Resonance Imaging)의 차이점이 무엇인지 설명해 보시오.**

전산화 단층촬영(CT)과 자기공명영상(MRI)은 강력한 영상진단 도구입니다. CT는 환자 몸의 단면을 보는데 X−선을 이용하고 MRI는 X−선 대신 강한 자석의 힘과 전자기파를 이용합니다. CT와 MRI는 둘 다 전신 어느 곳이나 사진을 찍을 수 있지만, 검사 부위와 질병에 따라 각각 장단점을 갖습니다. CT는 검사 부위의 단면을 잘라 보여줄 수 있어 뼈와 장기의 세밀한 관찰이 가능하며 MRI보다 단단한 조직을 더 잘 찍을 수 있고 MRI는 입체 영상으로 환부를 볼 수 있으며 높은 해상도의 영상으로 좀 더 세밀한 검사가 가능합니다.

★☆☆ **MRI 코일에 대해 설명해보시오.**

MRI 시스템은 크게 마그넷, 경사자장코일, 고주파코일, 그리고 영상획득 및 신호처리를 위한 컴퓨터 시스템 등으로 구성되어 있으며 MRI는 전도성 코일들로 이루어져 있는데 이는 많은 양의 방사선을 생성하지 않고 균일한 자기장을 만듭니다.

기출복원질문

✦ 무심코 어기는 것으로 인해 식중독이 많이 발생하고 있다. 식중독 원인균 1위가 무엇이고, 예방법은 무 엇인지 말해 보시오(본인의 직책에서 할 수 있는 것을 말하시오).

✦ 영양사의 중요한 역할이 무엇이라고 생각합니까?

★★★ **HACCP가 무엇이고, 가장 중점적인 요인이 무엇인지 설명해보시오.**

'식품안전관리인증 기준(HACCP)은' 최종 제품을 검사하여 안전성을 확보하는 개념이 아니라 식품의 생산·유통·소비의 전 과정을 통하여 지속해서 관리함으로써 제품 또는 식품의 안전성(Safety)을 확보하고 보증하는 예방 차원의 개념을 말합니다. 따라서 HACCP은 식중독을 예방하기 위한 감시활동으로 식품의 안전성, 건전성 및 품질을 확보하기 위한 계획적 관리시스템이라 할 수 있습니다.

★★☆ **교차오염(Cross Contamination)이 무엇인지 말해보시오.**

식품의 조리 및 취급에서 일어나는 미생물의 감염, 오염 등이 식품이 유통되는 과정 또는 식품이 조리되기까지 일어나는 전 과정에서 발생하는 모든 오염 형태를 말합니다. 식자재 접촉(조리된 식자재와 날 것의 접촉), 기구 오염(미흡한 세척), 미흡한 손 씻기로 교차오염이 일어날 수 있습니다.

★★★ **교차오염을 방지하기 위한 방법을 말해보시오.**

교차오염을 방지하기 위한 방법으로 첫째, 식자재는 유통기한과 구매 일자를 적은 라벨을 붙여서 관리합니다. 둘째, 조리된 식자재를 그렇지 않은 식자재는 따로 보관합니다. 셋째, 기구는 매일 철저하게 세척과 건조를 하고 기구별로 분류하여 정리 보관해야 합니다. 넷째, 낡거나 녹슨 기구는 새것으로 교체합니다. 다섯째, 질병의 대부분은 손 씻기로 사전예방이 가능하기 때문에 손을 깨끗하게 유지하여 개인위생을 철저히 하는 것입니다.

03 군무원 면접 실전연습

CHAPTER

면접의 기초 #면접 준비 #주의사항

01 실전연습 방법

01 학습방법

① 질문에 대한 답변을 미리 작성해본다.

② 작성한 답변에 주요하다고 생각하는 키워드에 동그라미를 그려 놓는다.

③ 동그라미로 표시해둔 키워드를 따로 정리하고 질문에 따라 키워드를 암기한다.

02 실전연습 질문의 답변 TIP

① 군무원이 되고자 하는 이유 및 지원 동기

군무원을 선발하는 과정에서 가장 중요시되는 것은 바로 공직에 대한 개인의 인식인 공직관이다. 군무원이 안정적인 직업이라는 이유로 선호되지만 군무원은 사기업에 비해 보수가 낮고 봉사정신과 희생정신이 많이 요구되는 직업이다. 직업적인 특성으로 인하여 군무원이 되고자 하는 사람은 확고한 공직관과 신념을 가지고 있어야 한다. 면접관이 근무 조건에 대한 질문으로 응시자를 압박하는 것은 응시자의 각오를 확인하는 것이므로 평소 자신의 생각을 잘 정리해 두어야 한다.

② 최근 군 관련 이슈

군무원은 국가에 문제가 발생하면 그 문제를 분석하고 평가한 후 그에 대한 대책을 마련하여 실행해야 하기 때문에 현상에 대한 명확한 판단력과 과감한 결단력, 추진력 등이 필요하다. 이에 국가적인 문제 또는 사회적인 이슈와 관련된 질문을 통해 이러한 자질들과 함께 자신이 하는 일에 대한 자부심과 긍지 등도 함께 판단해 볼 수 있다. 그러므로 평소에 국가적인 문제나 최근 발생한 사회적 이슈 등을 자신의 가치관에 비추어 문제를 파악해 봄으로써 그에 따른 해결책을 찾아놓는 것이 필요하다.

③ 장 · 단점과 취미

면접에서 빠지지 않는 질문 중의 하나이다. 가장 쉽게 응시자의 성격을 파악할 수 있는 것으로 실제 응시자들이 가장 어렵게 느끼는 질문유형 중 하나이다. 가장 객관적으로 자신의 성격을 단적으로 표현하기는 쉽지 않으므로 평소 친구나 가족 등 주변인들의 도움을 받아 객관성이 높은 대답을 준비해 두자.

03 실전연습 하기

본인 소개를 해보세요.

군무원이 되고자 하는 이유는 무엇입니까?

이 직렬에 지원을 한 이유는 무엇인가요?

일반직 공무원이 아닌 군무원으로 지원한 이유가 있습니까?

군무원으로서 필요한 자질 세 가지와 그중 자신에게 가장 부족하다고 느끼는 것, 또 그 부족한 점을 어떻게 극복할 것인지 말해보세요.

군무원으로 임용이 된다면 어떠한 자기계발을 할 것입니까?

출근할 때 앞차와 접촉사고가 발생했는데, 본인이 군무원인 것을 알고 국방부에 신고한다고 하면서 합의금을 요청하는 경우 어떻게 대처할 것입니까?

본인 성격으로 인해 주변과 마찰을 빚은 경험이 있습니까?

갈등이나 불만이 발생할 때 본인의 해결방법은 무엇입니까?

주변인들 중 군무원을 도전하는 사람이 많습니까?

동료나 상사의 불법 행위나 부정을 목격한다면 어떻게 대처할 것인지 말해보세요.

본인이 생각하기에 부당하다고 느낀 경험이 있습니까? 또 부당한 일을 어떻게 해결했습니까?

가장 최근 도전정신을 가지고 임한 일은 무엇입니까?

군무원을 지원한다고 했을 때 가족 혹은 주변인들의 반응은 어떠했습니까?

시험을 준비하면서 제일 힘들었던 점은 무엇입니까?

본인의 성격에 장·단점을 말해보세요.

가장 최근에 읽었던 기사는 무엇입니까?

본인이 합격해야 하는 이유가 있습니까?

봉사활동을 해본 경험이 있나요? 봉사활동을 하면서 느꼈던 점은 무엇인가요?

마지막으로 하고 싶은 말이 있습니까?

1 시사상식

2 경제 · 금융상식

3 국방 · 군사 관련 상식 및 전문용어

4 대한민국 국가관

5 국방부 국방정책

PART
04

상식

01 | 시사상식

시사상식
시사 # 이슈 # 상식 # 정치 # 사회

1 **가스라이팅**
Gaslighting

거부, 반박, 전환, 경시, 망각, 부인 등 타인의 심리나 상황을 교묘하게 조작해 그 사람이 현실감과 판단력을 잃게 만들고, 이로써 타인에 대한 통제능력을 행사하는 것을 말한다. 가스라이팅은 가스등(Gas Light)이라는 연극에서 비롯된 정신적 학대를 일컫는 심리학 용어로, 이 연극에서 남편은 집안의 가스등을 일부러 어둡게 만들고는 부인이 집안이 어두워졌다고 말하면 그렇지 않다는 식으로 아내를 탓한다. 이에 아내는 점차 자신의 현실인지능력을 의심하면서 판단력이 흐려지고 남편에게 의존하게 된다.

2 **고슴도치 딜레마**

인간관계에서 서로의 친밀함을 원하면서도 동시에 적당한 거리를 두고 싶어 하는 욕구가 공존하는 모순적인 심리상태를 말한다. 1인 가족의 출현으로 인간관계를 맺는 것 자체에 대한 두려움과 적당한 심리적 거리를 유지하는 것의 어려움을 반영하는 현상을 말하는 심리학 용어이다.

3 **넷 제로**
NET Zero

Net은 제외하고 남은 것, Zero는 아무것도 없다는 뜻으로 손실이나 이득이 없이 순 제로인 상태, 아무것도 없는 상태를 말한다. 배출량을 줄이고 대기 중의 이산화탄소를 흡수하는 방법을 통하여 기업 또는 개인이 배출한 온실 가스의 총량을 '0'으로 만들자는 목표의 정책이다. 중립의 개념인 'Zero'는 '탄소Zero', '탄소중립(Carbon Zero)'라고도 부른다.

4 **뉴로모픽 칩**
Neuromorphic Chip

인공 뇌라고 불리는 뉴로모픽 칩은 인간의 뇌신경 구조, 즉 뉴런의 형태를 모방하여 만든 것으로 인간의 인지와 같은 방식으로 정보를 처리한다. 기존 반도체보다 성능이 뛰어나지만 전력 소모량이 훨씬 적기 때문에 미래 반도체 시장의 핵심 기술로 평가하고 있다.

5 **디지털 원주민**

디지털 기기를 어린 시절부터 사용하여 사용이 익숙하고 최신 문화를 접하는 것에 어려움이 없는 세대를 의미한다.

6 **디지털 소외계층**

스마트 폰 사용과 무인화 흐름에 따라 셀프 계산대(키오스크) 늘어나고 있는데, 이러한 디지털 기술의 발달과 급속한 변화에 적응하지 못하는 계층을 말한다. 소외계층의 대부분은 노년층이며, 이는 세대 간의 갈등을 불러오는 등 편리함 이면의 문제점들이 대두되고 있다.

7	**디지털 리터러시** Digital Literacy	디지털 자료를 보고 이해할 수 있는 능력을 의미한다. 디지털 사용빈도가 늘어나면서 다양하고 정보가 넘쳐나고 있다. 하지만 넘쳐나는 자료를 개인이 이해·평가·조합하는 능력이 필요하다. 이 능력을 디지털 리터러시라 한다. 문자로 적혀진 신문 기사나 계약서를 읽을 때 문해력이 필요하듯이 디지털 세상에서 스마트 폰과 SNS을 사용하면서 일반 문자를 읽을 때처럼 필요한 문해력이다.
8	**알파세대**	어린 시절부터 최신 디지털 기기와 기술적인 발전을 누리면서 자란 세대로 2010년부터 2024년에 태어난 이들이다. 디지털 기기에 익숙하고 기계이용에 어려움이 없는 세대이다.
9	**잘파세대**	1990년대 중반에서부터 2000년대 초반에 태어난 Z세대와 2010년 초반 이후에 태어난 알파세대를 합친 세대를 의미한다. 개인이 선호하는 것이 뚜렷하고 가치관에 맞는 소비를 지향하는 특징이 있다. 소셜미디어로 일상을 공유하면서 디지털 콘텐츠를 소비하는 세대이다.
10	**딥페이크** Deepfake	인공지능(AI) 기술을 활용해 특정 인물의 얼굴, 신체 등을 원하는 영상에 합성한 편집물이다. 미국에서 '딥페이크'라는 네티즌이 미국 온라인 커뮤니티에 할리우드 배우의 얼굴과 포르노를 합성한 편집물을 올리면서 시작됐다. 가짜 뉴스로 만드는 등 악용되고 있으며 연예인 정치인 등 유명인 뿐만 아니라 일반인도 대상이 되면서 사회적 문제가 되고 있다.
11	**노블리스 말라드**	병들고 부패한 귀족이란 의미로 사회적 지위가 높은 사람들이 도덕적 의무를 다하는 노블레스 오블리주에 반대되는 뜻이다. 돈 많고 권력 있는 엘리트 집단이 약자를 무시하고 권력에 유착해 각종 부정부패에 가담하는 것이 노블리스 말라드이다.
12	**매니페스토** Manifesto	선거 시에 목표와 이행 가능성, 예산 확보의 근거를 구체적으로 제시한 유권자에 대한 공약을 말한다. 어원은 '증거' 또는 '증거물'이라는 의미의 라틴어 마니페 스투(Manifestus)이다. 이 말이 이탈리아어로 들어가 마니페스또(Manifesto)가 되어 '과거 행적을 설명하고, 미래 행동의 동기를 밝히는 공적인 선언'이라는 의미로 사용되었다. 같은 의미로 1644년 영어권 국가에 소개되어 오늘에 이르렀다. 공약을 분석하고 평가하기 위해서는 'SMART지수'가 필요하다. 평가기준인 'SMART지수'는 공약의 구체성(Specific), 검증 가능성(Measurable), 달성 가능성(Achievable), 타당성(Relevant), 기한 명시(Timed)의 5가지의 영어 첫 글자를 따온 것이다. 또 공약의 지속성(Sustainability), 자치력 강화(Empowerment), 지역성(Locality), 후속조치(Following)의 첫 글자를 딴 셀프(SELF)지수도 평가의 기준으로 삼는다. 이를 통하여 선거에 승리한 정당이나 후보자에게 이행에 대한 책임을 물을 수 있고, 이행정도에 따라서 다음 선거에도 영향을 끼친다.

13	**업사이클링** Up - Cycling	버려지는 제품을 새로운 제품으로 재탄생시키는 것을 말한다. 우리말 표현은 '새활용'이다. 리사이클링에서 더 나아가 새로운 가치를 더해 전혀 다른 제품으로 다시 생산하는 것을 말한다.
14	**멀티 페르소나** Multi - Persona	개인이 상황에 맞게 다른 사람으로 변신하여 다양한 정체성을 표출하는 것으로 회사나 학교 등 사회생활 할 때, 친구들을 만날 때, SNS로 소통할 때 등 그 상황에 따라 다양한 정체성이 발현되는 것을 일컫는다.
15	**메타버스** Metaverse	가공, 추상을 의미하는 '메타'와 세계를 의미하는 '유니버스'의 합성어로 3차원 가상세계를 뜻한다. 기존의 가상현실보다 업그레이드된 개념으로 가상현실이 현실세계에 흡수된 형태이다. 즉, 가상세계의 현실화인 셈이며, 증강현실, 라이프로깅, 거울세계, 가상세계로 더욱 세분화할 수 있다.
16	**바나나 현상** Banana Syndrome	'Build Absolutely Nothing Anywhere Near Anybody.'라는 구절의 각 머리글자를 따서 만든 신조어다. '어디에든 아무 것도 짓지 마라'는 의미로 유해시설 설치 자체를 반대하는 것이다. 님비현상과 유사한 개념이나, 님비현상이 자신의 지역에 유해시설이 들어서는 것을 반대하는 반면 바나나 현상은 시설의 설치 자체를 반대하는 것이다.
17	**불쾌한 골짜기 이론**	인간이 아닌 존재를 볼 때, 인간과 더 많이 닮을수록 호감도가 높아지지만 일정 수준에 다다르면 오히려 불쾌감을 느낀다는 이론이다. 로봇이 사람의 모습과 흡사해 질수록 인간이 로봇에 대해 느끼는 호감도가 증가하다가 어느 정도에 도달하게 되면 갑자기 강한 거부감으로 바뀌게 되는 것이다. 하지만 로봇의 외모와 행동이 인간과 거의 구별이 불가능할 정도가 되면 호감도는 다시 증가하여 인간 사이에서 느끼는 감정의 수준까지 도달하게 된다는 것이다.
18	**퍼빙**	스마트폰을 사용하느라 같이 있는 사람을 소홀히 대하거나 무시하는 현상을 나타내는 용어로 예를 들어 스마트폰을 계속 보면서 대화를 이어가거나 메시지가 올 때마다 회신을 하는 등의 행위가 퍼빙에 해당한다.

| 19 | **보도원칙** |

구분	내용
일반우편물	보도할 경우 취재원이 누군지 알 수 없도록 해야 한다.
백그라운드	보도할 경우 취재원을 소식통이나 관계자 등으로 모호하게 서술한다.
오프더레코드	취재원은 물론 내용까지 일체 보도해서는 안 된다.
온 더 레코드	내용과 함께 취재원이 누군지 밝혀도 된다.

20 헤이트 스피치

인종이나 단체, 국적, 종교. 외모 등 특정 그룹 사람들을 의도적으로 폄하하고 선동하는 발언을 말한다. 증오를 담고 있기 때문에 증오발언이라고도 한다. 발언을 넘어 물리적 폭력이나 테러 등의 범죄행위는 헤이트 크라임(Hate Crime)이라고 한다.

21 매리토크라시

출신이나 가문 등이 아닌 실적과 능력에 따라 지위 및 보수가 결정되는 체제를 말한다. 능력주의, 실력주의라고도 하며 1958년 영국의 정치가이자 사회학자 마이클 영이 「능력주의 사회의 부상」에서 아리스토크라시(Aristocracy)에 상응하는 개념으로 만든 말이다.

22 생활 SOC

Social Overhead Capital 의 약자로 사람들이 먹고, 자고, 자녀를 키우고, 노인을 부양하고, 일하고 쉬는 등 일상생활에 필요한 인프라와 삶의 기본 전제가 되는 안전시설을 말한다. 체육관이나 도서관, 문화센터, 아트홀, 어린이집, 공영 주차장 등이 생활 SOC에 해당된다. 기존의 SOC는 경제 성장에 초점을 둔 도로, 철도, 공항, 항만 등 생산의 기반이 되는 시설이나 이용자 편의시설을 의미 했지만 국민이 체감하는 삶의 질 제고에 한계가 있자 이를 극복하고자 정부는 2018년부터 생활 SOC개념을 도입했다.

23 챗GPT

오픈 AI에서 개발하여 공개한 대화형 인공지능 챗봇이다. 사용자가 질문에 답변은 물론이고 요청하는 경우 논문작성, 소설 글쓰기 등 다양한 분야의 업무가 가능하다. 방대한 데이터베이스에서 훈련하였고 사람들의 피드백을 통해서 강화학습을 하면서 자연스러운 대화가 가능하다. 의사면허시험, 로스쿨 시험도 통과하여 일자리에 영향을 주는 것이 아닌가에 대한 우려가 나오고 있다.

24 스윙 보터
Swing Voter

미결정 투표자, 언디사이디드 보터(Undecided Voter)라고 불렀지만 현재에는 마음이 변하는 유권자라는 의미로 플로팅 보터(Floating Voter), 스윙 보터(Swing Voter)라고 부른다. 기존 투표자들 정치인과 정당을 확고하게 지지하는 이들이 다수였으며, 반대 정당이 무슨 말을 해도 마음을 바꾸지 않았다. 하지만 스윙 보터는 투표할 경우 어느 한 정당이나 정치인을 정하고 투표하는 것이 아니라 정치 상황과 이슈, 관심 있는 정책 등에 따라 선택을 다르게 하는 유권자들이다. 따라서 투표결과 발표 전에는 스윙 보터의 선택을 예측할 수 없기 때문에 정치인들은 이들의 표를 얻기 위한 노력을 한다.

25 언택트 마케팅
Untact Marketing

접촉(Contact)을 뜻하는 콘택트에 언(Un)이 붙어 접촉하지 않는다는 의미로, 사람과의 접촉을 최소화하는 등 비대면 형태로 정보를 제공하는 마케팅을 말한다. 즉, 키오스크 · VR(가상현실), 쇼핑 · 챗 봇 등 첨단기술을 활용해 판매 직원이 소비자와 직접적으로 대면하지 않고 상품이나 서비스를 제공하는 것이다.

26 **외교 행낭**

본국과 재외공관 사이에 문서 및 공용물품을 주고받기 위해 사용되는 문서 발송 가방으로, 외교관계에 관한 비엔나협약 제27조로 국제법상 각국의 권리로 인정되었다. 최근에는 우리 정부가 인도 현지 한인회의 요청에 따라 산소발생기대를 외교 행낭으로 보낸 바 있다.

27 **플레비사이트**
Plebiscite

헌법 규정에 관계없이 중대한 정치문제를 결정할 때 국민이 국가의 의사결정에 참여하는 제도로 일종의 국민투표를 말한다.

28 **인스피리언스**
Insperience

집안(Indoor)과 경험(Experience)을 뜻하는 말로, 외부의 경험을 집 안으로 들여와 삶을 영위하는 사람들을 일컫는다. 이들은 개인생활 공간을 다양하게 꾸며 자신만의 삶을 즐기는 것을 목적으로 한다.

29 **인포데믹**
Insperience

정보(Information)와 전염병(Epidemic)의 합성어로 인터넷의 다양한 미디어와 매체들을 통해 잘못된 정보들이 급속하게 퍼져나가는 것이 마치 전염병 같다고 해서 생겨난 용어이다. 공식적인 매체뿐만 아니라 전화나 메시지, SNS 등을 통해 정확하지 않은 정보들이 무분별하게 퍼져나가 가짜 뉴스를 생성하고 시장의 혼란을 야기하기 때문에 나라 전체의 위기를 초래할 수 있다. 여과되지 않은 가짜 정보에 휩쓸리지 않기 위해서는 공식 기관을 통한 보도 자료와 문제의식에 대해 다양한 시선으로 바라볼 수 있는 눈을 가져야 한다.

30 **재핑 효과**
Zapping Effect

재핑(Zapping)이란 방송 프로그램 시작 전후에 노출되는 광고를 피하기 위해 채널을 돌리는 행위를 말한다. 재핑 시 의도하지 않은 방송을 보게 되지만, 호기심에서 그 채널에 머물러 장기간 시청으로 연결되는 경우를 재핑 효과라 한다. 지상파 방송 채널과 채널 사이에 홈쇼핑 채널을 넣어 자연스럽게 시청을 유도하는 행위가 이러한 경우이다.

31 **죄수의 딜레마**

2명 이상의 공범을 분리하여 경찰관이 취조할 경우 범인이 자백하지도 끝까지 범행을 부인하지도 못하는 심리적 모순 상태를 말한다. 피의자 대부분은 심리적인 갈등상태에서 자백하는 경우가 많은데 이는 각 개인이 자신의 이득만을 생각하고 의사결정을 내릴 때, 사회 전체에 손실을 야기할 수 있다는 것을 설명하는 예가 된다.

32 **죄악세**
Sin Tax

주류, 담배, 도박 등 사회에 부정적인 영향을 끼치는 것들로 소비를 억제할 필요가 있는 품목에 과세하는 세금이다. 죄악세의 목적은 담배, 주류 등이 소비되면서 발생하는 여러 문제들(담배 소비로 인한 간접흡연, 주류 소비로 인한 음주운전, 음주폭력 등)을 처리하는 과정에서 사회적 비용을 줄이고, 국민의 복지와 건강을 증진시키기 위함이다. 죄악세의 대표적인 항목 은 담배, 주류로 소비자 지불 금액 중 세금이 60 ~ 70% 차지한다. 특히, 담배는 교육세, 소비세, 국민건강증진기금, 부가가치세, 폐기물부담금 여러 가지 부담금을 포함한다.

33 버그바운티

다른 사람의 시스템에 불법으로 침입하여 피해를 주는 블랙 해커에게 해킹당할시 입는 손해를 방지하기 위한 기업들의 자발적인 보안 개선책으로, 화이트 해커가 새로운 보안 취약점을 발견하면 기업은 이를 개선시켜 보안에 보다 적극적으로 노력한다.

34 NFT

블록체인 기술을 통해 디지털 콘텐츠에 별도의 인식값을 부여한 토큰이다. 비트코인과 같은 가상자산과 달리 인터넷에서 영상·그림·음악·게임 등의 기존자산을 복제가 불가능한 창작물에 고유한 인식값을 부여하여 디지털 토큰화 하는 수단이다. 블록체인 기술을 기반으로 하여 관련 정보는 블록체인에 저장되면서 위조가 불가능하다. 가상자산에 희소성과 유일성과 같은 가치를 부여하는 신종 디지털 자산이다. 슈퍼레어, 오픈씨, 니프티 게이트웨이 등 글로벌 플랫폼에서 거래되며 최근 디지털 그림이나 영상물 등의 영향력이 높아지고 있다.

35 치킨게임

경쟁을 할 때 어느 한 쪽이 양보하지 않을 경우 상대가 무너질 때까지 출혈 경쟁을 해서 결국 양쪽 모두 파국으로 치닫게 되는 극단적인 게임이론이다. 1950년대 미국 젊은이들 사이에서 유행하던 자동차 게임의 이름이 치킨게임이며, 한밤중에 도로에서 마주보고 두 명의 경쟁자가 자신의 차를 몰고 각각 정면으로 돌진하다가 충돌 직전에 핸들을 꺾는 사람이 지는 경기로 어느 한 쪽도 핸들을 꺾지 않으면 모두 승자가 되지만 결국 충돌해 양쪽 모두 파멸하게 된다. 이때 핸들을 꺾는 사람이 치킨으로 몰려 명예롭지 못한 사람의 취급을 받는다. 이 용어는 1950 ~ 1970년대 미국과 구소련 사이의 극심한 군비경쟁에 대해 비판하면서 차용되었다.

36 팃포탯
Tit for Tat

'상대가 가볍게 치면 나도 가볍게 친다.'라는 뜻으로 팃포탯 전략은 '눈에는 눈, 이'에는 이처럼 상대가 자신에게 한 대로 갚는 맞대응 전략을 말한다. 게임이론의 반복되는 죄수의 딜레마 상황에서 가장 강력한 전략으로 밝혀진 전략이다. 첫 번째 시행에서는 일단 협력하고 두 번째 시행부터는 상대의 선택을 그대로 따라 한다. 상대가 협력하면 마찬가지로 협력하고 상대가 배반하면 마찬가지로 배반하는 것이다.

37 팝콘브레인
Popcorn Brain

미국 워싱턴대학교 정보대학원 교수가 만든 용어로, 디지털기기가 발달하면서 크고 강력한 자극에만 마치 팝콘이 터지듯이 뇌가 반응하는 현상을 '팝콘브레인(Popcorn Brain)'이라 한다. 스마트폰과 같은 전자기기의 지나친 사용으로 뇌에 큰 자극이 지속적으로 가해지면서 단순하고 잔잔한 일상생활에는 흥미를 잃게 되는 것이다. 딱히 확인 할 것이 없음에도 스마트폰 화면을 켠다거나, 스마트폰을 하느라 할 일을 뒤로 미루는 것도 팝콘브레인의 증상이다.

38 패닉 바잉
Panic Buying

현재의 가격에 상관없이 가격 상승과 물량 소진에 대한 불안으로 생필품 또는 주식이나 부동산 등을 사들이는 것을 말한다. 시장의 심리적인 불안으로 가격의 높고 낮음과는 관련 없이 물량 확보하는 것은 거래량이 늘어나면서 가격은 급상승하게 되는 부작용을 만든다.

39	**6차 산업**	유·무형의 자원(1차) × 제조·가공(2차) × 서비스업(3차)인 6차 산업은 종합산업화를 지향하는 것이다. 융·복합을 통하여 새로운 부가가치와 지역 일자리를 창출하여 지역경제 활성화를 촉진하기 위한 활동을 의미한다. 농촌 지역주민의 주도로 지역의 자원을 활용하며 2·3차 산업과 연계하여 창출해낸 부가가치·일자리를 농업·농촌에 환원하는 것이다.
40	**시멘틱 웹**	사람이 직접 구동하여 정보를 찾는 웹이 아닌 컴퓨터가 이해할 수 있는 웹으로 기계끼리 소통이 가능한 지능형 웹을 의미한다. 자연어 위주로 된 웹 문서와 달리 컴퓨터가 이해할 수 있는 형태의 언어로 구성되어서 기계들 간의 정보교류로 필요한 일을 처리할 수 있다. RDF 기반의 온톨로지 기술과 국제표준화기구(ISO) 중심의 토픽 맵, 에이전트 기술, OWL, 마이크로 포맷 등이 있다.
41	**농르풀망의 원칙**	망명자를 박해가 우려되는 국가로 송환을 금지해야 한다는 것으로 강제송환금지의 원칙이다. 1954년에 발효된 난민의 지위에 관한 조약에 규정되어 있다. 우리나라는 이 원칙을 근거로 탈북자를 난민으로 간주하여 보호하고 있다.
42	**실재감 테크**	가상공간을 창조하고 다양한 감각 자극을 제공, 인간의 존재감과 인지능력을 강화시켜 생활 스펙트럼을 확장하는 기술이다. 즉 감각과 시공간의 간극을 허무는 기술이다.
43	**플랫폼 노동**	앱이나 소셜네트워크 서비스(SNS) 등의 디지털 플랫폼에 소속되어 일하는 것을 말한다. 즉, 고객이 플랫폼에 서비스를 요청하면 이 정보를 노동 제공자가 보고 고객에게 서비스를 한다. 플랫폼 노동은 노무 제공자가 사용자에게 종속된 노동자가 아닌 자영업자이므로 특수고용노동자와 유사하다는 이유로 '디지털 특고'로도 불린다. 예컨대 배달대행앱, 대리운전앱, 우버 택시 등이 이에 속한다.
44	**데스크테리어**	책상(Desk)과 인테리어(Interior)의 합성어로, 책상을 정리정돈하고 주변 업무 환경을 꾸미는 것을 말한다. 감정노동의 스트레스를 해소하고 심리적 안정을 느끼고자 직장인들 사이에서 열풍이 불기도 했다.
45	**공허노동**	스웨덴의 사회학자 롤란드 폴센이 최초로 정의한 개념이다. 근무시간 중에 딴 짓을 하는 것으로, 인터넷 쇼핑몰을 서핑하거나 SNS를 하는 등 업무와 무관한 일을 하는 행위를 뜻한다.
46	**파운드리**	팹리스 업체가 설계한 반도체를 전담하여 제조하는 생산 전문 기업이다. 반도체 기업은 크게 IDM, 팹리스, 파운드리, OSAT 네 가지로 구분할 수 있다. IDM은 설계부터 최종 완제품까지 자체적으로 수행하는 기업이며 팹리스는 반도체 설계만을 전담한다. OSAT는 파운드리가 생산한 반도체의 패키징 및 검사를 수행한다. IDM 중 일부는 자사 외에 다른 기업의 반도체를 생산하는 파운드리 기능을 함께 수행하기도 하는데, 우리나라에서는 삼성전자, SK하이닉스 등이 IDM이면서 파운드리 기능을 수행하고 있다.

47 모라토리엄
Moratorium

전쟁·천재(天災)·공황 등으로 경제가 혼란되어 채무이행에 어려움이 생길 때 국가의 공권력에 의해 일정 기간 채무의 이행을 연기 또는 유예하는 것을 뜻한다. 이는 일시적으로 안정을 도모하기 위한 채무국의 응급조치로서, 채무의 추심이 강행되면 기업도산의 수습을 할 수 없게 되는 우려에서 발동한다. 모라토리엄을 선언하면 국가신인도가 직강하게 되고 은행 등 금융업체들의 신용도가 사실상 제로상태에 빠지므로 대외경상거래가 마비된다. 이에 따라 수출이 힘들어지고 물가가 상승하며 화폐가치가 급락한다. 대규모 실업사태와 구조조정의 고통이 장기화되며, 외채사용이 엄격히 통제된다.

48 레이더스

기업약탈자 또는 사냥꾼을 뜻한다. 자신이 매입한 주식을 배경으로 회사경영에 압력을 넣어 기존 경영진을 교란시키고 매입주식을 비싼 값에 되파는 등 부당이득을 취하는 집단이다. 즉, 여러 기업을 대상으로 적대적 M&A를 되풀이하는 경우를 말한다.

49 공유경제

개인 소유를 기본 개념으로 하는 전통 경제와 대비되는 개념으로 공유경제는 소유자들이 많이 이용하지 않는 물건으로부터 수익을 창출할 수 있으며, 대여하는 사람은 물건을 직접 구매하거나 전통적인 서비스 업체를 이용할 때보다 적은 비용으로 서비스를 이용할 수 있다는 장점이 있다. 그러나 공유 서비스를 이용하다가 사고가 났을 경우, 보험을 비롯한 법적 책임에 대한 규정이 명확하지 않는 등 이를 규제할 수 있는 법안이나 제도가 마땅치 않다는 문제점을 가진다.

50 디폴트
Default

채무자가 공사채나 은행 융자, 외채 등의 원리금 상환 만기일에 지불 채무를 이행할 수 없는 상태를 말한다. 채무자가 민간 기업인 경우에는 경영 부진이나 도산 따위가 원인이 될 수 있으며, 채무자가 국가인 경우에는 전쟁, 혁명, 내란, 외화 준비의 고갈에 의한 지급 불능 따위가 그 원인이 된다.

51 골든크로스

주가나 거래량의 단기 이동평균선이 중장기 이동평균선을 아래에서 위로 돌파해 올라가는 현상을 말한다. 이는 강력한 강세장으로 전환함을 나타내는 신호로 받아들여진다. 이동평균선이란 특정 기간 동안의 주가의 평균치를 이어놓은 선을 말한다. 일반적으로 증권시장에서는 골든크로스 출현을 향후 장세의 상승 신호로 해석한다. 또 골든크로스 발생 시 거래량이 많을수록 강세장으로의 전환 가능성이 높다는 의미를 지닌다.

52 애버취–존슨 효과

수익률 규제에서 이윤극대화를 추구하는 기업이 규제가 없을 경우와 비교하여 자본은 과다하게 투입하고 노동은 과소하게 사용하는 것을 의미한다. 경영자는 높은 회계적 이윤을 실현시켰을 때 능력 있는 경영자로 인정받을 수 있기 때문에, 회계적 이윤을 증가시킬 동기가 존재한다. 수익률 규제를 할 때에 회계적 이윤이 자본 투입량과 연계되어 있으므로 생산과정에서 더 많은 자본을 투입하면 보다 높은 회계적 이윤을 실현할 수 있기 때문이다.

53 B2B · B2C

B2B는 Business to Business(기업 對 기업)의 줄임말로 기업과 기업이 전자 상거래를 하는 관계를 의미하며, 인터넷 공간을 통해 기업이 원자재나 부품을 다른 기업으로부터 구입하는 것이 대표적이다. 일반 소비자와는 큰 상관이 없지만 거래규모가 엄청나서 앞으로 전자상거래를 주도할 것으로 보인다. B2C는 Business to Consumer의 줄임말로 기업이 개인을 상대로 인터넷상에서 일상 용품을 판매하는 것이 대표적이다. 현재 인터넷에서 운영되고 있는 전자상거래 웹사이트의 대부분이 B2C를 겨냥하고 있다. 이밖에도 전자상거래의 유형 중에는 C2B, C2C도 있으나 차지하는 비중은 미미한 편이다.

54 나노 경영

맥이트(McIT) 이론에 기초하여 지속적 고용 유지와 부가가치 창출을 동시에 성취한다는 경영이론이다. 맥이트(Mcit)란 경영(Management), 문화(Culture), 정보기술(Information Technology)의 앞 글자를 딴 것이다. 나노는 10억 분의 1을 의미하는 것으로 나노기술은 원자와 분자를 직접 조작하고 재배열하여 기존에 존재하지 않던 신물질을 개발하는 기술이다. 나노기술처럼, 나노 경영은 기업이 수행하는 아주 작은 세부 활동들을 분석하여, 이를 보다 큰 차원에서 결합·응용하여 보다 효율적으로 기업을 경영하는 것을 의미한다. 창조·지식 경영과 함께 주 30시간의 업무활동과 10시간의 학습활동을 목표로 한 스피드 경영 및 시간 관리가 그 핵심이다.

55 종업원지주제도
從業員持株制度

회사가 종업원에게 자사주의 보유를 권장하는 제도로서 회사로서는 안정주주를 늘리게 되고 종업원의 저축을 회사의 자금원으로 할 수 있다. 종업원도 매월의 급여 등 일정액을 자금화하여 소액으로 자사주를 보유할 수 있고 회사의 실적과 경영 전반에 대한 의식이 높아지게된다.

56 케슬러 증후군

1978년 미국항공우주국(NASA)의 과학자 도널드 케슬러가 논문을 통해 제시한 내용으로 수명이 다하거나 고장이 난 인공위성이 궤도에 그대로 머물러 있어 우주 내의 인공위성과 충돌하고 다른 행성을 위협하여 연쇄폭발이 일어나 우주 쓰레기를 발생시키는 현상을 말한다.

57 하얀코끼리

올림픽과 같은 대형 행사를 치르기 위한 천문학적인 건설을 말한다. 행사 이후에는 마땅한 활용방안을 찾지 못해 막대한 유지비용만 들어가는 시설물이 많은데 이를 하얀 코끼리라 부른다. 즉, 관리하기도 처분하기도 어려운 애물단지를 일컫는다.

58 화이트아웃

눈이 많이 내린 뒤에 눈 표면에 안개가 생겨 주의의 모든 것들이 하얗게 보이는 현상이다. 겨울철 자주 발생하여 주변을 구분하기 어려워지는 것을 말한다. 백시 또는 시야상실이라고 하여 산을 등반할 때 원근감과 공간감이 없어져 행동 장애를 초래한다.

59	**옐로우존**	어린이 횡단보도 사고예방을 위해 국제아동인권센터가 고안한 교통안전시설이다. 옐로카펫은 횡단보도 앞바닥과 대기 공간 벽면에 펼쳐져, 어린이는 안전한 곳에서 신호를 기다리고 운전자는 보행하는 어린이를 잘 볼 수 있는 장점을 가진다. 더불어 옐로카펫은 동네의 주민과 어린이들이 함께 만들기 때문에 더 의미가 있다.
60	**번아웃 신드롬**	연료 소진, 심신 소모, 신경쇠약, 마약에 의한 폐인 등을 뜻한다. 자신의 일과 삶에 보람을 느끼고 충실감에 넘쳐 열심히 일해 오던 사람이 갑자기 어떤 이유에서 돌연 슬럼프에 빠지게 되고 신체적, 정서적인 극도의 피로감으로 인해 무기력증, 자기혐오 등 마치 연료가 다 타버린(Burn)것처럼 일할 의욕을 잃고 직장에 적응할 수 없게(Out) 되는 현상을 나타낸다. 이러한 번아웃 현상은 외부의 압력에 의한 것이라기보다 내면적인 타락(정신력의 소진)으로 오는 경우가 대부분으로 그 중에서도 일밖에 모르는 사람(워커홀릭), 혹은 업무에 대한 강박관념에 시달리는 사람들이 겪게 된다고 한다.
61	**제노포비아**	이방인이라는 뜻의 '제노(Xeno)'와 싫어하다, 기피하다는 뜻의 '포비아(Phobia)'를 합쳐 만든 말이다. 이는 외국인 혐오증으로 상대방이 악의가 없어도 자기와 다르다는 이유로 일단 경계하는 심리 상태를 나타낸다. 경기 침체 속에서 증가한 내국인의 실업률 증가 등 사회문제의 원인을 외국인에게 전가시키거나 특히 외국인과 관련한 강력 범죄가 알려지면서 이런 현상이 더욱 심화되기도 한다.
62	**FOMO**	FOMO는 세상의 흐름에 자신만 제외되고 있다는 공포를 나타내는 일종의 고립 공포감이다. 이는 소셜미디어 사용자들이 다른 사람들과 네트워킹을 하지 못하는 경우에 심리적으로 불안해하는 증상을 가지며 소셜미디어에 대한 과도한 집착과 의존으로 고립공포감이 심화될 수 있다.
63	**JOMO**	자신과 밀접하게 연결되어있는 관계들 을 잠시 중단하고 자신에게 유익한 경험 자체를 즐기는 자발적 고립을 지칭한다. 최근 SNS가 일상화되면서 타인의 일상과 자신의 게시물에 집중하며 실시간으로 타인의 반응을 살피는 것에 대한 피로감이 높아지고 있다. 따라서 자발적으로 SNS, 인터넷 등을 끊고 스스로에게 집중 할 수 있는 여행이나 취미생활에 몰두하는 사람들이 늘어나고 있다.
64	**이안류**	해류가 바다 쪽으로 빠져나가는 현상이다. 일반적으로 파도가 해안으로 밀려올 때, 파도의 질량 수송 작용의 결과로 먼 바다의 해수가 해변에 퇴적하여, 이것이 해변의 어느 장소에 모였다가 먼 바다 쪽으로 되돌아가는 흐름이 된다. 이 흐름이 이안류이며, 유속이 빠른 데서는 초속 약 2m나 된다.
65	**극한호우**	1시간 누적 강수량이 50mm 이상이거나 3시간 누적 강수량이 90mm 이상이 한꺼번에 관측되는 때를 이른다. 하지만 1시간 누적 강수량이 72mm를 넘을 때에는 즉시 극한호우가 된다. 매우 강한 비의 2배가 넘는 강수량을 의미한다.

66 제트기류

대류권 상부의 좁은 영역에 집중된 강하고 빠른 편서풍이다. 보통 위도 30 ~ 40도 사이 중 위도 지방의 상공에서 분다. 제트 기류는 지표면 위 11km 근처의 대기권에서 발견되는데, 서쪽에서 동쪽으로 똑바로가 아닌 남북 방향으로 굽이치며 불고 그 파장은 3천 ~ 6천 km 정도이다. 비행기의 항로로 많이 이용되며, 방향성 때문에 우리나라에서 유럽으로 갈 때보다 유럽에서 우리나라로 돌아올 때 제트기류를 이용하면 비행시간이 1 ~ 2시간 정도 단축된다.

67 사상의학

1894년 이제마가 동의수세보원(東醫壽世保元)에서 처음으로 창안해 발표한 체질의학이다. 본래 사상이라는 어휘는 「주역」 나온 말로 태양(太陽) · 태음(太陰) · 소양(少陽) · 소음(少陰) 으로 분류되며, 체질에 따라 태양인 · 태음인 · 소양인 · 소음인으로 구분한다. 각기 체질에 따라 성격, 심리상태, 내장의 기능과 이에 따른 병리 · 생리 · 약리 · 양생법과 음식의 성분에 이르기까지 분류하는데, 이를 사상의학 또는 사상체질의학이라고 한다.

68 그로서란트

마트에서 구입한 식재료를 마트에서 바로 조리해 먹을 수 있는 복합공간이다. 그로서란트는 식재료를 뜻하는 '그로서리(Grocer y)'와 '레스토랑(Restaurant)'이 합쳐진 신조어다. 장보기와 식사를 한 번에 해결할 수 있으며, 자신이 구입한 식재료에 일부 조리비만 내면 즉석에서 바로 조리한 요리를 먹을 수 있어 편리하다.

69 다크투어리즘

전쟁 · 학살 등 비극적 역사의 현장이나 엄청난 재난과 재해가 일어났던 곳을 돌아보며 교훈을 얻는 여행이다. 블랙 투어리즘(Black Tourism) 또는 그리프 투어리즘(GriefTourism)이라고도 불린다. 국립국어원에서는 '역사교훈여행'으로 우리말 다듬기를 하였다. 한국의 대표적 다크 투어리즘 장소는 제주 4 · 3평화공원, 국립5 · 18민주묘지, 거제포로수용소, 서대문형무소 역사관 등이 있다.

70 스마드족

여러 가지 정보를 조합하여 현명하게 물품을 구입하는 '스마트족'과 시간과 장소에 구애받지 않고 새로운 곳으로 옮겨다니는 '노마드족'이 결합된 합성어이다. 각종 디지털 기기를 활용하여 정보를 신속하게 얻고, 얻은 정보를 분석하여 현명하게 구매하는 소비자를 일컫는다. 이들은 첨단기술이 접목되어 편리하고 실용적인 기능성 제품을 선호한다.

71 알츠하이머병
Alzheimer Disease

나이가 들면서 정신 기능이 점점 쇠퇴하여 일으키는 노인성 치매이다. 독일의 신경과 의사 올로이스 알츠하이머의 이름을 따서 명명한 신경질환이다. 신경세포가 손상되면서 발생하는 뇌질환으로 기억력, 인지기능 등이 점진적으로 악화가 진행되는 병이다. 미국 FDA에서는 일본 제약회사 에자이가 미국의 바이오젠에서 함께 개발한 알츠하이머병 치료제 레켐비(Leqembi) 사용을 승인하였다. 레카네맙 성분의 레켐비는 치매 원인 물질 중에 하나인 뇌 단백질 베타 아밀로이드를 제거하는 것이다. 레켐비의 임상실험 결과 5개월가량 인지능력 감소가 천천히 진행되었다.

72 유전자 가위

DNA 절단기능을 가지고 있는 도구이다. 이중 가닥으로 이루어진 DNA의 특정부위를 절단하는 분자생물학적 도구이다. 유전자 편집과 교정에 적용된다. 절단된 DNA를 수선하면서 유전적 변이가 나타난다.

73 LMO

유전자 가위와 같은 바이오 신기술을 사용하여 만든 생식과 번식이 가능한 유전자 변형 생물체이다. 생산량 증대나 새로운 부가가치 창출, 가공 상의 편의 등을 위하여 유전공학기술을 이용해 육종방법으로는 나타날 수 없는 유전자를 지니도록 개발된 유기물이다. 「유전자 변형 생물체 국가 간 이동 등에 관한 법률」상의 정의에서는 유전자 변형 생물체란 다음 각 목의 현대생명공학기술을 이용하여 얻어진 새롭게 조합된 유전물질을 포함하고 있는 생물체를 말한다. 농산물 종자나 미생물 농약 등 LMO의 영역이 확대됨에 따라 LMO 안전성 논란도 높아지고 있다. 국제기구와 선진국 정부기관, 민간단체 등에서는 이와 관련된 정보를 수집·분석하여 소비자들에게 공개하고 있으며, 세계 각국은 LMO의 국가 간 이동에 관련된 법률을 제정하여 관리하고 있다.

74 프레퍼

세상을 멸망시킬 재난이나 사고가 곧 닥칠지 모른다고 생각하며 그 위기를 대비해 생존 준비를 하는 사람을 가리킨다. 미국, 영국에서 종말론의 확산과 함께 경제대공황이 전개되면서 1929년을 전후로 처음 등장하기 시작했다. 미·소 냉전 시기였던 1950~60년대다. 당시 핵전쟁의 발발 위기가 고조되면서 사람들이 각 종 대피시설을 짓고 식량을 비축해 두었다.

75 고령화 사회
高齡化 社會

노령인구의 비율이 현저히 높아져 가는 사회를 말한다. 인구의 고령화 요인은 출생률과 사망률의 저하에 있다. 사회가 발전함에 따라 선진국에서는 평균수명이 연장돼 장수하는 노령인구가 늘고 있어 고령에 따르는 질병·고독·빈곤 등의 사회경제적 대책이 시급한 상황에 이르고 있다. 고령에 대한 정의는 일정치 않은데, 우리나라의 경우 「고령자고용법 시행령」에서 55세 이상을 고령자, 50 ~ 55세 미만을 준고령자로 규정하고 있다. 우리나라는 2000년부터 노인인구가 7%를 넘으면서 고령화 사회가 되었다. 2025년에는 노인인구가 70%가 넘어가면서 초고령화 사회로 진입될 것으로 예상되고 있다.

76 과태료
過怠料

법률질서에 대한 위반이기는 하지만 형벌을 가할 만큼 중대한 일반 사회법익의 침해가 아니라고 인정되는 경우에 부과하는 현행 질서상의 질서벌을 말한다. 예를 들면 출생신고를 하지 않아서 「가족관계의 등록 등에 관한 법률」을 위반하였을 경우 해당 관청에 물게 되는 돈 따위를 말한다. 즉, 과태료는 행정법상 법령위반자에 대한 금전적인 벌로서 형(刑)은 아니다.

77 RE100

기업에서 사용하고 있는 모든 전력을 2050년까지 오직 재생에너지로만 사용하겠다는 국제캠페인이다.

78 LFP 배터리

양극재, 음극재, 전해막, 분리막으로 구성된 리튬이온 배터리이다. LFP 배터리는 양극재롤리튬 인산철을 사용한 것이다. 배터리이다. NCM배터리보다 저렴한 가격과 높은 안정성이 있다.

79

헌법

헌법은 국가의 통치조직과 통치의 기본원리 그리고 국민의 기본권을 보장하는 법이다. 형식적 의미의 헌법은 성문헌법으로서 규정되어 있는 내용과 관계없이 헌법이라는 이름을 가진 규범을 말하며, 영국과 같은 불문헌법 국가에서는 형식적 의미의 헌법이 존재하지 않는다. 우리나라는 성문헌법·민정헌법·경성헌법으로서 국민주권주의, 자유민주주의, 복지국가의 원리, 국제평화주의, 조국의 평화적 통일의 지향 등을 기본으로 한다.

① 헌법의 개정절차

절차	내용
제안	대통령 : 국무회의의 심의, 국회의원 : 재적 과반수
공고	대통령이 공고, 20일 이상
국회의결	공고된 날로부터 60일 이내, 재적의원 3분의 2 이상 찬성
국민투표	국민투표로 확정, 국회의원 선거권자 과반수의 투표와 투표자 과반수의 찬성, 국회의결 후 30일 이내
공포	대통령의 공포, 즉시 공포(거부권 없음)

② 헌법의 개정과정

시기	주요 내용	공화국
제1차(1952)	대통령직선제, 국회양원제	제1공화국 (대통령제)
제2차(1954)	초대대통령 중임제한 철폐, 국민투표제 채택	
제3차(1960)	내각책임제, 대법원장·대법관선거제	제2공화국 (의원내각제)
제4차(1960)	반민주행위자·부정축재자·부정선거관련자 처벌을 위한 소급입법의 근거인 헌법 부칙 마련	
제5차(1962)	대통령제, 단원제, 법원에 위헌법률심사권 부여	제3공화국 (대통령제)
제6차(1969)	대통령 3선 취임 허용, 대통령 탄핵소추요건 강화	
제7차(1972)	통일주체국민회의 신설, 대통령 권한 강화, 국회 권한 조정, 헌법 개정 절차 이원화	제4공화국 (유신헌법)
제8차(1980)	대통령 간선제, 단임제(7년), 구속적부심 부활, 연좌제 금지, 국정조정권 부여, 헌법 개정 절차 일원화	제5공화국 (대통령제)
제9차(1987)	대통령 직선제, 단임제(5년), 국정조사권 부활로 국회 권한 강화, 비상조치권 국회해산권 폐지로 대통령 권한 조정	제6공화국 (대통령제)

80

헌법재판소
(憲法裁判所)

헌법에 관한 분쟁 또는 의의(疑義)를 사법적으로 풀어나가는 재판소로, 1960년 제2공화국 헌법에 헌법재판소 설치가 규정되었으나 무산되고, 1987년 10월 말 공포된 개정 헌법에서 헌법위원회가 헌법재판소로 바뀌어 1988년 최초로 구성되었다. 헌법재판소는 대통령·국회·대법원장이 각각 3명의 위원을 선임해 9인의 재판관으로 구성되고 대통령이 국회의 동의를 얻어 재판관 중에서 위원장을 임명한다. 헌법재판소는 법원의 제청에 의한 법률의 위헌여부 심판, 탄핵의 심판, 정당의 해산 심판, 국가기관 상호 간과 국가기관과 지방자치단체 간 및 지방자치단체 상호 간의 권한쟁의에 관한 심판, 법률이 정하는 헌법소원에 관한 심판을 담당한다.

02 경제·금융상식

CHAPTER

경제 # 금융 # 상식 # 용어

1 **공매도**
空賣渡

보유하고 있는 주식이 없지만 주식을 매도하는 것이다. 주가의 하락을 예상하는 종목의 주식을 빌려서 매도한 후, 주가가 실제로 떨어지게 되면 싼 값에 다시 사서 빌린 주식을 갚음으로써, 차익을 얻을 수 있는 매매 기법을 말한다. 이 전략은 초단기에 매매차익을 노릴 때 주로 사용되며, 하락장에서 수익을 낼 시 주로 사용한다.

2 **신파일러**
Thin Filer

금융이력 부족자를 의미한다. 개인신용을 평가할 금융정보가 부족하여 금융거래에서 소외되는 계층을 의미한다. 금융 이력이 부족하다는 이유로 대출과 신용카드 발급에 제재를 받은 계층이다. 소득과 상환능력이 있더라고 신용점수에 불리하게 작용하는 것이다.

3 **국채**
國債

정부가 공공목적에 필요한 자금을 확보하기 위해 발행하는 채권이다. 당해 연도 세입으로 갚기 위한 단기국채와 당해 연도 이후의 세입으로 상환하는 장기국채가 있다. 정부가 원리금 지급을 보장하므로 기업들이 발행하는 회사채에 비해 안전성이 높다는 장점이 있다. 우리나라의 경우 국고채권(국고채), 외국환평형기금채권(외평채), 국민주택채권 등 3종류가 있다.

4 **국부펀드**
Sovereign
Wealth Fund : SWF

외환보유액 중 일부를 전 세계의 부동산이나 주식, 부실채권 등의 수익성 높은 자산에 투자한 자금으로, 정부에 의해 직접적으로 소유되는 기관이다. 대부분의 국부펀드는 외환보유고에서 기원했으며, 외환보유고는 금으로만 구성되어 있었으나, 브레튼우즈체제 아래에서 미국은 달러를 금에 고정시켰고, 태환을 허용했다. 나중에 미국은 이를 포기하면서 달러는 불환지폐로서 안정적이었고, 일반적인 준비통화로 남았다. 1990년대 초반과 2000년대 후반, 중앙은행은 여러 나라의 통화로 막대한 자산을 보유하게 되었고, 그 규모가 국채채권 및 주식시장의 규모보다 커지면서 각국의 정부는 특수한 목적의 비전통적인 자산에 투자 하는 기관을 설립하기 시작했다. 국부펀드라는 용어가 생긴 것은 2005년경이며, 여러 나라가 국부펀드를 설립하면서 국부펀드라는 용어의 사용이 늘어나게 되었고, 우리나라도 2005년 7월 외환보유액의 효율적인 관리를 위해 한국투자공사가 설립되었다.

5 **SWIFT**
Society for Worldwide
Interbank
Financial Telecommunications

1973년 5월 유럽과 북미의 금융회사에서 자금이동과 외국환거래 업무 등의 국제적인 데이터통신망을 위해서 만든 비영리기관이다. 국제은행간 금융데이터 통신협회를 의미한다.

6	**CBDC**	중앙은행 디지털화폐를 의미한다. 1985년 미국 예일대 교수 제임스 토빈이 제안한 것으로 현물 화폐 대신에 사용하자고 제안한 화폐이다. 중앙은행을 의미하는 'Central Bank'와 디지털 화폐가 합쳐진 용어로 중앙은행에서 발행한다. 비트코인과 같은 암호화폐와 달리 각국 중앙은행에서 발행하여 현금처럼 가치변동이 크지 않고 액면가가 정해져 있다. 블록체인으로 관리되어 위조의 위험이 적고 모든 금융거래가 기록에 남아 탈세나 자금세탁을 방지할 수 있다.

| 7 | **밴드왜건 효과**
Band-Wagon Effect | 유행에 따른 소비성향을 뜻하는 말로, 악대를 앞에 두고 사람들을 끌고 다니는 차량을 의미한다. 미국 서부 개척시대에 금광이 발견됐다는 소식을 들으면 많은 사람들이 밴드왜건을 따라 길을 나섰는데, 금광발견의 유무를 떠나서 사람들이 가니까 나도 따라갔다고 한다. 즉, 일종의 군중심리가 작용한 것이다. 정치에서 보자면, 소위 말하는 '대세론'으로 후보자가 일정수준 이상의 지지율을 얻으면 그 후보를 따라가게 되는데 이를 밴드왜건 효과라 한다. 또 어떤 소비재가 가격하락이 됐을 때 새로운 소비자가 이 소비재의 수요자로 등장해 수요량이 증가하게 되는데 이것도 밴드왜건 효과라 한다. 따라서 가격의 하락에 수반한 수요량의 증가는 가격효과의 부분과 밴드왜건 효과의 부분으로 나눌 수 있다. |

| 8 | **덤벨경제**
Dumbbell Economy | 건강과 체력관리에 대한 관심이 증가하면서 관련 시장이 급격히 성장하는 경제 현상이다. 워라밸(Work and Life Balance)의 열풍으로 삶의 질을 추구하는 풍조가 확산되면서 운동 외에도 보조 식품, 운동용품 등 건강에 대한 소비가 증가하고 있다. |

| 9 | **디맨드풀 인플레이션**
Demand Pull Inflation | 초과수요로 인하여 발생하는 인플레이션으로 '초과수요 인플레이션'이라고도 한다. 경기의 호황상태가 과열단계에 이르면 총수요가 총공급을 넘어서 수요에 대한 공급 부족이 발생하여 생기는 물가상승으로 인한 인플레이션이다. |

| 10 | **밸리 효과**
Valley Effect | 올림픽이나 월드컵 등 대규모 국제행사 개최를 위한 과도한 투자로 경기가 과열 되다 행사 이후 경기가 빠르게 침체하는 현상을 말한다. 밸리 효과는 올림픽 개최국가가 작을수록, 개최도시의 GDP점유비중이 클수록 높은 경향이 있는 것으로 알려져 있다. |

| 11 | **블록딜**
Block Deal | 거래소 시장 시작 전·후에 주식을 대량 보유한 매도자가 매도 물량을 인수할 매수자를 구해 시장에 영향을 미치지 않도록 지분을 넘기는 거래를 말한다. 블록 세일(Block Sale), 일괄매각이라고도 부른다. |

| 12 | **서킷 브레이커**
Circuit Breaker | 영어의 첫 글자를 따서 'CB'라고도 한다. 전기 회로에서 서킷 브레이커가 과열된 회로를 차단하는 장치를 말하는 것처럼 주식시장에서 주가가 갑자기 급락하는 경우 시장에 미치는 충격을 완화하기 위하여 주식매매를 일시 정지하는 제도이다. |

13 숏 커버링
Short Covering

주식시장에서 빌려서 매도했던 주식을 다시 매수하는 것을 의미한다. 주식의 가격이 떨어질 것으로 예상되는 주식을 빌려서 매도하는 공매도를 진행한 후, 주가가 떨어지면 낮은 가격으로 주식을 환매수하는 것이다. 매도했을 때보다 낮아 진 금액으로 주식을 매수하여 주식을 되갚을 때 일정 부분의 수익을 보는 것이다. 공매도의 손실을 만회하기 위한 환매수 물량을 숏 커버링으로 주가 상승을 예상할 수도 있다. 일반적으로 공매도는 개인은 진행하기 어렵고 외국인이나 기관에서 주로 진행하여 수익을 본다.

14 인플레이션
Inflation

상품거래량에 비해 통화량이 과잉으로 증가함으로써 물가가 오르고 화폐가치는 떨어지는 현상이다. 과잉투자 · 적자재정 · 과소생산 · 화폐남발 · 수출 초과 · 생산비 증가 · 유효수요의 확대 등이 그 원인이며, 기업이윤의 증가 · 수출 위축 · 자본 부족 · 실질임금의 감소 등의 결과가 온다. 타개책으로는 소비 억제, 저축 장려, 통화량 수축, 생산 증가, 투자 억제, 폭리 단속 등이 있다.

15 런치플레이션
Lunchflation

런치(lunch)와 인플레이션(inflation)의 합성어로 물가가 상승하면서 직장인들이 점심식사 지출비용이 증가한 것을 의미한다.

**16 스태그
플레이션**
Stagflation

침체를 의미하는 '스태그네이션(Stagnation)'과 물가상승을 의미하는 인플레이션(Inflation)을 합성한 용어로, 경제활동이 침체되고 있음에도 불구하고 지속적으로 물가가 상승되는 상태가 유지되는 저성장 · 고물가 상태를 의미한다.

17 스테이킹
Staking

'스테이킹'은 글자 그대로 지분(Stake)이라는 뜻으로, 보유한 암호화폐의 일정량을 지분으로서 고정하는 것이다. 암호화폐 보유자는 가격 등락에 관계없이 암호 화폐 지분을 보유할 수 있으며 예치한 기간 동안 일정 수준 수익을 얻는다. 즉, 보유 암호화폐 유동성을 묶어두고 그 대신에 블록체인 플랫폼 운영과 검증에 참여한 보상으로 해당 암호화폐를 받는 것이다.

18 양적완화

중앙은행이 통화를 시중에 직접 공급하는 것으로 기준금리가 제로에 근접하여 기준금리 인하만으로는 경기부양이 한계에 봉착했을 경우 주로 시행한다. 시중에 있는 채권이나 증권을 직접 사들이기 때문에 기준금리 조절을 통해 간접적으로 유동성을 조절하는 기존 방식과는 차이가 있다. 양적완화를 시행하게 되면 통화량 자체가 증가하기 때문에 기축통화의 유동성이 상승하고 이에 따라 부동산 경기회복, 실업률 하락, 소비지출 증가 등 경제회복의 효과가 있다. 즉, 자국의 통화가치를 하락시켜 수출경쟁력을 높이는 것이 주목적이라고 할 수 있다. 하지만 양적완화로 인해 통화의 가치하락이 발생하면 전세계적으로 인플레이션이 유발될 수 있으며 달러 약세로 인한 세계적인 환율전쟁의 위험도 안고 있다. 양적완화 정책을 점진적으로 축소하는 것을 테이퍼링(Tapering)이라고 한다.

19	**엔젤산업** Angel Industry	교육비, 장난감, 옷값, 용돈 등 유아부터 초등학교 어린이에게 지출하는 비용이 가계 총지출에서 차지하는 비율을 '엔젤 계수'라고 하는데 여기서 유래한 엔젤 산업은 0 ~ 14세의 영유아를 대상으로 한 산업을 말한다.
20	**역선택** Adverse Selection	정보력을 많이 가진 집단이 정보력 없는 집단에게 정보의 왜곡이나 오류를 줘서 이익을 취하는 선택의 여지를 많이 갖도록 하는 행위를 말한다. 거래 양 당사자 중 한쪽에만 정보가 주어진 경우, 정보가 없는 쪽의 입장에서는 옳지 않은 거래를 할 가능성이 높다는 것이다. 어느 한쪽만이 정보를 가지고 있기 때문에 발생하는 문제이며 결과적으로 정상 이상의 이득을 챙기거나 타인에게 정상 이상의 손해 또는 비용을 전가하는 행위를 가리킨다. 역선택은 보험시장, 노동시장, 금융시장, 중고자동차시장 등을 설명할 때 주로 이용된다.
21	**캐시카우** Cash Cow	시장 점유율이 높아 꾸준한 수익을 주지만 시장의 성장 가능성은 낮은 제품이나 산업을 말한다. 다시 말하자면 현재 수익 창출은 안정적이지만 미래 발전 가능성은 높지 않은 것이다.
22	**캐즘** Chasm	본래 지질학 용어로, 지층 사이에 큰 틈이나 협곡이 생긴 것을 말하는데 새로운 첨단기술이나 상품 출시 후 초기 시장과 주류 시장 사이에서 일시적으로 수요가 정체되거나 후퇴되어 단절이 일어나는 현상을 뜻한다.
23	**튤립버블** Tulip Bubble	17C초 네덜란드에서 튤립을 아주 비싼 가격에 거래하면서 시작되었다. 부자들은 튤립을 사치의 대상으로 여기며 더 신비하고 더 많은 튤립으로 정원을 꾸미기 시작했다. 이를 동경하던 일반인들도 튤립을 마구 사들이기 시작했고, 튤립의 가격은 천정부지로 올라가기 시작했다. 튤립 알뿌리 한 개 가격이 넓은 저택의 가격과 같아 졌을 때, 판매하고 싶어 하는 사람이 많아졌다. 자연스럽게 튤립 가격은 내려갔고, 튤립에 투기했던 많은 사람들은 파산하게 되었다. 이후, 튤립 버블은 정보기술(IT) 거품이나 부동산 거품 등이 부각될 때 거품의 역사적 선례로 많이 오르내리는 말로 등장했고, 최근에는 자산가격이 내재 가치에서 벗어나는 경제 거품을 가리킬 때도 사용되고 있다.
24	**풍선효과** Balloon Effect	풍선의 왼쪽 측면을 손으로 누르면 반대편인 오른쪽 측면이 튀어나오듯이 어떠한 현상의 문제점을 해결하거나 억제하면 다른 현상이나 문제가 새롭게 불거져 나오는 상황을 말한다. 미국 정부가 마약이 극심한 지역을 억제하기 위해 단속 정책을 벌이자 단속이 약한 지역에서 마약이 성행한 현상에서 나온 표현이다. 또 한 시장의 과열 양상, 불평등 고용계약 등 경제적으로 이상적이지 않은 현상을 해결하기 위해 정부가 나서서 법, 시행령, 제도 및 정책 등을 통해 수습에 나선 다고 하더라도, 인위적인 방법만으로는 시장에 존재하는 수요와 공급의 근본적인 법칙과 힘을 거스를 수 없다는 비판적인 의미로 사용된다.
25	**프로토콜 경제** Protocol Economy	독점과 중앙화를 벗어나기 위하여 여러 경제의 주체를 연결하는 새로운 형태의 경제 모델이다. 플랫폼 경제의 독점적인 비즈니스 환경과 플랫폼 경제의 문제점을 해결할 수 있는 방안으로 떠오르고 있다.

²⁶ **플랫폼 경제**
Platform Economy

사람과 물건이 오고가는 도시의 기본적인 인프라인 기차역 플랫폼을 4차 산업혁명 시대인 현재에 여러 산업에 걸쳐 꼭 필요한 빅데이터 · AI 등의 핵심적인 인프라를 갖춘 경제를 비유한 말이다. 플랫폼 경제는 기업이 제품과 서비스를 생산하고 공급하는 것이 아닌 플랫폼만을 제공하는 형태를 말한다. 정보를 가진 플랫폼(중개업자)가 주도하는 형태의 경제로 거래 시 당사자들은 플랫폼을 거칠 때마다 수수료를 지불해야 한다. 따라서 플랫폼 사업자의 이익이 더욱 늘어나는 구조를 가진다.

²⁷ **한계소비성향**

추가로 벌어들인 소득 중 소비되는 금액의 비율로, 1에서 한계저축성향을 차감한 값이다. 예를 들어 한계소비성향이 0.5라면 추가로 벌어들이는 100만 원의 수입 중 50만 원을 소비한다는 뜻이다. 소득 수준별로 한계소비성향이 다른 것은 정부의 재분배정책과 큰 관련이 있다. 소득이 높은 사람들에게 세금을 걷어서 소득이 낮은 사람들에게 재배분하면, 상대적으로 저소득층의 한계소비성향이 높기 때문에 경제 전체의 소비량은 증가하며, 이는 경기를 활성화시키는 효과가 있다.

²⁸ **디노미네이션**
Denomination

관리통화제하에서 화폐의 호칭단위를 낮추는 것을 말한다. 인플레이션에 의하여 팽창한 통화의 계산단위를 바꾸는 것으로, 엄밀한 의미에서는 평가절라 할 수 없다. 디노미네이션이 실시되는 경우는 다음과 같은 이유에서이다. 경제 규모가 커지거나 인플레이션으로 화폐가치가 과도하게 떨어지면 화폐로 표현하는 거래 단위 숫자가 너무 커져서 거래나 계산 · 기장(記帳) · 지급 등 경제생활에서의 불편이 심해지는데 이를 해소하기 위해 디노미네이션이 이뤄진다. 브라질과 아르헨티나 등 남미 국가들은 인플레이션 기대효과를 완화시키고 국민 경제생활의 정상화를 위해 디노미네이션을 여러 차례에 걸쳐 단행한 바 있다.

²⁹ **리디노미네이션**
Redenomination

디노미네이션을 다시 한다는 것으로, 한 나라의 화폐를 가치의 변동 없이 화폐, 채권, 주식 등의 액면을 동일한 비율의 낮은 숫자로 표현하거나, 새로운 통화단위로 화폐의 호칭을 변경하는 것으로, 우리나라에서는 1953년에 100원을 1환으로, 화폐개혁이 있었던 1962년에 10환을 1원으로 바꾼 일이 있으며, 2004년에 1,000원을 1원으로 바꾸는 안이 논의되기도 했다. 리디노미네이션을 실시할 경우에 거래편의 제고, 통화의 대외적 위상재고, 인플레이션 기대심리 억제, 지하자금의 양성화 촉진 가능성 등의 장점 등이 있으나, 새 화폐 제조와 컴퓨터시스템 · 자동판매기 · 장부 변경 등에 대한 큰 비용, 물가상승 우려, 불안심리 초래 가능성 등의 문제가 있다.

03 | 국방·군사 관련 상식 및 전문용어

국방 # 군사 # 직렬 #상식

CHAPTER

1 **CVID**

완전(Complete)하고, 검증가능(Verifiable), 불가역적인(Irreversible) 핵폐기 (Dismantlement)를 의미하는 말로, 미국 부시 대통령이 북핵문제에 대한 미국의 목표를 천명할 때 사용한 표현이다. 핵개발 프로그램을 복구 불가능한 상태로 만들어야 한다는 의미이다.

※ 비핵화 원칙

구분	특징
FFVD (Final, Fully Verified Denuclearization)	• 최종적이고 완전히 검증된 비핵화 • 2018년 7월 마이크 폼페이오 국무 장관의 3차 방북에 앞서 미국 국무부가 제시한 개념
CD (Complete Denuclearization)	• 완전한 비핵화 • 2018년 6월 12일 싱가포르에서 있었던 트럼프 대통령과 김정은 위원장 간의 북미정상회담에서 공동성 명에 명시된 개념
PVID (Permanet, Verifiable, Irreversible Peace)	• 완전하고 검증 가능하며 되돌릴 수 없는 핵 폐기 • 마이크 폼페이오 미 국무장관이 2018년 5월 취임 시 언급한 개념
CPD (Complete and Permanent Dismantlement)	• 완전하고 영구적인 폐기 • 북한 핵무기를 비롯하여 생화학무기와 탄도미사일을 완전하고 영구적으로 폐기한다는 의미
CVID (Complete, Verifiable, Irreversible Dismantlement)	• 완전하고 검증가능하며 되돌릴 수 없는 핵 폐기 • 조지 부시 행정 1기에 북한 핵문제를 해결하고자 수립된 원칙
CVIG (Complete, Verifiable, Irreversible Guarantee)	• 완전하고 검증 가능하며 되돌릴 수 없는 안전보장 • 마이크 폼페이오 미 국무장관이 김정은 북한 국무위원장과 논의해 CVID에 대한 안전보장 방안으로 제시한 개념
CVIP (Complete, Verifiable, Irreversigle Peace)	• 완전하고 검증 가능하며 되돌릴 수 없는 평화 • 북한 비핵화와 함께 미국이 북한의 체제를 보장할 경우 한반도에 완전한 평화가 찾아온다는 의미

2	**레드라인** Red Line	대북정책에서 포용정책이 실패할 경우 봉쇄정책으로 전환하는 정책 전환의 한계선이다. 한미 양국은 북한의 중장거리 미사일을 재발사할 경우, 제네바 합의를 위반할 정도의 핵개발 혐의가 포착될 경우, 대규모 대남 무력도발의 반복적 실시 등 북한 행위를 기준으로 레드라인 설정 기준안을 마련했다.
3	**스텔스**	사전적 정의는 '레이더나 적외선 탐지기, 음향탐지기, 육안 등 모든 탐지 방법에 대항하는 은폐 기술'이다. 그러나 눈에 보이지 않는 것이라기보다는 적의 레이더에 포착되지 않게 하는 기술이다.
4	**3군공통 군수 지원**	육 · 해 · 공군 상호 간의 효율적인 군수 지원을 위하여 지원품목의 선정 및 해제, 지원 절차 및 제도 정립, 지원 업무 조정 및 통제 등을 수행하는 것으로, 지원의 주체에 따라 통합지원과 상호지원으로 구분된다.
5	**3군통합군수 지원**	각 군의 독자적인 군수 지원은 비경제적이고 비효율적인 결과를 가져옴으로써 3군 공통품목은 단일군에서 지원하는 통합군수 지원을 말한다. 이는 경제적이고 효율적인 군수 지원을 보장하기 위해서는 각 군의 특수장비 및 물자의 군수 지원은 자군의 독자적인 지원체제 하에 실시하고, 각 군이 다 같이 사용되는 공통 품목에 대해서는 단일군에서 지역별, 기능별로 통합하여 지원된다.
6	**가솔린 직접 분사기관**	기존의 가솔린 엔진은 간접 분사 방식으로 연소제어에 한계가 있으나 직접 분사 엔진은 디젤 엔진과 같이 연소실에 연료를 직접 분사하여 초희박 연소를 실현하여 연비와 출력을 동시에 향상시킨 미래형 청정엔진이다. 고속, 고부하 영역에서는 출력을 향상(일반 엔진 대비 약 10%)시키고 저속, 중속, 부분부하 영역에서는 초희박 연소로 연비 절감(약 30%)을 실현하는 엔진이다.
7	**가능 잠수함** Possible Submarine	잠수함의 존재를 나타내는 몇 가지의 정보가 있으나 높은 식별 등급을 부여하기에는 불충분한 수중 접촉물을 말한다.
8	**가동률** Available Rate	해당 장비의 총 운용 시간에 대해서 불가동시간을 제외한 가동시간을 판단하여 백분율로 표시한다. 가동률은 '가동시간 × 100(%) ÷ 총 운용시간'으로 해당 장비의 가동장비 비율을 의미하며, 총 보유 장비에서 불가동 장비를 제외한 가동 장비를 백분율로 표시한 것이다.

9 가동 탄약보급소

Mobile Ammunition Supply Point : MASP

사단급 부대의 급속한 전진, 이동 또는 탄약보급소(ASP)의 이동으로 보급거리가 신장될 때 피지원부대에 근접하여 신속하고 지속적인 탄약 재보급이 가능하도록 작전지역 군단장 승인 하에 탄약을 차량에 적재한 상태에서 이동식으로 운용하는 탄약보급소를 말한다.

10 항공기 명칭

군용 항공기 알파벳은 항공기 임무를 나타낸다. 숫자 뒤에 알파벳이 붙기도 하는데, 뒤에 붙는 알파벳은 항공기가 개량 작업 차수를 나타내며, 알파벳 순서가 뒤쪽일수록 신형 항공 기이다. 단 예외로 F－15K의 'K'는 개량 순서가 아니라 '한국 요구에 맞게 개량한 F－15 전투기'라는 의미이며, KF－16 앞에 붙는 'K'는 한국에서 면허 생산된 기체임을 뜻한다.

구분	특징
A	Attacker(공격기)
B	Bomber(폭격기)
C	Cargo(수송기)
E	Electronic(전자전 관련, 조기경보기)
F	Fighter(전투기)
H	Helicopter(헬리콥터)
T	Trainer(훈련기)

11 항공기 애칭

항공기	애칭/의미
KT-1	웅비(雄飛)/힘찬 비상
T－50	Golden Eagle/검독수리
E－737 (조 기경보통제기)	Peace Eye/평화의 눈
HH－47(탐색구조)	Chinook/북미 원주민 종족
C－5	Galaxy/은하계
C－130	Hercules/허큘리스
A－10	Thunderbolt/벼락
A－37	Dragonfly/잠자리
F－5A/B	Freedom Fighter/자유의 투사
F/A－18	Hornet/말벌
F－22	Raptor/맹금류

12 가변익 항공기

Variable Wing Airplane

날개 넓이, 후퇴각, 붙임각 중 어느 것이든지 비행 중에 변동시킬 수 있는 비행기를 말한다.

13 가스 입자 여과기

방호 시설 외부의 유해한 물질을 제거하고 신선한 공기를 유입하기 위해 사용되는 장치이다. 통상 가스 입자 여과기는 프리필터, 헤파 필터, 활성탄 등 세 부분으로 구성된다. 프리필터는 먼지와 같은 비교적 큰 입자를 걸러 주며 헤파 필터는 아주 미세한 먼지나 박테리아와 같은 생물학적 병원체를 걸러 준다. 마지막으로 활성탄은 유해가스를 흡착하여 제거한다. 전기식 동력으로 가동할 수도 있지만 비상사태를 감안하여 수동식을 고려할 수도 있다. 차량용과 함상용, 보호시설용 등 여러 종류가 있다.

14 감내 탄도학

포신이나 총신 내부에서 탄약이 추진제의 연소로 발생한 추진 가스의 힘을 받는 동안의 운동 특성을 연구하는 응용역학의 한 분야를 말한다.

15 감가상각

손익계산이나 자산평가를 정확히 하기 위하여 시일이 지남에 따라 건물, 기계, 비품 등과 같은 고정자산에 생기는 경제가치의 손실을 결산에 따라 계산하여 해당 액수만큼 적립하는 것을 말한다. 감가상각을 적용하는 방법에는 정액법(定額法), 정률법(定率法), 재고법(在庫法) 등이 있다. 정액법은 자산의 내용연수 동안 일정액의 감가상각비를 계상하는 방법이다. 정률법은 자산의 내용연수 동안 감가상각비가 매년 감소하는 방법이다. 재고법은 비등록장비·비소모 물자와 같이 개체별로 관리가 불가능한 자산에 대해 매각, 폐기, 군수품 조정되는 자산금액을 감가상각비로 인식하며, 별도의 감가상각 인식은 수행하지 않는 방법이다.

16 감소 편성
Reduced Organization

장기간의 비전투 기간 또는 제한된 전투 기간 중 완전 편성보다 적은 인원과 장비를 활용하여 주어진 기본 임무를 수행할 수 있도록 계획된 편성이며 완전 편성으로부터 적절한 직위 또는 부처, 장비의 감소로 이루어진다.

17 간선
Communications Trunk

Trunk 스위치 프레임에 수용되는 입출 회선에 설비되어 있는 장치. 통화로의 일부를 구성하고 그 감시 제어를 하는 것으로, 통화에 필요한 전류 공급, 신호 송출, 요금 산출 기구 등을 갖는다.
※ 트렁크의 종류
① 입중계 트렁크 : 입중계 접속 또는 경유로 기능, 주통화로 감시 기능
② 출중계 트렁크 : 출중계 접속 또는 경유로 기능, 주통화로 감시 기능
③ 자국 내 트렁크 : 발호 및 피호 측의 통화 전류의 공급, 호출 신호의 송출 기능
④ 양방향 트렁크 : 출중계 및 입중계 접속 기능을 함께 갖는 트렁크 기능
⑤ 발신 레지스터 트렁크 : 가입자에게 발신음을 송출하는 기능
⑥ 입중계 레지스터 트렁크 : 선택 신호 정보의 중앙 처리 장치 전송 기능
⑦ 출중계 송출 트렁크 : 선택 신호를 출중계 트렁크를 경유하여 송출하는 기능
⑧ 호출음 트렁크 : 호출음 송출 기능
⑨ 호출 신호 트렁크 : 호출 신호 송출 기능
⑩ 통화 중 음 트렁크 : 통화 중 신호음 송출 기능

18 감퇴 방사선
Decay Radioactive

방사능 물질이 시간에 따라 방사능 강도가 약해지는 것을 말한다.

19	**감응방사선** Decay Radioactive	중성자가 어떤 원소(망간, 나트륨, 알루미늄 등)에 결합하게 되면 이 원소는 불안전한 원소로 되어 방사선을 방출하게 되며, 이를 감응방사선이라 한다. 핵무기가 저공 또는 고공 폭발 시에 형성되는 감응방사선은 군사적으로 중요시되며, 표면 또는 표면하에서 폭발하면 형성되는 감응방사선은 무시된다.
20	**감응 신관** Fuse Munition Unit / Proximity Fuze	신관 자체에 전파의 송수신 기능을 보유하여 송신 장치에서 송출된 신호가 표적에 조사된 후 반사되는 반사파를 신관의 수신 장치가 수신하여 최적의 근접 거리에서 작동하도록 되어 있는 신관을 말한다.
21	**개량형 재래식 탄약** Improved Conventional Munitions : ICM	두 개 이상의 대인, 대물 또는 대기갑 탄약을 포병탄두 또는 탄환에 의해 투발되도록 하는 탄약을 말한다.
22	**감청** Monitoring	당사자 동의 없이 대화를 엿듣거나 행동을 채집하여 기록하거나 녹음하는 행위로 「통신 비밀보호법」에서는 감청을 "전기통신에 대하여 당사자의 동의 없이 전자장치 · 기계장치 등을 사용하여 통신의 음향 · 문언 · 부호 · 영상을 청취 · 공독하여 그 내용을 지득 또는 채록하거나 전기통신의 송 · 수신을 방해하는 것을 말한다"고 규정하고 있다. 범죄 수사나 국가 안보를 위하여 법원의 감청 영장을 발부받아 감청하면 합법적인 감청이 되지만, 그렇지 않았을 때는 불법인 도청이 된다. 다만, 국가 안위와 관련하여 다음과 같은 긴급한 사유가 있을 때에는 법원의 허가 없이도 감청할 수 있다. ① 자체 또는 우군 부대의 통신을 재검토하고 기록하여 참고하거나, 또는 보안을 유지하거나 향상시킬 목적으로 청취, 감시, 녹음하는 행위 ② 첩보 수집의 목적으로 적의 통신을 청취하여 분석하고 기록하는 행위
23	**개창식 군수품 조사**	수불행위를 계속하면서 일정한 기간 중 보급부대가 보유하고 있는 모든 보급품의 수량을 셈하는 조사이다. 개창식 군수품 조사는 선정된 품목에 대해서만 실시되며, 때에 따라서는 여러 종류의 품목에 대하여 동시 조사를 할 수도 있고, 비교적 빈번히 불출되는 품목에 대한 것만을 선정하여 실시할 수도 있다. 조사 중인 품목에 대하여 조사기간 중 수령 또는 불출을 일단 중지하며 다만 비상 청구 시에는 불출한다.
24	**경항공기** Light Aircraft	최대 이륙중량이 12,500lb(5,670kg) 미만인 항공기를 말한다.
25	**검역** Quarantine	생물학 작용제에 감염된 사람 또는 전염병을 예방하기 위하여 전염여부를 진단 및 검사하여 전염병에 오염된 경우에는 소독과 격리를 행하여 개인의 자유를 제한하여 보호하는 조치에 해당한다. 전염 매개체에 대하여 전염병 감염 유무를 검사하고 소독하는 일도 포함된다. 전염병의 퍼짐을 막기 위하여, 특히 차량 · 선박 · 비행기 및 그 승객 · 승무원 · 화물 등에 대해 전염병의 유무를 진단 · 검사하고 소독하는 일을 말한다.

26	**격자형 통신망** Mode Communication System	전술통신체제의 운용방식으로서 작전책임 지역 내에 수 개의 지역통신소(노드)를 설치하여 격자형으로 연결하고 지역단위로 통신지원을 제공하는 통신망을 말한다. 이는 현 나뭇가지형 지휘제대 통신망의 취약점인 생존성을 보장하고 통신의 융통성을 향상시킨 개선된 통신망이다.
27	**경량화 군수**	최고의 경영기법 중에 하나인 적시 조달과 적량 생산에서 비롯된 개념으로서 방만하고 복잡하게 되어 있는 기존 군수체계의 군살을 제거하여 효율적이고 단순화된 군수지원체계를 정립하자는 개념이다.
28	**겨자가스** Sulfur Mustards	화학무기의 일종으로 겨자가스는 발포제이자 알칼화 물질로, 기포생성 물질로더 잘 알려져 있다. 불순물이 섞여 있지 않을 때는 무색이지만, 일반적으로는 노란색과 갈색 중간 정도의 색으로 약한 마늘 또는 겨자냄새가 난다. 기체나 액체 상태로 존재하는 겨자가스는 눈, 피부, 점막 등을 통해 인체에 흡수되며 피부, 눈, 호흡기에 손상을 준다. 골수억제와 신경독성 및 위장독성을 일으키기도 한다. 이 물질과 접촉하게 되면 수분 이내에 세포변형을 일으키며, 통증과 다른 임상증상들이 나타나기까지 1시간에서 24시간까지 걸린다. 겨자가스 독성을 해독물질은 없다. 수분 내에 노출가능 지역의 오염을 제거하는 것이 인체조직의 손상을 줄이는 데 효과 있는 유일한 방법이다.
29	**경제 수명** Economic Life Cycle	장비의 기능에 대한 군의 요구를 가장 경제적으로 충족시킬 수 있는 지속기간 및 거리를 말하며, 연간평균 총 소유비용이 최소가 되는 지점을 경제 수명으로 결정할 수 있다.
30	**경제적 수리 한계** Economic Repair Limits	정비에 소요되는 비용과 정비 후 사용 가치를 비교하여 정비 및 폐기 여부를 결정하는 한계를 말한다. 즉 정비 비용이 한계금액을 초과하면 비경제적이라고 판정하는 한계점이다. 경제적 수리 한계 적용 시 고려사항은 전술적 가치, 대체 자금 획득 가능성, 장비 획득 및 도태 계획, 타 분야 활용도, 경제적 이점 등이다.
31	**경파** Light Destroyed	부대정비 수준의 가벼운 기술로 원래의 기능회복이 가능한 상태 또는 수준의 피해를 의미하며, 24시간 이내로 수리 가능하며 부대정비를 요한다.
32	**계기비행 기상조건** Instrument Meteoro- logical Condition : IMC	시정, 구름 간의 거리, 운고가 시계비행을 할 수 없는 기상상태로 계기비행 규칙을 적용하여 비행하여야 하는 기상조건을 말한다.
33	**계획 각서** Planning Memorandum	정식 계획에 앞서 예하 지휘관들이 자신의 계획에 영향을 미칠 모든 이용 가능한 세부사항을 공유하기 위하여 지휘관이 하달하는 단편적인 첩보 및 지시를 포함하는 문서를 말한다.

34 계단 초과 정비
Over Standardized Repair

정비 부대별로 설정된 정비 작업 수준의 허용 한계를 초과한 정비를 의미한다. 정비 업무를 효율적으로 수행하기 위해서 각 제대별로 정비 능력, 시설, 기술, 공구 인가 등을 고려해서 그에 알맞은 정비 계단을 설정한다. 이때 설정된 제대별 한계를 초과한 정비를 계단 초과 정비라 한다. 무분별한 초과 정비로 인하여 야기되는 문제점인 고장 부분 확대 유발, 수리 부속품의 소요 증가, 상급 계단 정비 시설로 후송 확대 등을 방지하려는 데 목적이 있다.

35 계획 보급 소요
Scheduled Supply Requirement

특정 작전, 비상사태 혹은 특수 목적을 위하여 별도로 승인된 보급품을 확보하기 위한 소요를 말한다.

36 계획 수송
Planned Transportation

일정 기간 중 정기적인 인원 및 화물에 대한 수송으로 사전에 계획하여 실시되는 수송이며, 인원 및 화물에 대한 정기적인 수송으로 각 군 주요 사령부의 이동 계획서에 포함된 수송을 말한다.

37 계획통신침투
Planned Message Intrusion

전자전 요원이 적 통신망에 개입, 적을 기만하기 위해 제작된 첩보를 포함한 평이한 통신문을 보내는 모방통신기만(ICD)방법이다. 적의 통신문을 분석하여 얻은 첩보는 적의 통신망에 개입하여 기만통신을 보내는 데 필요한 모방적인 운용 및 통신지시를 고안하는 데 사용한다.

38 고유가용도
Inherent Availability

예방정비를 고려하지 않고, 이상적인 지원환경에서 규정된 조건하에서 사용할 때 임의의 시점에서 체계가 만족스럽게 작동할 확률을 말한다. 계획정비 없이 규정 된 조건(규정된 공구, 부품, 숙련된 인원, 교범, 지원장비 등)하에서 사용될 체계(장비)가 가동 상태에 있을 확률로서 체계 자체 요인의 고장만을 반영한 값이다.(대기시간, 예방정비 지연시간, 행정 및 군수 지연시간은 고려하지 않음) 이러한 고유가용도는 탐색개발 단계에서 체계의 설계개념을 설정할 때 활용된다. 다 음식으로 표시되는 가용도의 한 척도이며, 무기체계나 장비가 이상적인 지원환경에서 계획 정비나 예방정비 없이 규정된 조건하에서 가동될 확률을 말한다.

평균 고장 간격(MTBF)/(평균 고장 간격(MTBF)+평균 정비 시간(MTTR))

39 고정수준
Fixed Level

장비, 병력, 시설물이 필요로 하는 품목의 소모량 및 부대임무 등의 소모계수(Factor)를 근거로 하여 산출되는 절대소요량(실수요)을 일정 기간 지원하기 위해 설정하는 수준이며 이 경우에는 고정수준이 청구목표가 된다.

40 고정식 탄약
Fixed Ammunition

탄환, 탄피, 장약이 완전히 결합되어 있는 탄약을 말한다. 포탄형 탄약에 속하며 사출탄, 뇌관, 장약이 한 약식에 들어있는 탄약을 말한다.

41 고정익 항공기
Fixed Wing Aircraft

동체에 날개가 고정되어 있는 항공기, 회전익 항공기를 제외한 모든 항공기다. 모든 비행 상태에서 고정된 익면을 갖고 그 익면에서 발생하는 양력으로 비행한다.

42	**공랭식 엔진** Air Cooled Engine	엔진의 열을 직접 주위 공기로 방출하는 엔진이다. 실린더 블록과 헤드는 열전 도성이 우수한 재질로 만들고, 열 교환을 높이기 위해 표면적을 높여주는 냉각핀을 설치한다. 공랭식은 간편한 구조를 가지는 장점이 있지만, 주행속도와 대기온도에 영향을 많이 받고 냉각이 불균일하여 엔진 각 부위별 온도의 편차가 크다는 단점을 가진다.
43	**공세적 근접항공지원**	지상군을 최대로 지원하기 위해 배당된 근접항공지원 자산을 재출격률에 의거 신속히 출동 후 공중 대기시키면서 지상군이 요구하는 시간·지점에 투입하고 잔여자산은 예비표적 또는 킬박스(Kill Box)로 임무 전환시키는 등의 적극적이고 공세적인 근접항공지원 형태를 말한다.
44	**공세항공지원**	적 지상군 표적에 대하여 직접적인 공격을 가하는 것을 의미한다. 근접항공지원, 항공차단 작전 등이 있다.
45	**공수** Airlift	필요한 병력, 장비 및 물자를 지정된 장소에 공중을 통하여 하는 수송이다. 전투 병력의 전개, 물자 및 장비 수송, 환자의 공중수송 및 공정 부대의 공중투하 등이 있다.
46	**공통운용환경** Common Operation Environment : COE	국방정보체계에 공통적으로 사용되는 일련의 소프트웨어 집합체로서 데이터와 소프트웨어를 공동 활용할 수 있는 체계를 구축하기 위한 기반 환경을 말한다.
47	**공통장비**	육군·해군·공군 중에서 두 개 이상의 군대에서 사용하는 장비를 의미한다. ① **지상공통장비** : 지상에서 운용하도록 설계된 장비로 2개군 이상이 사용하는 장비이다. ② **해상공통장비** : 수면상 또는 수중에서 운용하도록 설계된 장비와 수륙 양용 장비로 2개군 이상이 사용하는 장비이다. ③ **항공공통장비** : 공중에서 운용하도록 설계된 장비와 직·간접 지원장비로 2개군 이상이 사용하는 장비 또는 공군이 피지원군에 정비 지원하는 피지원군 보유 장비이다.
48	**공수 취급소** Air Terminal	수송기 및 헬기로 공수하는 인원, 화물 및 우편물을 탑재, 하역, 보관하며 공수에 따르는 공수통제문서처리, 연락업무를 담당하는 부서이다. 공군에서 공수항 공기에 의해 수송되는 병력, 장비 및 화물을 접수 및 검수, 적·하역, 보관, 관리하고 이에 필요한 제반 행정 및 지원 업무를 수행하며, 공수지원에 소요되는 장비와 장구류를 관리·운영한다.
49	**공지통신** Air To Ground Communication	공군의 근접항공지원과 전술항공정찰에 관한 예하 지상군부대의 요청을 작성, 평가, 협조 처리하고 공지간의 신속하고 계속적인 정보교환을 위하여 작전의 핵심부서인 전술작전본부를 중심으로 구성되는 통신망이다.

50 **광통신**

TV, 전화, 팩시밀리 등의 각종 정보를 빛에 실어서 머리카락보다 가는 광섬유 속을 통해 교신하는 것이다. 현재의 동축 케이블에 의한 통신 방식에 비해 많은 정보를 보다 멀리 효율적으로 보낼 수 있어 전송비용이 낮아지고 번개나 전자방해에 강한 이점이 있다.

51 **관리 전환**
Management Conversion

군수품을 다른 물품관리관의 소관으로 전환하여 재활용 또는 재분배하는 것을 말하며, 관리 전환을 위해서는 사전에 회람 또는 전시함으로써 관리 전환의 목적을 달성할 수 있게 된다. 관리 전환은 크게 나누어 부대 재산의 관리 전환과 개인 피복의 관리 전환으로 나눌 수 있다.

52 **관성유도**
Inertial Guidance

외부 도움 없이 비행체에 내장되어 있는 자이로스코프와 가속도계 등의 감지기에 의하여 비행체의 위치나 속도 등의 정보를 산출하며, 이 정보를 이용하여 미리 정해진 궤도나 목표 지점으로 비행할 수 있도록 유도명령을 생산하는 유도 방법을 말한다.

53 **구조잠수함**
Salvage Submarine

적의 저항, 우군기지로부터의 거리 혹은 기타 이유로 항공 및 수상 구조시설로서는 적절한 탐색구조 작전이 불가한 지역에서 구조목적에 사용되는 잠수함을 말한다.

54 **국내조달**
Domestic Procurement
/ Internal Procurement

내자 조달이라고도 하며, 군이 필요한 장비, 물자, 시설, 용역을 원화 예산으로 국내 시장에서 조달하는 것이다. 군에서의 국내조달은 중앙조달, 부대조달(현지구매), 조달청에 의한 조달로 구분할 수 있다.

55 **국방군수
정보체계**
Defense Logistics
Information System

국방부로부터 편성부대까지 국방 탄약, 물자, 장비 정비·수송에 관한 업무를 실시간 처리하고, 전군 자산을 가시화하여 군수 자원관리 및 운영의 효율성 제고를 위한 의사결정 정보 지원체계를 말한다.

56 **국방규격**
Defense Specification

군수품의 조달을 위하여 필요한 제품 및 용역에 대한 성능, 재료, 형상, 치수 등 기술적인 요구사항과 요구필요조건의 일치성 여부를 판단하기 위한 절차와 방법을 서술한 사항으로 규격서, 도면, 품질보증요구서(QAR), 소프트웨어 기술문서 등으로 구성되며, 「국방규격의 서식 및 작성에 관한 지침」에 따라 작성한다.

※ **국방규격의 종류**

① **정식 규격서** : 일정한 내용을 구비하여 계속적으로 통용하고 반복 사용하기 위하여 작성된 규격서이다.

② **약식 규격서** : 기술 자료가 미비할 때 제정하는 규격서로서 정식 규격화하지 아니하고는 동일 품목의 군수품 구매에 재사용하지 못하는 규격서이다.

③ **포장 규격서** : 정식, 약식 규격서에 포장 사항이 규제되지 않은 품목에 대하여 수송, 저장, 취급의 편이를 위해 포장 조건을 규제한 규격서이다.

④ **물품 구매 요구서** : KS 및 정부 부처, 외국, 업체 규격을 그대로 적용할 수 없거나 품종 및 품질 수준이 다양하여 국방규격을 적용하기 곤란한 품목에 대하여 구매에 필요한 최소한의 요구 조건을 기술한 문서이다.

57	**국외조달** Foreign Procurement	국내조달과 대응하는 개념으로서 외국환 관리법 규정에 의한 대외지급수단으로 물자 또는 용역을 획득하는 것을 말한다. 군에서는 FMS(대외 군사판매)나 해외 상용구매 등을 통하여 국외조달을 실시하고 있다.
58	**국방 보급 목록 체계** Automated Defense Integrated Supply Cataloging System	국방 보급품에 대하여 각 품목이 유일한 품목임을 의미하는 자료와 그 품목을 군수체계 내에서 관리하는 데 필요한 자료를 작성·유지하며, 이를 필요로 하는 생산, 보급, 정비 기관 및 보급품 최종 사용자에게 배포하는 제반 조직 및 절차를 전산처리 지원하도록 구축한 목록 자료 체계(Data Base System)를 말한다.
59	**국지 수송** Local Haul	단거리 수송으로서, 차량 운행 시간이 적재 및 하화보다 짧은 것이 특징이며, 수송 거리는 25km 이내로서 1일 4회 왕복 운행이 가장 알맞으며, 작업량은 ton으로 평가한다.
60	**군 보급 및 수송 평가 절차**	보급시스템의 성과와 수송의 효과성을 측정하기 위하여 필요한 기본자료 준비 및 수집의 표준방법을 제공한다.
61	**군 보급품** Military Supplies	식량, 피복, 장비, 무기, 탄약, 유류, 기타 각종 자재 및 여러 종류의 기계를 포함한 군을 장비하고 유지하며, 운용하는 데 필요한 모든 품목을 말한다.
62	**군수** Logistics	① 군의 이동 및 유지를 계획하고 수행하는 과학이다. • 물자의 설계 및 개발, 획득, 저장, 이동, 분배, 유지, 후송, 처분 • 인력의 이동, 후송, 입원 • 시설의 획득 또는 건설, 유지, 운용, 처분 • 용역의 획득 또는 제공 ② 무기체계의 연구개발, 장비 및 물자의 소요 판단, 생산 및 조달·보급·정비·시설·근무 분야에 걸쳐 물자, 장비, 시설, 자금 및 용역 등 모든 가용 자원을 효과적·경제적·능률적으로 관리하여 군사 작전을 지원하는 활동을 말한다.
63	**국제 군수** International Logistics	국가나 국제기구 사이에 이루어지는 군수 교류이다. 이는 주로 당사국 간의 정책 및 체제에 영향을 많이 받게 되며, 국익을 위한 국가 외교 정책의 중요 수단으로 사용되고 크게 경제 지원과 군사 지원으로 구분된다. 국가 간 군수 지원 협정을 협의, 계획 및 수행하는 협정으로서 1개 이상의 호혜적(互惠的)인 외국정부, 국제기구 및 군대로부터 상환조건 없이 군수 지원을 제공하거나 받는 과정 또는 주요 품목, 물자나 서비스 등의 군수 지원을 제공하는 것도 포함한다.

64 국제민간항공 기구
International Civil
Aviation Organization
: ICAO

국제연합 전문기관의 하나로서 국제민간항공의 안전과 질서를 유지하고, 기술의 발달을 촉진할 것을 목적으로 하여 1949년 Chicago에서 체결된 국제민간항공 조약에 근거하여 설립되었으며, 주된 임무는 항공노선, 비행장, 항공 기상업무, 항공교통관제, 항공통신, 구조, 수색 등에 관한 여러 종류의 표준이나 절차를 제정하고 그 실시를 가맹국에 권고하는 데 있다.

65 군사재

고대로부터 현대에 이르기까지 군사 활동과 관련된 역사적 유물 또는 유적, 역사적 사실을 기념하고 보존하기 위해 제작된 건조물 · 조각품 · 서화, 역사적 보존가치가 있는 문서 · 서적 등의 군사자료를 말한다.

66 군수관리 정보체계
Logistic Management
Information System : LMIS

군수자원관리에 필요한 모든 자료를 통합적으로 분류, 저장, 처리하며, 각 계층 관리자에게 필요한 정보를 적시에 제공하여 신속한 의사결정을 보조하는 종합체제이다.

67 군비통제
軍備統制, Arms Control

잠재 적대국 간 군비경쟁의 안정화, 즉 군사력의 운용과 구조(병력, 무기)를 통제하고, 합의사항 위반을 제재함으로써 전쟁위험과 부담을 제거 또는 최소화시켜 안보를 증대시키려는 모든 노력이다. 군비축소, 군비해제, 군비제한, 신뢰구축 등을 포괄하는 개념으로 군비통제와 관련된 용어는 다음과 같다.

① **군비통제 또는 군비관리**(軍備統制 또는 軍備管理, Arms Control) : 군비축소, 감축, 삭감 및 제한을 망라한다.

② **군축 또는 군비해제**(軍縮 또는 軍備解除, Disarmament) : 현 군비의 부분적인 축소 또는 완전한 제거나 폐지를 포함(전쟁을 일으킬 수 없을 정도)한다.

③ **군비삭감**(軍備削減, Arms Reduction) : 전쟁의 가능성을 배제하지 않으면서 자발적으로 시행하는 감축(보유무기 및 병력의 수량적 감축)이다.

④ **군비제한**(軍備制限, Arms Limitation) : 특정 또는 비특정 기간의 군비수준을 어떤 일정 규모 이상으로 늘리지 않도록 규제하는 것이다.

⑤ **신뢰구축조치**(信賴構築措置, Confidence Building Measures) : 국가 상호간 오해 · 불신에서 오는 군사적 위협 또는 불안요소를 제거하기 위해 상호 정보교환, 군사적 활동 및 군사력 사용 가능성을 제한하는 활동으로써 상대방 군사행동의 예측가능성 제고로 전쟁위험의 감소와 위기관리를 향상시키려는 제반조치이다.

⑥ **검증**(檢證, Verification) : 군비통제 협정 당사자들 간에 조약의무사항에 대한 이행정도를 인적, 기술적 수단으로 조사 · 증명하는 과정이다.

68	**군사정보** Military Intelligence	적군 및 외국 군대 또는 군 관련 상황이나 활동에 대한 정보로서 군사정책 수립이나 군사 작전을 계획하고 실시하기 위해 활용하며, 군사 작전 수준에 따라 전략정보, 작전정보, 전술정보로 구분한다.
69	**군사정보 통합 처리체계** Military Intelligence Management System : MIMS	전군 차원의 특수정보(SI)를 포함한 전출처 정보유통이 가능한 정보전용 기반체계로서 수집계획 및 관리, 첩보수집, 분석, 정보생산, 활용부대에 근실시간 전파 및 상호유통을 통해 가시화와 지휘관의 결심을 지원하는 체계를 말한다.
70	**군사통신위성** Military Communication Satellite	극초단파에 의한 원거리통신과 많은 용량의 군사통신에 대한 중계소 역할을 하는 위성을 말한다.
71	**군수기능** Logistics Function	연구개발, 소요, 조달, 보급, 정비, 수송, 시설, 근무 등 8대 기능으로 분류된다. 이들의 기능 중 군수관리 활동분야는 군수관리기관이고 군수근무 지원활동분야는 군수근무지원 제대에 의하여 주로 수행된다.
72	**군수 사령부** Logistic Command	전군의 군수 물자 소요를 예측하고 보급하며 이에 대한 예하 병참 부대, 보급창 또는 예속 및 배속 부대의 업무를 지휘 감독하는 부대이다. 참모총장의 지휘 및 통제에 운영하는 주요 사령부로서 각 군 본부의 군수방침 및 지침과 계획에 의거 전군을 지원하기 위한 군사물자 수요 예측, 군수 지원계획을 수립하고, 예하의 예·배속된 군수부대를 지휘, 통제, 운영하며 군수 지원과 타군에 대한 제한적 군수 지원을 제공한다. 또한 군수사령부는 각 군의 중앙재 고통제소로서 재고통제 기능을 수행하는 최상급 군수 지원부대라 할 수 있다.
73	**군수산업** Logistic Industry	군수산업은 국방산업, 방위산업 등의 용어로 사용되고 있으며, 광의로는 군사적 요구를 충족시키기 위한 모든 산업이 망라된 것이다. 협의의 의미로 군비 또는 전쟁에 소비되는 물자를 생산하는 산업을 지칭하며, 일반적으로는 군수산업이라고 할 때는 협의의 해석이며 민수산업과 구분된다.
74	**군수 지원** Logistic Support	군사 작전에 필요한 물자를 조달하여 전투부대의 소요를 충족하여 주는 것을 말하며, 군수 지원의 기능은 보급, 정비, 수송, 시설, 근무지원활동 등 다섯 가지가 있다.

75 군수 지원지역
Logistics Support Area
: LSA

2개 군단 이상 또는 합동·연합작전 부대를 비교적 장기간 지속 지원하기 위하여 운영하는 지역지원개념의 군수 지원기지로서 인사·군수·민사시설 등이 통합된 시설을 말한다.

76 군수체계
Logistic System

군수업무 수행을 위한 제반 군수요소들이 일정한 원리에 의해 조직된 전체를 말하며, 군수요소에는 군수병력 및 인력, 군수부대, 군수품, 모든 시설뿐만 아니라 산업시설의 근거지 등 군수기능별 모든 체계가 포함된다.

77 군수품
Materiel/Military
Supplies And Munitions

「군수품관리법」에 의해 「물품관리법」에 따른 물품 중에서 국방부 및 그 직할기관, 합동참모본부와 육군·해군·공군에서 관리하는 물품을 의미한다. 다만 현금, 법령에 따라 한국은행에 기탁(寄託)하여야 할 유가증권, 「국유재산법」상 국유재산과 같은 동산은 제외된다.
① **전비품(戰備品)** : 군사기밀에 속하는 군수품(비밀도서, 비밀지도 및 비밀연구기 재를 포함), 군사기지 및 군사시설 보호구역에 보관되거나 배치된 군수품, 전투 장비 및 전투지원장비와 이들을 운용하는 데에 필요한 보조장비(탑재 또는 장착되는 장비를 포함), 수리부속품 및 탄약류이다.
② **통상품(通常品)** : 전비품 이외의 것을 의미한다.

78 군수품 조사
정기 · 수시 · 특별조사

국방관서 및 각 군에서 관리 중인 전 군수품의 수량, 상태 및 위치를 파악하여 기록에 반영하는 동시에 장부상 수량 및 보유기준(소요/인가) 대비 보유량의 과부족, 보유량의 질정상태 등을 파악하여 후속 조치를 하는 행위이다. 기존의 재물 조사와 같은 의미라 할 수 있다.
① **정기 군수품 조사** : 일정한 주기를 갖고 정기적으로 실시하는 군수품 조사
② **수시 군수품 조사** : 지휘관 및 물품관리공무원 교체 시, 특정 품목에 대한 군수품 조사 사유 발생 시 수시로 실시하는 군수품 조사
③ **특별 군수품 조사** : 상급부대 지시, 지휘관의 결심, 천재지변 등의 피해조사 등에 의해 부정기적으로 특정 품목 또는 전 품목에 대하여 실시하는 조사

79 군수품 조정

군수품 조사 결과 실제 재고품이 서류 및 전산상의 기록과 차이가 있을 시 그 차이의 원인이 어느 개인이나 단체 책임에 의한 것이 아니고, 재고 운영상 불가피 하거나 당연한 것에 한하여 변상책임을 부여치 않고 군이 규정한 절차에 의하여 그 차이를 일치되게 수정하는 것을 말한다.

80 근거리 통신망
Local Area Net work
: LAN

지휘소 내부에서 수 개의 워크스테이션, 서버, 시스템 컴퓨터 등을 연결하여 자료의 효과적인 교환, 저장 및 관리를 가능하게 하는 시스템을 말한다.

| 81 | **군정보 환경**
Military Information
Environment | 특정 군사 작전에 영향을 미치는 적·아의 군사, 비군사 정보체계 및 조직으로 구성되며 범세계 정보환경 안에 위치한 환경을 말한다. |

81 군정보 환경 Military Information Environment

특정 군사 작전에 영향을 미치는 적·아의 군사, 비군사 정보체계 및 조직으로 구성되며 범세계 정보환경 안에 위치한 환경을 말한다.

82 규정 휴대량 Prescribed Load

편성 부대, 독립 중대 및 격리된 파견대에서 장비 정비를 위하여 보유해야 할 15일 분의 수리부속품과 인가된 특수 공구 목록과 수량을 말한다. 편성 부대에서 산정한 규정 휴대량은 지원부대의 인가에 의해 확정되며, 장비를 사용하는 편성부대는 인가된 규정 휴대량을 항상 보유·유지해야 하므로 편성 부대의 상비성 재고라 할 수 있다. 규정 휴대량을 운영하는 부대는 편성 부대, 독립 중대, 격리된 파견대 등으로 1~2계단 정비에 필요한 15일분의 수리부속품을 확보·유지해야 하고, 사용 시는 즉시 검사 작업지시서에 사용내역을 기록하고 전산 입력하여 소모 정리 후 청구하여 확보해야 한다.

83 근접지원통신소 Close Support Communication Post

지역통신소와 지역 내 부대 통신소 간 간선 및 국부선을 설치 운용함으로써 통신 지원 능력의 확대와 근접지원 기능을 수행하는 기동화 및 경량화된 통신소를 말한다.

84 근접항공지원 Close Air Support : CAS

우군부대와 근접한 적의 기동부대 및 이를 지원하는 군사력을 파괴·무력화·제압함으로써, 우군의 지상군 또는 해군이 작전목표를 달성할 수 있도록 지원하는 합동작전을 말한다. 합동화력지원의 대표적인 형태라고 할 수 있으며, 주로 화력지원협조선(FSCL) 이남지역에서 수행한다. 요청형태에 따라 기계획요청과 긴급요청으로 구분되며, 기계획요청은 다시 계획요청과 대기요청으로, 긴급요청은 지상군 긴급요청과 해군 긴급요청 및 비상요청으로 분류된다.

85 기계획 항공지원 Preplanned Air Support

작전이 시작되기 전에 이미 협조되고 계획된 절차에 따라 실시하는 항공지원을 말한다.

86 기복지도 Accident Relief Map

플라스틱 면에 인쇄되어 입체모형을 이루고 있는 지형도로서 지형도에 들어 있는 것과 같은 첩보를 입체적으로 나타낸다.

87 군수품의 종별 세부 분류

「군수품관리 훈령」에 따라 군수품은 용도, 성질, 보급방법 등이 유사한 품목별로 1종(식량류), 2종(일반물자류), 3종(유류), 4종(건설자재 류), 5종(탄약류), 6종(복지매장판매품), 7종(장비류), 8종(의무장비/물자류), 9 종(수리 부속/공구류), 10종(기타 물자류)으로 분류한다.

88	**기본 휴대량** Basic Load	부대 내에서 항상 보유하도록 인가된 탄약의 양으로 정상적인 재보급이 이루어질 때까지 부여된 전투임무를 수행하는 데 필요한 예상소요량을 말하며, 이는 화기당 발수 또는 부대 당 수량으로 표시되고 각 부대는 기본휴대량 인가기준에 의거 기본 휴대량을 100% 확보·관리하여야 하며 확보 관리 책임은 해당부대 지휘관에게 있다.
89	**기상요소** Meteorological Elements	어느 지역에 있어서 어느 시간의 기상특성을 표현하는 요소로서 이를 정확히 표현하려면 많은 요소들이 포함되나 그중 중요한 요소들은 풍향, 풍속, 기온, 기온경도, 습도, 강수, 구름, 강설, 기압 등이며 화학작용제 운용에 직접 관계하는 기상요소로써 가장 중요한 것은 풍향, 풍속, 기온, 기온경도 및 습도이다.
90	**기상정보** Weather Intelligence : WI	기상자료의 종관(일기도)적, 기후학적, 역학적 분석을 통해 얻어진 결론이며, 아군의 작전이나 지형 또는 적의 능력에 영향을 줄 수 있는 가공된 정보로서 기상 부대에서 생산하는 기상예보, 기상경보 및 주의보 등을 말한다.
91	**기상첩보** Weather Information	대기상태에 대한 불확실한 지식으로서 기후첩보, 기상예보, 현기상 보고, 기상 개요 등은 여기에 해당된다.
92	**기술 군수 제원** Technical Logistics Data	기술적인 부분에서 물자, 장비, 시설, 자금 및 용역 등 모든 가용 자원을 효과적·경제적·능률적으로 관리하여 군사 작전을 지원하는 활동에 관한 성능과 특성을 나타낸 수적(數的) 지표를 말한다.
93	**기술정보** Technical Intelligence : TECHINT	군사목적을 위하여 현재나 미래에 적용될 외국 및 적국의 기술개발 내용과 이러한 기술에 의해 생산된 물자의 작전능력에 관한 정보를 말한다. 기술정보의 대상은 광범위하며 진행 중인 군사 작전에서 현재 사용하고 있거나 향후 실질적으로 사용할 목적으로 연구개발 중인 모든 분야의 외국 및 적국의 장비, 보급품, 설비, 시설물, 무기체계의 기술적 특성, 성능, 강·약점, 생산기술, 정비기술 등에 관련된 기술 등이 포함된다.
94	**기술행정병**	자격·면허 소지, 전공 또는 경력을 필요로 하거나 선발의 전문성이 요구되어 별도의 지원 자격이나 선발기준을 정하여 모집하는 군사특기 중 어느 한 분야에 현역병(육군)으로 지원한 사람을 말한다.
95	**기지창** Immediate Air Support	보급품을 조달·비축·분배하는 임무를 맡은 부대나 그 시설을 말한다.

96	**긴급항공지원** Immediate Air Support	사전에 계획된 바 없이 전투수행 중 긴급요청에 의해서 지원되는 항공지원을 말한다.
97	**냉각장치**	내연 기관의 폭발행정에서 생기는 고온에 의한 실린더의 과열을 방지하는 장치를 이른다. 냉각 장치를 구조에 의하여 크게 나누면 공랭식과 수랭식의 두 가 지가 있다.
98	**네트워크중심 작전환경** Network Centric Operations Environment : NCOE	모든 전장요소를 연결하여 전장상황을 공유함으로써 효과중심의 동시 · 통합작전을 보장할 수 있도록 전투력 상승효과를 창출할 수 있는 작전환경을 말한다.
99	**다기능 통합 정비** Integrated Multi-Function Maintenance	근접 정비 지원반의 기능(화력, 기동, 특수 무기, 항공 선박, 일반 장비, 의무)을 필요시, 수 개의 통합 기능으로 편성하여 피지원부대를 효율적으로 지원하기 위한 정비시스템이다.
100	**노드** Node	데이터, 첩보, 그리고 지시가 발원되거나 이동을 위해 처리되거나, 혹은 최종 도달하는 특정 네트워크상의 핵심 지점을 말한다. 노드는 두 개 이상의 부대 간에 정보교환이 이루어지는 통신 연결 지점, 이를 통제하는 부대의 위치 또는 이에 필요한 인원 및 장비가 집결된 장소이고 주요 노드는 교란 또는 파괴함으로써 부대의 효과적인 전투 작전 지휘, 통제 또는 수행 능력을 즉각 저하시킬 수 있는 부대의 위치 혹은 통신의 실체이다.
101	**다목적 정밀 유도 확산탄** Cluster Bomb Performance	정밀 유도 확산탄은 항공기에서 투하하는 폭탄으로 세 가지 모델이 있다. CBU – 103/104/105의 실제 길이는 대략 234cm, 직경 40cm, 무게는 420kg이고 모탄에 내장된 자탄(blu – 108/b)은 10발로 각 자탄에서 다시 분화되어 발사되는 탄두는 철갑탄이다. 각 탄마다 GPS/INS 유도장치와 열감지감지기를 내장하여 폭격의 정밀도를 매우 높였으며, 이론적으로는 하나의 모탄으로 최대 40대의 전차를 파괴할 수 있다고 한다. CBU – 105 모델은 한발당 가격이 대략 20만 달러이고, 투하 직전 항공기에서 폭발테이터를 입력하는 장치는 약 2만 달러이다. 확산탄 한 발에 소위 클러스터 폭탄이라고 불리는 대전차 확산탄 BLU – 108이 여러 발이 들어 있어서 단번에 여러 대의 탱크를 파괴할 수 있는 효과가 있다.
102	**다면평가제**	구성원들을 평가함에 있어 상관 한 사람의 평가가 아닌 관련된 모든 사람이 평가자로 참여하여 평가의 객관성과 신뢰도를 높이고자 하는 제도이다.
103	**다중 통신** Multiplex Communication	한 통신로의 회선을 사용하여 수많은 통신을 구성하는 유 · 무선통신의 총칭이다.

104 다중 채널 무선통신
Multiplex
Communication

초단파(VHF) 이상의 주파수를 사용하는 무전기와 반송장비 등을 사용하여 다중 통신회로를 구성하는 방식으로서 부대 간에 신속하게 많은 회선을 제공할 수가 있으며, 중계통신소를 설치 운용하여 통신거리를 연장할 수 있다. 그러나 다중 채널 무선통신은 지형의 장애를 받고 적에 의한 도청과 전자방해를 받기 쉽기 때문에 무선통신에 준하여 보안에 유의하여야 한다.

105 단일채널 무선통신
Single Channel Radio
Communication

전투부대에서 단일채널 무선통신은 일반적으로 소형 경량화의 휴대용 무선장비와 차량용 무선장비로 운용되며, 고도의 기동성으로 신속한 통신망 구성과 이동 중에도 지속적인 통신 지원을 제공한다.

106 대량 근접항공 지원
Mass Close Air Support

단시간 내 특정 목표지역에 대하여 가용 화력을 집중시키는 근접항공지원을 말한다.

107 대륙 간 탄도탄
Inter Continental
Ballistic Missile

한 대륙에서 다른 대륙까지 쏠 수 있는 초장거리 미사일이다. 1957년 러시아가 R - 7이라는 이름으로 처음 개발했는데, 미국에서는 SS - 6라고 부른다. 이 미사일은 미사일에 강력한 엔진을 장착되어 있다. 미국을 겨냥할 수 있게 만든 것으로 핵폭탄이 장착된다.

108 대잠수색
Antisubmarine Search

해역 내 이미 알려진 또는 예상되는 잠수함 위치 식별을 위하여 특정해역에 대해 체계적으로 실시하는 수중수색으로서 상황에 따라 다양한 전술적인 수색방법이 동원된다.

109 대잠전 환경예보지원
ASW Environmental Prediction
Service : ASW EPS

잠수함, 수상함 또는 항공기로부터 수행되는 대잠작전을 지원하기 위하여 대잠환경 변수를 예보하는 것을 말한다.

110 대전차공격
Antitank Attack

적의 전차를 무력화하기 위한 작전으로서 가용한 모든 대전차 화기의 사용과 대전차 특공조의 운용 등으로 실시한다.

111 대전차 무기체계
Antitank Weapon System

전장에서 적의 전차군에 대한 공격을 효과적으로 수행하기 위해 개발된 일련의 무기그룹으로서 보병의 대전차 무기를 비롯한 각종의 화기, 유도탄, 항공기, 차량 등이 포함된다.

112 대전차방어
Antitank Defense

대전차 장벽(자연 및 인공장애물) 및 대전차 특공대(화기) 운용 등으로 적 전차 운용에 대한 방어 작전을 말한다.

113 **대전차 장애물** Antitank Obstacles	전차 혹은 기타 장갑차의 기동을 저지 또는 방향전환을 못하게 하거나 기동을 지연시키기 위한 자연 또는 인공장애물이나 방벽을 말한다.
114 **대축척 지도** Large - Scale Map	1 : 75,000 또는 그 이상의 축척에 의한 지도를 말한다.
115 **드론** Drone	기체에 사람이 타지 않고 지상에서 원격조종하는 무인항공기를 말한다. 공군기나 고사포의 연습사격에 적기 대신 표적 구실로 사용되었으나 현재는 정찰·공격·기상관측의 용도로 사용된다. 용도에 따라 표적드론, 정찰드론, 감시드론, 다목적 드론 등으로 구분된다.
117 **데프콘** Defense Readiness Condition	전투준비태세 또는 방어준비태세라고 한다. 총 5단계로 나뉘며, 숫자가 낮아질수록 전쟁발발 가능성이 높다는 것을 의미한다. 정보감시태세인 위치콘 상태의 분석 결과에 따라 전군에 내려지는데 데프콘 5는 적의 위협이 없는 안전한 상태를 말하고, 데프콘 4는 대립하고 있으나 군사개입 가능성이 없는 상태를 말한다. 한국에는 1953년 정전 이래 데프콘 4가 상시적으로 발령되어 있다. 데프콘 3은 중대하고 불리한 영향을 초래할 수 있는 긴장상태가 전개되거나 군사개입 가능성이 있을 때, 데프콘 2는 적이 공격 준비태세를 강화하려는 움직임이 있을 때 발령한다. 데프콘 1은 중요 전략이나 전술적 적대행위 징후가 있고, 또 전쟁이 임박해 전쟁계획 시행을 위한 준비가 요구되는 최고준비태세 때 발령한다. 대한민국의 경우 데프콘 3이 발령되면, 한국군이 가지고 있는 작전권이 한미연합사령부로 넘어가고, 전후방 부대의 움직임이 달라지며, 전군의 휴가·외출이 금지된다. 데프콘 2가 발령되면 전군에 탄약이 지급되고, 부대편재 인원이 100% 충원된다. 데프콘 1이 발령되면 동원령이 선포되고, 전시체계로 돌입한다.
118 **독성화학작용제** Toxic Chemical Agent	야전용도로 사용될 때 심한 상해나 사망을 일으킬 수 있는 작용제로서 살상 화학작용제라고도 하며, 질식작용제, 신경작용제, 혈액작용제, 수포작용제가 있다.
119 **돌격항공기** Assault Aircraft	상륙작전 시 상륙목표지역으로 돌격부대와 화물을 이송하며, 재보급지원을 수행하는 헬리콥터를 포함한 고정익 항공기를 말한다.
120 **무인항공기** Unmanned Aerial Vehicle : UAV	조종사가 탑승하지 않고 지정된 임무를 수행할 수 있도록 제작한 비행체로서 독립된 체계 또는 우주/지상체계들과 연동시켜 운용한다. 활용분야에 따라 다양한 장비(광학, 적외선, 레이더 센서 등)를 탑재하여 감시, 정찰, 정밀공격무기의 유도, 통신/정보중계, EA/EP, Decoy 등의 임무를 수행하며, 폭약을 장전시켜 정밀무기 자체로도 개발되어 실용화되고 있어 향후 미래의 주요 군사력 수단으로 주목을 받고 있다.

121 매가진형 탄약고
Powder Magazine

탄약 및 폭발물을 저장하기 위하여 지상 또는 지하에 구축한 저장용 구조물을 말한다. 일반적으로 조립하여 만든 건축물은 제외한다.

122 멀티미터
Multimeter

전류, 전압, 저항, 전기 용량 등 전기 회로의 특성들인 물리량을 누구나 손쉽게 측정할 수 있도록 만들어진 도구이다. 여러 가지 물리량을 측정할 수 있기 때문에 멀티미터라고 불리게 되었으며, 종류에는 아날로그형과 디지털형으로 구분된다. 이는 측정하는 방법에 따라서 나뉘는데 아날로그형 멀티미터는 가동 코일로 된 지침을 사용하여 측정된 물리량의 값을 연속적으로 표시하여 보여주는 형태를 가진다. 반면 디지털형 멀티미터는 액정 디스플레이 장치를 가지고 있으며, 다이얼 스위치를 돌려서 측정하고 싶은 물리량을 손쉽게 선택할 수 있다. 또한 측정된 물리량의 값을 불연속적으로 변하는 값 그대로 표시해준다.

123 매크로
Macro

함수 대신 사용하는 것으로 대체로 짧은 문장에 주로 사용하고 복잡한 문장을 단순화하기 위한 용도로 사용한다. 일련의 명령어를 반복하여 자주 사용할 때, 개개의 명령어를 일일이 사용하지 않아도 되도록 하나의 키 입력으로 원하는 명령군을 수행할 수 있도록 된 프로그램 기능이다. 이에 대응하는 용어는 매크로 명령어로 되기 전의 개개의 기계어인 마이크로 명령이다. 컴퓨팅 환경에서 사용자의 편의성이 중요해지면서 어셈블리 언어 프로그램을 비롯해 대부분의 프로그래밍 언어에 매크로 기능이 있다. 다시 말하면, 일련의 작업을 수행하기 위해 조작자가 매번 명령을 입력해 주지 않고 특정한 매크로 기능을 가진 키를 눌러 줌으로써 자동적으로 일이 수행하게 한다. 매크로는 단순한 문자열 치환으로서, 프로그램 속에서 같은 의미로 사용되는 동일한 문자열을 일괄적으로 변경하는 경우에 도움이 된다. 따라서 겉보기에는 서브루틴과 비슷하지만 서브루틴은 실제로 그 루틴으로 제어가 이동한다는 점이 다르다. 엑셀 등의 응용 프로그램에서는 매크로 기록 기능을 가지고 있어 사용자가 쉽게 매크로를 작성할 수 있다.

124 모듈화
Modularization

증·창설 부대에 대한 군수 지원이나 우발 상황 시 긴급 군수 지원 소요에 대하여 적시적 지원 태세를 유지 및 지원함으로써 전투 지속 능력을 보장하기 위해 작전 및 전투부대의 인력, 장비, 물자, 시설, 근무 지원 소요를 제대별로 모두 충족시킬 수 있도록 편성하지 않고 상급 부대에서 표준 지원부대를 편성하여 관리하다가 특정 임무를 받은 예하 전술 부대에 필요한 기능별 표준 지원부대를 임무에 소요되는 만큼 편조하여 줌으로써, 제한된 인력과 장비를 경제적, 효율적으로 운영하자는 것이다. 이때 표준 지원부대를 편성할 때 장비의 한 구성품(Module)처럼 어떤 부대에 편조되더라도 부여된 지원임무를 수행 가능토록 편성하는 것을 모듈화 편성이라 한다. 임무 수행을 위한 장비의 구성품을 세트화시킴으로써 전투 현장에서 즉각 정비가 가능하도록 지원하는 것을 말한다.

125 미기상
Micro Meteorological

제한된 지역으로 언덕, 숲, 강변 및 어떤 도시와 같은 대단히 좁은 지역상의 기상 상태를 말한다. 화학무기 및 생물학무기 운용 시에는 2m 고도 이하의 공기층에서 일어나는 기상현상이 특히 중요시된다.

126	**린6시그마 시스템** Lean6 sigma system	'6 시그마'는 1987년부터 미국에서 시작한 것으로 원래 통계적으로 100만 개당 평균 3.4개 수준의 불량이 발생하는 품질수준을 의미하는 용어이며 '린(Lean)'은 일본에서 시작한 경영 기법으로 업무프로세스를 가치 창출 여부에 따라 재조정하여 단순화하는 것을 의미한다. 현재는 두 개념을 결합해 가치 창출 여부에 따라 업무 절차를 단순화하고, 품질 불량률을 낮추는 노력에 집중하는 기법으로 이용한다.

① 핵심요소

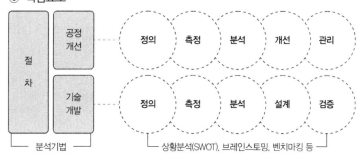

② 추진체계

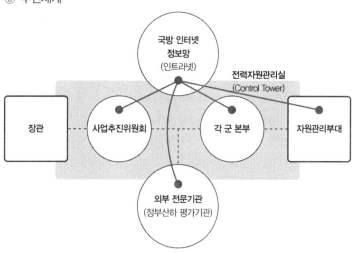

127	**모의시설** Dummy Installation	적을 기만하기 위하여 사용되는 위조건물 및 표지물로, 이는 아군의 진정한 사격목표로부터 적 화력을 다른 곳으로 유인 내지 분산시킴으로써 적의 화력을 약화, 지연 또는 혼란하게 하기 위하여 만들어진다.
128	**무선중계 통신망** Radio Relay Communication	통화거리를 연장하기 위하여 두 무선통신소 간에 중계장치를 설치하여 운용하는 통신망을 말한다.

129 **미니트맨** Minuteman	3단식 고체연료를 사용하는 미공군의 대륙 간 탄도탄으로 미국 핵전력 중에서 중추적인 위치를 차지한다. 1962년 지하 사일로로부터 발사에 성공하여 7월부터 실전에 배치되었다. 아틀라스 타이탄 등과 같은 초기 ICBM은 액체 연료를 사용하였기 때문에 발사준비에 많은 시간이 소비되고, 발사에 실패하는 경우도 있었다. 이러한 결점을 없애기 위해 고체연료로 전환이 요구되어 개발된 것이 미니트맨이다.
130 **민수** Civil Requirement	군·관수를 제외한 민간 소요를 말하며 동원 업체가 동원 업무 수행에 필요한 자원(인력, 물자)과 국민 생활에 필요한 물자의 소요를 말한다.
131 **반고정식 탄약** Semi-fixed Ammunition	포탄에 탄피가 영구적으로 붙어 있지 않고 탄피와 탄환을 결합하여 탄피 내의 장약을 조절함으로써 사거리를 증감시킬 수 있는 탄약을 말한다.
132 **반잠수정** Semi-Submarine Boat	적의 레이더망에 포착되지 않고 해안에 침투할 수 있는 소형의 공작선으로 잠수 시 수면으로부터 20 ~ 30㎝ 노출되며 노출부위는 반레이더 고무커버를 씌워 레이더에 포착되지 않는다. 예를 들면 북괴가 공작선(자선)으로 개발한 반잠 수정이 있다.
133 **방공식별구역** Air Defense Identification Zone	영공을 방위할 수 있도록 비행물체를 식별하여 위치를 확인하고, 필요시 군사상의 위협을 평가하기 위하여 공군작전사령관이 합참의장의 승인을 받아 설정하는 구역을 말한다. 특별히 한국임을 명시할 때는 한국방공식별구역(KADIZ)이라고 한다. 국가 방공상의 요구에 의해 설정되어 있는 공역으로 항공부대는 담당 방위구 역에 침입하는 항공기를 식별하여 무통보의 영공 침범기를 강제 착륙시킨다던지 영공으로부터 퇴거시키기 때문에 KADIZ 내를 비행하는 모든 항공기는 비행계획의 제출, 위치통보 등이 정해진 비행절차가 요구된다.
134 **방사선** Radiation	고속으로 운동하는 입자의 흐름과 파장이 짧은 전자파를 말한다. 방사선에는 알파선, 감마선, 베타선, 양자, 중양자와 무거운 원자핵의 선속이 포함된다. 방사선은 원자 또는 원자핵 등이 하나의 정상상태에서 에너지가 낮은 다른 정상상태로 이동할 때 방출된다.
135 **사선 강도** Radiation Intensity	특정시간 및 장소의 방사선 흡수량. 핵폭발 후의 특정시간의 방사선 강도를 표시하는 숫자와 함께 사용할 수 있다. 예를 들면 R13은 폭발시간 13시간 후의 방사선 강도이다.
136 **방사선량** Radiation Dose	물자나 물체에 의하여 흡수된 이온화 방사능의 총량으로서 통상 RAD로 표현 된다.

137 방사선량률
Radiation Dose

단위시간당 흡수된 방사선량을 말한다.

138 방사선 산란
Radiation Scattering

방사선이 방사선원(핵폭발)과 어느 정도 거리가 떨어져 있는 점간에 있는 원자, 분자 또는 대기에 있는 큰 입자나 기타의 매개체와 충돌 또는 상호작용하는 결과로서 방사선이 그의 원래 진로로부터 전향하는 현상을 말한다. 방사선이 산란된 결과로서 방사선(특히 감마선과 중성자)을 그 원천의 방향에서뿐만 아니라 여러 방향에 있는 점으로부터 받게 된다.

139 배속
Attachment

한 편성체에 부대나 인원을 일시적으로 배치하는 것으로서, 그러한 배치는 비교적으로 임시적인 것이다. 피배속 부대 지휘관은 명령에 의거 부과되는 제한 사항에 따르며, 배속자들을 받아들이는 부대이다. 단위 부대 또는 편성체의 지휘관은 편성된 인원에 대해서와 정도가 동일한 지휘관 및 통제권을 배속 인원에 대해서 행사하게 된다. 그러나 그 인원의 전속, 진급에 대한 책임은 통상 원 소속 부대 또는 편성체에 있다. 어떤 부대가 예속된 부대가 아닌 타 부대에 일시적으로 소속되는 것을 말하며, 이때는 피배속부대 지휘관이 그 부대를 지휘한다. 피배속 부대의 지휘관은 배속되는 부대의 보급, 행정, 교육 및 작전에 대한 책임을 진다. 그러나 그 부대의 보급 및 행정에 대한 책임이나 권한은 별도 규정 하는 바에 따를 수 있다.

140 병원집중치료반
Intensive Care Team

전·평시 대량으로 유입되는 응급환자를 신속하게 처치하기 위해 군병원급에서 운용하는 치료팀이며, 병원재분류소에서 환자상태에 따라 분류된 응급환자는 응급실, 치료실 Ⅰ, 치료실 Ⅱ 등의 처치구역에서 병원집중치료반에게 치료받는다.

141 보안 패치
Security Patch

운영체계나 응용프로그램에 내재된 보안 취약점을 보완하는 소프트웨어. 보안 패치를 하는 경우 취약점을 악용하는 악성코드 감염을 방지하고, 각종 PC 오류의 원인을 제거해 준다.

142 병참
Logistics Quartermaster

부대 전투력의 유지, 증대를 위한 작전지원 기능. 보급·정비·회수·교통·위생·건설·부동산·노무 등을 총칭하며, 개인이나 부대에 대한 식량·연료·탄약·무기·축성자재 등의 보급, 고장이 난 차량·함정·항공기 등의 무기의 수리, 파괴된 각종 물자의 회수, 도로·교량·건축물의 보수, 차륜·철도 등에 의한 인원·물자의 수송, 부상자의 치료, 기타 숙박·목욕·세탁·급식 등에 이르는 광범위한 업무를 포함하고 있다.

143 범세계 정보환경
Global Information Environment : GIE

군 또는 국가의 통제기구 밖에 위치하면서 수집·처리하여, 전 세계인에게 배포하는 사람·조직·체계들을 말한다.

144 범세계
지휘통제 통신체계
CENTRIXS – K

대테러 및 전쟁 지원을 위한 범세계(미국/동맹국/연합국)의 정보교환을 위한 체계로서 한·미 연합사령관과 참모들에게 연합작전 및 합동작전을 지원하기 위한 주 지휘통신체계로 한·미군 지휘관, 참모 및 실무 장교들에게 지휘통제를 위한 자동화 의사결정을 지원하는 수단을 제공한다.

145 북방한계선
Northern Limit Line

서해 백령도, 대청도, 소청도, 연평도, 우도의 5개의 섬 북단과 북한 측에서 관할하는 옹진반도 사이의 중간선(북위 37° 35'과 38° 03' 사이)을 말한다. 1953년 7월 27일 이루어진 정전협정에서는 남북한 간 육상경계선만 설정하고 해양경계선을 설정하지 않았다. 이후 1953년 8월 30일 당시 주한 유엔군 사령관이던 마크 클라크(Mark W. Clark)가 한반도 해역에서의 남북 간의 우발적 무력충돌 발생 가능성 을 줄이기 위한 목적으로 서해상에 당시 국제적으로 통용되던 영해 기준 3해리에 입각하여 서해 5도와 북한 황해도 지역의 중간선을 기준으로 '북방한계선(NLL)'을 설정하였다. 또한 동해상에는 군사분계선(MDL) 연장선을 기준으로 하여 북방경계선(NBL)을 설정하였다. 1996년 7월 1일 동해상의 북방경계선을 북방한계선으로 명칭을 통일하여 지금에 이르게 되었다.

146 비밀통신기술
Clandestine
Communication Technique

최대한의 보안을 유지하면서 의사전달을 목적으로 사용되는 면접 및 문서 등을 이용한 통신수단으로 비전자통신이 주로 활용된다.

147 생산 리드 타임
Production Lead Time

계약 장소와 구매된 물자의 보급시스템을 통한 수령까지의 시간 간격을 말한다.

148 사린
Sarin

도쿄 지하철 독가스 살포사건으로 널리 알려진 유기인계 맹독성 신경가스의 하나로, 무색·무취의 휘발성이 크고 독성이 청산가리보다 500배나 높아 1.2kg 정도 살포되면 반경 33m 지역이 오염되는 것으로 알려져 있다. 제2차 세계대전 중 나치가 대량살상을 목적으로 개발한 화학무기로, 사린은 매우 치명적이어서 수분 내에 목숨까지 앗아갈 수 있다. 호흡기, 직접 섭취, 눈, 피부를 통해 인체에 흡수된다. 증상은 주로 콧물, 눈물, 침, 다한, 호흡곤란, 시력저하, 메스꺼움, 구토, 근육경련, 두통 등이다. 불수의근과 샘을 공략, 근육이 지쳐 호흡이 곤란해진다. 즉각적인 응급처치는 옷을 벗고 흐르는 물이나 식염수에 눈을 소독하고 물로 피부에 묻은 오염물질을 제거하는 것이다. 대부분의 큰 병원에는 해독제를 준비해 놓고 있다.

149 상륙선거함
Landing Ship, Dock : LSD

인원 및 장비를 적재한 채로 상륙용 주정과 상륙장갑차를 수송하여 진수시키기 위하여 설계된 함정이다. 소형선박과 주정에 대한 제한된 선거와 수리근무를 제공한다.

150	**생존자 증후군** Layoff – Survivor Sickness	전쟁이나 천재지변 등 사고에서 살아남은 사람들이 겪는 심리적 고통과 불안감을 말한다. 구조조정이 일상화되면서 실업을 걱정하는 사람이 실제로 실업을 당한 사람보다 많은 스트레스를 받아 발생하는 정신적 외상도 생존자증후군으로 볼 수 있다. 생존자증후군은 산업재해로 이어지기도 하는데 구조조정에서 살아남은 사람들이 생존자증후군에 심각하게 노출될 경우 심근경색이나 뇌출혈 등 순환기 계통 질환으로 갑작스레 세상을 떠나거나 후유증을 앓는 경우도 많다.
151	**선발원 화학탄** Line – Source Chemical Munition	선발원탄은 항공기에 의하여 투발되고 살포탱크로부터 혹은 지상을 충격하는 일련의 소형 폭탄으로부터 투하선을 따라 화학작용제를 분산시킨다.
152	**상호군수 지원협정** Mutual Logistics Support Agreement : MLSA	전·평시 예상하지 못한 상황이나 긴급 상황에서 군수 지원, 보급품 및 용역에 대한 일시적인 긴급소요 발생 시 양국 간 상호 군수 지원을 하는 것을 말한다. 한·미간 상호군수 지원협정은 1999년 6월 체결되었으며, 2차의 개정을 통해 적용지역 및 적용대상품목을 확대하여 적용한다.
153	**수직이착륙 항공기** Vertical Takeoff and Landing Aircraft	기존 활주로의 설비 없이 수직으로 이착륙할 수 있는 고정익 항공기로서, 특히 상륙작전시 내륙으로의 진전에 따라 상륙목표지역 내의 우군지역에서 활주로 설치 없이 이착륙하여 근접항공지원 및 정찰을 실시하는 항공기이다.
154	**설영** Quartering	진영을 마련한다는 뜻으로 부대원의 숙식, 근무설비 및 보급품을 위한 수용시설의 준비와 관리를 말한다. 설영시설에는 야영시설, 병영시설 및 숙사시설 등의 형태가 있다. 야영시설은 엄체호, 개인천막, 대형천막 및 기타 임시시설이며, 병영시설은 영구시설(반영구 시설 포함)이고, 숙사시설은 민간인 및 공공건물이다.
155	**선택적 ABC 재고관리** ABC System of Inventory Management	기업에서 관리해야 할 재고목록이 증가함에 따라 이것을 효율적으로 관리할 필요가 대두되었다. 70%의 자본이 투입되고 10%의 재고를 의미하는 가장 비싸고, 회전율이 낮은 품목을 A로 지정하고, 20%의 자본이 투입되고 20%의 재고를 차지하는 것을 B로, 마지막 10%의 자본이 투입되고 70% 재고를 차지하는 것을 C로 분류하여 가장 중요한 ABC 순으로 재고를 집중관리 하는 방식이다. 즉 품목을 연간 수요금액을 기준으로 A, B, C 3개의 그룹으로 분류하여 그룹별 특성에 따라 재고통제의 정도를 다르게 적용하는 방식이다.
156	**소축척 지도** Small – Scale Map	1 : 600,000보다 작은 축척을 가진 지도이다. 1:700,000, 1:1,000,000, 1:30,000,000 등이 있다.

157 소모 보충 소요

소요의 형태별 분류에 의한 것으로, 소모 보충 소요는 최초 불출된 장비를 인가량 만큼 유지하는 데 필요한 소요와 사용 부대에 의하여 소모 또는 소비된 보급품과 망실품, 그리고 적의 활동에 의하여 파괴된 보급품을 보충하기 위한 소요이다. 보충 소요, 운영 소요라고 하기도 한다.

158 수중통신기
Under Water Telephone :
UWT

음파의 수중전파 원리를 이용하여 수중에서 무선으로 통신할 수 있는 장비를 말한다.

159 시계열 분석
Time Series Analysis

시간의 경과에 따른 어떤 변수의 변화 경향을 분석하여 그것을 토대로 미래의 상태를 예측하려는 방법이다. 시간을 독립변수로 하여 과거로부터 현재에 이르는 변화를 분석함으로서 미래를 예측하려는 동태적인 분석 방법이다. 시계열 분석은 과거의 변화 경향에 관한 계량적인 분석을 토대로 미래를 추정하는 방식이므로 예측의 객관적인 준거를 제시하고, 변화의 유형과 요소들을 분리시켜 파악하여 합리적인 판단과 통제에 도움을 준다.

160 시설동원
Installation Mobilization

중기, 기타 건설장비의 사용권, 도자, 건물, 중기 정비업체 및 건설업체의 동원을 말한다.

161 시설보안
Physical Security

장비, 시설, 물자 및 문서에 대한 비인가자 접근방지와 인원보호를 위해 계획된 시설대책과 관련된 작전보안의 한 분야이다. 시설보안은 적의 첩보행위, 태업, 손상 및 절도로부터 상기 내용들을 보호하는 것을 말한다.

162 스팅어미사일
Stinger Missile

지상군을 최대로 지원하기 위해 배당된 근접항공지원 자산을 재출격률에 의거 신속히 출동 후 공중 대기시키면서 지상군이 요구하는 시간/지점에 투입하고 잔여자산은 예비표적 또는 킬박스(Kill Box)로 임무 전환시키는 등의 적극적이고 공세적인 근접항공지원 형태를 말한다.

163 신속 보급 제도
Quick Supply System

직접 지원시설급 부대에서 선정된 수리부속품을 별도 저장하여 창고에서 약식 절차에 의거 수요자에게 직불하는 보급 제도를 말한다. 신속 보급 제도의 목적은 행정 간소화, 신속한 보급이다. 적용 부대는 직접 지원시설(사단 포함)과 직접 지원시설의 거래 부대(편성 부대, 공장 보급반)이다. 대상 품목은 규정 휴대량 목록(PLL), 인가 저장 목록(ASL), 단가 $7.50 또는 ₩5,000원 이하, 볼트, 너트, 스크류, 핀, 와셔 등 계수용 및 시장성이 없는 소형 품목 등이다. 제외 대상은 비밀, 취급주의 품목, 시효성 품목, 위험품목(인화성 물자), 폭발물, 계절성 품목 등이다.

164	**신호정보** Signal Intelligence : SIGINT	기술정보에 속하는 시각적 정보 이외의 각종 신호(Signal)를 대상으로 하는 경우 이를 신호정보(Signal Intelligence : SIGINT)로 분류한다. 신호정보는 과학기술의 발달에 따라 그 대상이 무한대로 확장될 수 있는 특성을 가지는데 인간의 음성, 모스(Morse)부호, 전화회선, 이메일, 무선통신 등의 각종 통신수단을 물론 레이더 신호, 레이저 등의 유도 에너지, 적외선의 방사현상, 방사능 물질의 방 사현상 등이 이에 포함된다. 음성, 전파 등의 각종 신호를 수집수단으로 하며, 인간의 통신수단, 즉 음성, 전신부호, 전화회선, 공중파, 전자우편 등을 도청 또는 감청하는 통신정보(Communication Intelligence, COMINT)가 대표적이다.

165	**아크 방전** Arc	가스를 통한 전기 방전이다. 음극 바로 옆에서 전압 강하에 의한 특성을 나타내며 근사적으로 가스의 이온화 전위와 같다. 절연 매질 사이에서 연속적으로 일어나는 전기 불꽃 방전이다. 일반적으로 전극의 부분적인 휘발이 발생한다.

166	**스노클 항해** Snorkel Navigation	길이 1.5m, 무게 15.8kg의 소형으로 어깨에 메고 발사할 수 있는 휴대용 대공 미사일을 말한다. 발사 후 목표물인 적의 항공기나 헬리콥터를 추적·파괴하는 첨단무기로 미국 제너럴다이나믹스사가 개발했다. 비행기 엔진에서 나오는 열을 역추적, 반경 11km 이내의 항공기를 파괴할 수 있는 초정밀 미사일이다. 특히 단거리에서 낮은 고도로 접근하는 항공기를 격추하는데 뛰어난 성능을 발휘하는 것으로 알려졌다.

167	**악작용** Malfunction	탄약이 정상기능을 발휘하지 못하고 장전 및 발사불능, 불발, 조기 및 지연폭발, 근원탄 발생, 비정상폭발 및 연소, 예광 및 조명 불능, 파열 및 파손, 조성 품 이탈 등 비정상적 상태가 발생함을 말하며 탄약 자체결함이 아닌 외부 영향에 의해서 발생된 악작용은 제외한다. 악작용은 기능미달 유형에 따라 다음과 같이 구분한다. ① A급 악작용 : 인명이나 장비에 대한 피해가 발생 되었거나 발생 가능성을 내포한 악작용 ② B급 악작용 : 소기의 기능을 발휘하지 못하거나 안전, 임무 수행에 지장이 없는 악작용

168	**암호법** Cryptography : Cryptosystem	수학적·전자 공학적인 방법을 활용하여 정보의 전송·보관 시 보호, 가입자의 인적 사항 등을 보호하는 것을 말한다.

169	**에이전트 오렌지** Agent Orange	베트남 전쟁 당시 베트콩 게릴라가 숨어 있는 정글을 파괴하기 위하여 미군이 뿌렸던 제초제 혼합물인 고엽제는 저장용기의 색깔에 따라 오렌지·화이트·블루 등 6가지로 불렸는데, 이 중 가장 많이 사용되었고 심각한 피해를 일으켰던 것이 바로 에이전트 오렌지이다. 에이전트 오렌지는 2,4,5 - T(2,4,5 - Trichlorophe noxyacetic Acid)와 2,4 - D(2,4 - Dichlorophenoxyacetic Acid)가 동량 혼합된 합성 물질인데, 여기에는 다이옥신 성분이 포함되어 있다. 다이옥신은 유산, 기형발생, 암, 피부병 등의 장애 및 질병을 일으켜 베트남인과 참전 병사들이 큰 피해를 입었다. 이 고엽제를 만든 미국의 다우케미컬 사는 1971년 사용이 중단되기 직전까지 고엽제의 독성에 대해 숨겨왔다.

**170 양심적
병역거부**
Conscientious Objector

헌법은 '모든 국민은 양심의 자유를 가진다.'고 규정하고 있다. 여기서 양심이란 세계관, 인생관, 주의, 신조 등을 뜻한다. 병역법에 따라 정당한 사유 없이 입영하지 않는 사람은 3년 이하의 징역을 받는다. 유엔인권위원회는 종교적 병역 거부자가 어떠한 정치·종교적 이유로도 차별받아서는 안된다고 결의한 이후에 2019년 12월 27일 대체복무역과 관련한 병역법이 통과되었다. 「대체역의 편입 및 복무 등에 관한 법률」에 따라 양심의 자유를 이유로 현역, 예비역 또는 보충역의 복무를 대신하여 병역을 이행하기 위한 대체역의 편입 및 복무 등에 관한 사항을 규정하였다. 헌법이 보장하는 양심의 자유를 이유로 현역, 예비역 또는 보충역의 복무를 대신하여 병역을 이행하려는 사람은 입영일 또는 소집일의 5일 전까지 대체역 심사위원회에 대체역으로 편입을 신청할 수 있다. 「대체역의 편입 및 복무 등에 관한 법률 시행령」 제18조에 따라 대체복무기관은 교도소, 구치소, 교도소·구치소의 지소와 같은 기관에서 진행된다.

171 우주항공기
Aerospace Craft

항공우주, 특히 대기권 내에 어느 곳에서도 운용되도록 고안된 항공기이다.

172 연합공군 군수본부
Combined Air
Logistics Center : CALC

전·평시 한·미 인원으로 구성되어 운영되는 연합공군사령부의 연합군수참모기관으로서, 공군작전을 지원하기 위하여 한·미 군수협력 및 배속 부대 군수자원을 조정·통제하고 상호 군수지원을 협조하는 상설 군사협조기구를 말한다.

173 영상해석
Imagery Interpretation

영상에 나타난 물체와 활동 및 지형의 위치를 확인·인식·식별·설명을 하는 과정을 말한다.

174 영상정보
Imagery Intelligence :
IMINT

지상 및 공중에서 광학사진과 전자광학 영상, 레이더 및 적외선 영상 센서를 사용하여 획득된 첩보를 분석 또는 해석을 통하여 획득된 기술적·지리적 정보 및 첩보를 말한다.

175 영상표적
Silhouette Target

형상은 명백히 보이지 않으나 암영으로 윤곽이 나타난 인원 혹은 물체의 암영으로 된 연습용 표적을 말한다.

176 유도무기
Guided Weapon

전자장치로 지령되거나 스스로의 기능에 의하여 발사된 후 침로나 속도를 수정하여 어떤 지점 또는 목표에 도달하거나 명중하는 무기를 말한다. 공중 또는 수중의 경로를 내부장치 또는 외부장치로부터의 유도지령에 의하여 수정함으로써 목표에 도달한다.

177 외부조달
Outsourcing

조직이 필요로 하는 특정 재화나 서비스를 조직 내부에서 직접 생산해 충당하지 않고 이를 외부로부터 구매하는 방식으로 대체하는 것을 의미한다. 아웃소싱의 전형적인 형태로는 행정기관이 공공서비스를 제공할 때 외부 공급자와 상업적인 계약을 통해 업무를 대신 수행하도록 하는 것을 말한다. 이는 한 조직에서 여러 가지 많은 일들을 수행하지 않고 고도의 기술을 보유한 외부 업체들에 일을 맡겨 조직의 효율성을 제고하고자 하는 기법이다. 민간위탁과는 법령상 규정된 대상 기능 범위에 따라 구분되나 내용이나 성격 면에서는 큰 차이가 없다.

178 원개형 탄약고
Igloo Space

탄약과 폭발물을 저장하는 콘크리트 및 강철구조물을 흙으로 덮은 탄약고를 말한다.

179 육군항공기 표준비행경로
Standard Army Aircraft Flight Route : SAAFR

육군항공자산의 전투지원 및 전투근무지원을 위한 항공기의 안전한 활동을 보장하기 위해 협조고도 이하에 설치하는 공역통제 수단이다.

180 웜 바이러스
Worm Virus

컴퓨터, 네트워크, 사용자에 대한 정보를 입수한 뒤, 다른 시스템의 소프트웨어적 취약점을 이용하여 침투한 후 자신의 복사판을 만들어 옮기는 방법으로 시스템과 네트워크를 마비시키는 악성 프로그램을 말한다.

181 유사잠수함
Probable Submarine

주어진 모든 정보에 의해 잠수함으로 사료되나 육안으로 확인치 못한 수중 접촉물을 말한다.

182 유효풍통신문
Effective Downwind Message

핵무기 2KT, 5KT, 30KT, 100KT, 300KT, 1MT에 대한 유효 아랫바람 방향과 유효 아랫바람 속도를 숫자로써 나타낸 것이며, 간이 낙진예측에 사용된다.

183 음향통신
Sound Communication

나팔, 호각, 사이렌 등 음향을 이용한 통신법의 총칭이다.

184 와셔 탄약
Wasa Ammunition

한국전쟁 이후 전시를 대비해 미국이 한국에 비치한 탄약분을 말한다.

185 의무보급협조단
Medical Supply
Coordination Group
: MSCC

의무군수정보를 수집하고 이를 조치 및 협조하도록 편성된 한·미 의무군수협 조기구를 말한다. 의무보급협조단은 한국과 미군의 작전능력에 심대한 영향을 미치는 8종 보급품에 관한 문제점을 해결하기 위해 협조하며, 통제품목의 할당 및 불출에 관한 방침, 지침의 발전, 국가 간 의무물자 이양을 협조하는 등의 기능을 수행한다.

186 이동전개형
의무시설
Deployable Medical
System

전시 의무지원이 필요한 지역에 신속히 전개하여 의무지원 기능을 발휘하기 위해 의무장비와 물자를 갖춘 기동화 된 시설을 말한다.

187 이중선체
Deployable Medical
System

1개의 압력선체 외부에 전체적으로 또 다른 1대의 비압력선체가 쌓여져 이루어진 잠수함 구조를 말한다.

188 작전환경
Operational
Environment

합동전력 운용에 직·간접으로 영향을 미치는 상황 및 환경, 영향요소들의 복합체. 지상·해상·공중·우주의 물리적 영역 및 요소와 정보환경을 포괄하고, 합동작전과 연계된 적대·우호·중립국의 모든 활동이 포함된다.

189 잠수정
Midget Submarine : SSM

특수부대의 수중침투나 정찰을 위해 사용하는 150톤 이하의 소형 전투잠수정이다.

190 작전대기상태
Operational State of Alert

평시(우발, 기습) 및 방어준비태세 증가에 따라 방공포병부대의 즉각적인 전력발휘를 위한 인원, 장비의 작전상태 및 부대 교육훈련·정비를 위한 상태를 말한다.

191 잔류방사선
Residual Radiation

낙진, 인공적으로 산포한 방사선 물질 또는 핵폭발의 결과로 일어나는 방사로 인하여 생기는 핵방사선을 말한다.

192 잔류핵방사선
Residual Radiation

핵무기가 폭발하여 형성되는 분열생성물, 미분열 물질 그리고 중성자 감응방사선 물질에서 방출되어 1분 후부터 영향을 주는 방사선이다.

193 잠수함
Submarine : SS

자체 잠수할 수 있는 300톤 이상의 함정으로 독립작전이 가능하며 주무장은 어뢰나 어뢰발사관, 발사용 유도탄 로켓을 장착할 수 있다.

| 194 | 재고관리 | 물자 재고의 최적보유량을 계획, 조정, 통제하는 일이다. 보급기관에서 장차의 수요에 신속히 그리고 경제적으로 적응할 수 있도록 재고를 최적정 수준으로 유지하고 과학적으로 관리하여 사용 부대의 수요를 가장 효과적이고 능률적으로 충족시키는 과학적인 관리활동을 말한다. |

194 재고관리

물자 재고의 최적보유량을 계획, 조정, 통제하는 일이다. 보급기관에서 장차의 수요에 신속히 그리고 경제적으로 적응할 수 있도록 재고를 최적정 수준으로 유지하고 과학적으로 관리하여 사용 부대의 수요를 가장 효과적이고 능률적으로 충족시키는 과학적인 관리활동을 말한다.

195 전략 군수
Strategy Logistics

국가의 군사력을 지원하는 데 있어 필요한 자원을 계획하고 제공하는 국가적 차원의 군수 분야이며 각종 동원을 통한 군수 지원, 기지 설치 지원, 생산(공급)지에서 전구까지 전략 수송, 시설의 획득과 건설, 서비스, 동맹국의 군수 지원을 포함한다. 전략 군수는 국가 경제와 군 전력의 다리 역할을 한다고 할 수 있으며 군대와 그 작전을 지원하기 위한 국가적 수단을 제공하고 있다. 군대를 위해 적절한 군수 지원을 제공할 수 있는 국가적 능력이 전쟁 수행에 필수적인 전투력의 생성과 유지에 가장 필수적 요소라 할 수 있다.

196 자주국방
Self – Defence

자국의 국방태세를 타국에 의존하지 않고, 자주성을 가지고 자기 책임으로 실시하는 것으로 자주방위라고도 한다. 국가 간의 역학관계가 미묘한 국제환경 속에서는 침공해 오리라 예상되는 적성국이 단일국가에 한하지 않으므로 한 국가가 우방의 협력이나 원조 없이 순수한 자기 힘만으로 군비의 유지, 무기의 개발 및 제조, 작전 연구 등의 모든 문제를 해결해 나아가기란 거의 불가능하게 되었다. 따라서 오늘날의 자주국방이라는 개념은 집단안전보장체계를 전제한다. 결국 한 국가의 자주국방이란 자국의 국방에 관한 한 자국의 국력을 골간으로 하고 집단안전보장체제에 의한 우방의 군사력을 자위력의 보완수단으로 할 수 있도록 상당한 수준의 자기 군비를 갖추어서 국방에 관한 독립성을 유지하는 것이라 할 수 있다. 그러므로 군사력의 조직, 무기의 개발 및 생산, 경제, 국민의 사상 등을 포함한 국력 전체가 가상적국의 침공능력을 능가할 수 있는 수준에 도달되었을 때 비로소 자주국방을 이룩할 수 있게 되며, 또한 그것은 타국의 원조나 협력 없이 자력으로 국가의 독립과 국민의 자유를 보장할 수 있는 이른바 자력국방을 지향하는 것이어야 한다. 다른 나라에 국방태세를 맡기지 않고 자주적으로 실시하는 것을 의미한다. 하지만 우방의 도움 없이 자주적으로 국방을 지키는 것이 불가능하여 집단안전보장체제를 통해서 국방의 독립성을 유지한다.

197 잠수함 고시
Submarine Notice
: SUBNOTE

잠수함 안전해역 및 잠수함 경비구역 밖에서 작전 및 이동하는 잠수함의 안전을 위하여 잠수함의 국적, 함명, 예정 도착시간, 항로, 속력 및 구역 등에 관한사항을 함대사령관을 거쳐 지역 및 단위 사령관에게 전달되는 전문 또는 서신을 말한다.

**198 잠수함
비상식별 신호**
Submarine Emergency
Identification Signals

잠수함이 비상사태에 처했을 때, 이를 알리기 위하여 사용하는 신호로서 적색은 잠수함이 위기상태 시 사용하며, 황색은 부상을 알리기 위해 사용하고, 흑색 또는 녹색은 어뢰를 발사했을 시 사용되는 신호를 말한다.

199	**잠수함방책** Submarine Barrier	순수한 잠수함으로 구성된 대잠방책을 말한다.
200	**잠수함** **안전구역** Submarine Havens	잠수함이 예정항로에 따라 그 주위에 설정한 이동구역으로서 이 구역에서는 잠수함은 공격당하지 않으며 수상함정은 피해야 한다.
201	**잠수함** **이동안전구역** Moving Haven : MHN	잠수함의 이동항로에 특정한 크기 및 전진속력이 부여된 구역으로서 상호간섭방지(PMI)를 위하여 잠수함이 반드시 위치하여야 한다.
202	**잠수함** **안전항로** Submarine Safety Lane	잠수함 이동 시, 우군세력에 의해 공격받는 것을 방지하기 위해 설정된 특정 해상교통로를 말한다. 지정된 경비구역으로부터 잠수함 통과를 위해 배타적으로 사용되는 특정한 해상항로로서 잠수함 안전항로에서는 항공기, 수상함이 잠수함을 공격할 수 없다.
203	**잠수함** **자유부상구역** Stovepipe, Safety Ring	2척 이상의 잠수함이 심도가 분리된 상태에서 작전 시, 하부심도 구역에서 작전 중인 잠수함이 자유로이 부상할 수 있도록 설정된 구역으로 상부심도 구역 작전 잠수함은 이 구역에 진입할 수 없다.
204	**잠수함** **작전심도** Submarine Operating Depth	잠수함이 작전하는 수면 또는 수중심도를 말하며 다음과 같이 대별한다. ① 수면 : 잠수함이 완전히 수면에서 부상하여 행동할 때 ② 반수면 : 잠수함이 잠수하기 시작 혹은 부상하기 시작할 때의 심도 ③ 스노클항해 : 잠수함이 스노클항해를 할 때의 심도 ④ 잠망경 심도 : 잠수함의 잠망경 또는 레이더를 내놓고 항해할 때의 심도 ⑤ 잠수심도 : 잠수함이 완전히 잠수하였을 때의 심도
205	**잠수함** **탐지거리예보** Submarine Range Prediction	잠수함 작전을 지원하기 위하여 모든 대양의 전파손실과 거리탐지 조건을 제공하는 체계를 말한다.
206	**잠수함** **회피장치** Submarine Evasive Devices	잠수함이 허위반향을 생성시켜 자체 소음을 은폐함으로써 음탐기 작동 시나 유도어뢰를 혼란시키기 위한 잠수함용 모든 장치를 말한다.

207 잠수함강습부대
Submarine Striking Forces

유도 또는 탄도미사일 발사장치를 보유하는 잠수함으로 핵공격을 할 수 있는 유도기능을 구비한 잠수함부대를 말한다.

208 전령통신
Messenger Service

통신문을 직접 송달하는 통신수단으로서 모든 부대에서 운용할 수 있는 가장 보안성이 양호하고 신뢰성과 융통성을 가지는 통신수단이다. 이는 긴 통신문이나 부피가 큰 문서를 송달하는 데 가장 효과적인 수단이다.

209 전방

공중수송방법으로 환자를 전장 내의 지점 간이나 전장으로부터 최초 치료지점까지 그리고 전투지대 내의 차기 치료지점으로 후송하는 단계를 말한다.

210 전술지도
Tactical Map

전술 및 행정목적으로 사용되는 대축척도를 말한다.

211 전술항공지원반
Tactical Air Support Element

전술항공지원을 현행 전술지상작전에 조정하고 통합하기 위하여 육군의 사단, 군단 또는 야전군의 전술작전본부(TOC) 내에 위치한 G2 및 G3 항공요원으로 구성된 기구이다.

212 전시파손항공기 긴급수리대
Aircraft Battle Damage Repair Section

전시 전투임무 또는 전투임무 지원비행 중 적의 공격이나 기타 원인에 의하여 항공기 파손 시 임무에 투입하기 전에 수리를 완료하기 위한 작업조를 말한다.

213 전자파
Electronic Wave

전계(電界), 또는 자장(磁場)의 주기적 변화에 의하여 전파와 자파가 동시에 서로 동반하여 널리 공간에 전파되는 행동을 말한다.

214 전시작전통제권
Wartime Operational Control

한반도 유사시 군의 작전을 통제할 수 있는 권리로, 전시작전권이라고도 한다. 한국군의 작전권은 평시작전통제권과 전시작전통제권으로 나뉘어져 있는데, 평시작전통제권은 한국군 합참의장이 갖고 있다. 전시작전통제권은 한미연합사령관(주한미군사령관)에게 있다. 여기서 전시란, 데프콘Ⅲ(중대하고 불리한 영향을 초래할 수 있는 긴장상태가 전개되거나 군사개입 가능성이 존재하는 상태)이 발령되었을 때를 말한다. 보통 적국에서 대규모로 부대 이동을 하거나, 전시 비축 물자 방출 등 전면전 감행 징후가 매우 높아질 때 데프콘이 격상된다. 데프콘 격상은 한·미 양국 합참의장에 건의한 뒤, 양국 대통령의 승인을 받아야 한다.

215 전자광학자료
Electro Optical Data

핵 자외선 및 적외선 범위 전부를 감시할 수 있는 전자광학 스펙트럼에 대한 광학 감시로 획득한 자료를 말한다.

216 전자광학장비
Electro Optical
Equipment

카메라의 필름 대신 전자광학장치를 부착하여 촬영된 영상을 전기적인 신호로 바꿔 실시간 전송하는 장비로 탑재수단으로는 U − 2R, UAV, 정찰위성 등이 있다.

217 전자기 스펙트럼
Electromagnetic
Spectrum

어떠한 전자기 복사에서 나타나는 주파수 또는 파장을 의미한다. 특정한 스펙트럼은 단일 또는 넓은 주파수를 포함할 수 있다. 영에서 무한대까지의 전자기 방사 주파수 범위로서 26개의 알파벳순으로 지정된 대역(밴드)으로 구분된다. 전자기 스펙트럼을 치밀한 계획, 관리 및 통제를 통하여 사용의 효율성을 높이고 상호 간섭을 예방하여 정상적인 운용이 가능하도록 하는 작전성 검토를 포함한반기술 및 행정절차를 전자기 스펙트럼 관리라고 한다.

218 전자기적합성
Electro−Magnetic
Compatibility : EMC

무기체계 및 장비가 다른 무기체계 및 장비에 영향을 주지 않으며, 동시에 운용되는 전자기 환경에서도 영향을 받지 않고 그 성능을 충분히 발휘할 수 있는 능력이다.

219 전자방사통제
Emission Control
: EM− CON

전자보호(EP)의 일부로서, 아군 전자장비의 특성을 탐색 및 탐지하여 방사원의 위치를 결정하려는 적의 행위를 거부하고 아군부대 상호 간의 상호간섭을 감소시키기 위하여 전자파 방사를 통제하는 것을 말한다.

220 전자방해
Electronic Jamming

적이 사용하는 전자기기, 장비 또는 체계의 이용도를 약화시키기 위해 전자파 에너지를 계획적으로 방사·재방사 또는 반사시키는 것을 말한다.

221 전자병기
Electronic Weapon

전자기술을 응용한 군용병기이다. 극초단파 전자관 회로를 이용하여 적을 찾아내고 조종사격, 대피 등을 자동적으로 제어할 수 있도록 제작된 장비이다.

222 전자보안
Electronic Security
: ELSEC

전자장비 및 레이더와 같은 비통신 전자기 방사를 도청하거나 연구하여 가치 있는 첩보를 획득하는 적의 전자정보활동을 거부하기 위해 취해지는 제반 보호책을 말한다.

223 전자보호
Electronic Protection : EP

적의 전자공격(EA)으로부터 아군의 전자시설을 보호하는 것으로서 우군에 관한적의 첩보수집 능력을 최소한으로 억제하는 대전자전지원(anti − ES)과 우군의 전자장비가 방해 및 기만을 받을 때 피해를 최소로 줄이고 전자장비의 기능을 계속 최대로 유지하기 위한 대전자공격(anti − EA)으로 구분한다.

224 **전자식별** Electronic Identification	피아 식별장비(IFF/SIF)에 의해서 적기, 불명기, 우군기에 대한 식별과 레이더에 의하여 속도, 고도 및 위치를 판단하는 행위를 말한다.
225 **전자식별인식** Radio Frequency Identification : RFID	자동인식 기술의 하나로 스마트카드 또는 바코드와 같이 데이터 입력장치의 일종으로 개발된 무선에 의한 인식 기술체계를 말한다.
226 **전자엄폐** Electronic Cover	우군 전술부대의 위치탐지를 거부하고 우군의 능력이나 의도를 적으로 하여금 오도하게 하기 위하여 지휘통제통신 정보체계 및 무기체계와 관련된 전자기 방사의 억제, 통제, 변경 또는 가장하는 것을 말한다.
227 **전자위장** Electronic Camouflage	도청을 하는 적이 전자장비를 이용하여 아군의 부대위치, 군수품, 장비 또는 시설을 탐지 확인할 가능성을 최소로 줄이기 위하여 허위 전자신호를 발사하거나 방사 되는 전자신호를 변경하여 적이 탐지하고자 하는 목표물을 위장하는 것을 말한다.
228 **전자장벽** Electronic Barrage	대전자보호의 하나로서 광범위한 주파수에 걸쳐 동시적인 전파방해에 대한 대책을 말한다.
229 **전자정보** Electronic Intelligence : ELINT	핵폭발 또는 방사성 물질이 아닌 다른 출처로부터의 전자방사나 비통신망 전자기 방사로부터 기술 및 위치 등에 대한 첩보를 수집하여 획득된 비통신정보를 말한다.
230 **전투예비탄약** Combat Reserve Am- munition	전쟁초기에 보충수요를 충당하기 위하여 보유하여야 할 탄약의 수량을 말하며, 일수로 표시된다.
231 **전투차량** Combat Reserve Am- munition	특수 전투기능을 위해 제조된 장갑 또는 비장갑으로 된 차량으로, 부가적 장비로서 장갑방어 또는 무장장비가 비전투 차량에 설치되는 경우에는 그 차량을 전투차량으로 구분하지 않는다.
232 **점발원 화학탄** Mucosa	점발원탄은 작용제를 단일점으로 분포시키는 것을 말한다. 예를 들면 항공기에 의하여 투발되는 대형 화학폭탄이나 화학지뢰 등이며, 복수 점발원과 비교되는 말이다.

233 **정밀측정장비**
Test Measurement and
Diagnostic Equipment
: TMDE

장비 및 보급품이 기준 설계도와 규격에 명시된 기준에 적합한가를 측정·시험·검사·분석·조정하는 데 사용되는 장비를 말하며 계량측정기 또는 시험·측정 및 진단장비를 의미한다.

234 **정보관**

정보에 관한 업무를 취급하는 공무원으로, 국가, 정치 체제의 기밀 따위를 다루며 정보활동 따위의 역할을 담당한다.

235 **정보통신**
Information Communi-
cation

유선·무선·광선 및 기타의 전자적 방식에 의한 회선에 문자, 부호, 영상, 음향 등 정보를 저장 처리하는 장치나 그에 부수되는 입출력 장치 또는 기타의 기기를 접속하여 정보를 송신, 수신 또는 처리하는 전기통신을 말한다.

236 **정보통신준칙**
Information Communica-
tion Standing Instruction

통신전자규정에 포함되어 있는 항목에 대한 용도를 설명하는 일련의 지시이다. 여기에는 통신운용을 협조하고 통제하는데 필요한 다른 기술적 지시도 포함될 수 있다.

237 **정보환경**
Information Environment

정보를 수집, 처리, 전파하고 정보를 기반으로 행동하는 개인, 조직 및 체계의 집합체를 말한다.

238 **정부행정지원**

정부행정기능(입법, 사법, 행정권)을 정상화시키고 강화하기 위한 군의 제반 지원활동을 말한다.

239 **조작 통신기만**
Manipulative
Communication Deception

적에게 허위정보를 제공할 목적으로 아군의 통신망에 조작된 통신문을 사용하는 것을 말한다.

240 **종합정보통신망**
Integrated Service
Digital Network : ISDN

전화, 팩시밀리, 데이터 통신, 화상정보 등 다양한 정보를 디지털화 된 하나의 네트워크로 형성한 시스템을 말한다.

종합군수지원

Integrated Logistic
Support : ILS

무기체계를 효과적이고 경제적으로 운용하기 위해서 설계 · 개발 · 획득 · 운영 · 폐기의 수명주기 과정을 관리하는 활동을 의미한다. 무기체계의 성능, 안전, 경제성, 가용성 등이 복합적으로 군수지원분석을 토대로 종합군수지원(ILS)요소가 개발된다.

① **연구 및 설계반영** : 종합군수 지원 소요의 탐색연구, 경험제원 수집, 유사 무기체계 자료 연구 등 연구를 통하여 무기체계의 소요기획 · 연구개발 · 시험평가 · 전력화평가 후 야전 배치에 이르기까지 종합군수지원 모든 과정에 군수 지원요소 및 요구사항을 반영한다. 설계반영에는 고장진단 및 정비 접근성과 인간공학적 요소가 반영되도록 설계하며, 가능한 표준부품을 적용하고 키트(Kit)단위 보급 등 보급지원이 용이하도록 한다.

② **표준화 및 호환성** : 장비 및 물자의 개발 또는 획득 시에 소요되는 재질 · 구성품 · 소모품 등이 배치운용 중인 장비와 호환성을 유지하도록 지원소요를 단순화한다.

③ **정비계획** : 정비 지원이 용이하도록 하기 위하여 필요한 지원요소를 개발하여 분석하고, 획득과정을 통하여 계속 개선되도록 하며, 정비개념 설정과 정비 업무량 추정 및 분석, 창정비요소 개발, 정비 지원시설 소요 및 정비할당표, 정비기술요원 소요 및 수준, 정비 대충장비 소요 및 지원책임, 하자보증 및 사후관리지원의 수행방법 등을 포함한다.

④ **지원장비** : 무기체계 운영을 지원하기 위한 지원장비는 호환성을 유지시켜 현용 지원장비를 최대한 사용할 수 있도록 반영하며, 지원장비에는 시험측정 및 검 · 교정장비, 물자취급장비, 보조장비 및 물자, 유류 및 탄약지원 장비, 근접 정비 지원용 장비 등을 포함한다.

⑤ **보급지원** : 동시조달수리 부속 소요량, 규정휴대량목록 및 인가저장목록 설정, 정비용 공구, 유류 및 탄약 소요, 보급저장수준 설정 등 초도보급 소요와 운영유지를 위한 물자, 제원, 보급계획 등 이와 관련된 지원사항을 포함한다. 획득된 동시조달수리 부속 중 3년 이상 운용 후 실수요가 발생하지 않은 부품에 대해서는 가능한 역판매(Buy – Back)할 수 있도록 협상 및 계약에 포함토록 추진한다.

⑥ **군수인력운용** : 무기체계의 운영유지에 소요되는 기술수준에 맞는 인력과 인력충원 요소로써 장비운용요원, 정비요원, 보급요원, 교육소요인력 등이 포함된다.

⑦ **군수지원교육** : 교육훈련은 새로운 무기체계를 운용하기 위한 초도 배치 전교육훈련과 전력화 이후 손실 인력을 충당하기 위한 양성교육으로 구분하여 계획하며, 기술요원에 대한 교육훈련은 운용자 교육훈련과 협조되고 설정된 기술수준 도달에 필요한 교육계획 등을 포함하며 종합군수 지원계획에 반영한다.

⑧ **기술교범** : 운영유지에 필요한 기술교범은 사용자 교범, 보급교범, 부대정비교범, 야전정비교범, 창정비교범, 전자식기술교범 등으로 구분한다.

⑨ **포장, 취급, 저장 및 수송** : 무기체계의 주장비 및 군수 지원요소가 안전하고 경제적으로 포장, 취급, 저장 및 수송될 수 있도록 설계 시 반영하고, 수송소요 및 수송형태는 체계 개발동의서에 포함한다. 해외구매 무기체계는 협상 및 계약 시 차량 및 열차 등 수송문제와 항만, 철도에서 적재, 하역 등 취급에 관한 사항, 구성품 포장체계 및 저장에 관한 상세한 제원을 획득하여 계획에 반영한다.

⑩ **정비 및 보급시설** : 무기체계의 군수 지원임무(저장 · 정비 · 보급 등)를 수행하는 데 필요한 부동산과 관련설비로 무기체계의 지속적인 관리를 위해 필요한 시설을 포함한다.

⑪ **기술자료관리** : 무기체계의 운영유지와 관련된 기술자료 묶음, 운용제원(수요제원, 보급제원, 정비관리제원, 기술특기현황 · 교육훈련 제원 및 수준)으로 구분하며, 필요시 영상, 음향자료 및 전산자료를 포함한다.

242 주파수
공용 통신
Trunked Radio System

하나의 주파수를 한 사람이 이용하는 이동전화 시스템과는 달리 하나의 주파수를 여러 사람이 공동 사용할 수 있는 첨단 이동통신 방식이다. 하나의 주파수로 일대일 통화가 아니라 일대 다수 통화가 가능해 주파수 이용 효율을 극대화할 수 있으며 일반 전화와의 접속 및 데이터 전송이 가능하여 무선 컴퓨터, 팩시밀리 통신 등 다방면으로 활용이 가능한 시스템이다.

243 주파수 도약
변조
Frequency Hopping
Modulation

기존의 주파수 고정 방식이 단일 주파수로 송신하는 것과는 달리, 짧은 시간 간격으로 주파수를 변경해 가면서 정보를 송신하는 방식을 말한다.

244 지도거리
측정기
Map Measurer

1개의 작은 바퀴 혹은 로라의 다이얼로 구성된 기구로서 바퀴를 도상의 한 지점으로부터 다른 한 지점까지 굴리면 구간의 거리가 다이얼에 나타나게 되는 계기이다.

245 지면반향영상
Ground Clutter Video

레이더 수신기가 높은 산 또는 지표상의 영향으로 인해서 레이더에서 반사된 신호를 수신함으로써 평면위치 지시기에 안테나 고각의 위치에 따라 고정적으로 나타나는 현상을 말한다.

246 지상형 탄약고

시멘트 블록벽과 콘크리트 바닥, 스레트 또는 경금속 재질의 지붕으로 되었고 피뢰침과 통풍 장치가 설치되어 있으며, 89평, 131평, 14평, 28평 등이 있다. 장점으로 양호한 통풍과 습기 발생 억제, 탄약 저장에 적합하며 단점으로 계절별 일정 온도 유지 곤란, 화재 및 파편 위험 등이 있다.

247 지역통신소
Area Communication
Post

지역지원을 위한 격자형 통신체계의 핵심통신소 기능을 수행하는 통신소로서 인접 지역통신소, 근접지원통신소, 부대통신소 등을 접속하여 각종 통신요소의 수용과 자동중계 및 자동우회 교환제공 역할을 수행하는 통신소를 말한다.

248 지향전파유도
Beam Rider Guidance

지령유도의 일종으로 통제 위치에서 레이더 등에 의해 목표를 정밀하게 추적, 목표를 향해 가느다란 전파빔 등을 조사하여 이 빔 중심에 비행체를 유도함으로써 목표에 명중시키는 유도방식이다. 최근에는 전파 대신 레이저광선을 사용하기도 한다.

249 직접항공지원
본부
Direct Air Support
Center : DASC

상륙작전 중 육상 화력지원본부 근처에 설치되는 최초의 중요 항공통제기구로서 근접항공지원 및 돌격지원 작전의 상륙부대를 지원하기 위한 전구항공통제본부 예하의 항공통제기구이다.

250	**지휘통신체계** Communications System	지휘통제를 지원하기 위한 수단 중의 하나로 지휘소 내부 또는 상하 인접부대 간 정보의 저장, 분배, 전송을 통한 정보유통과 전장의 가시화를 가능하게 하는 종합체계이다. 여기에는 합동지휘통제체계(KJCCS), 군사정보통합처리체계(MIMS), 각 군의 전장관리체계(육군의 ATCIS, 해군의 KNTDS, 공군의AFCCS 등), 합동자동화종심작전협조체계(JADOCS) 등이 있다.
251	**지휘통신협조단** Communications System Coordination Group : CSCG	전·평시 韓 합참과 美 한국사간 통신체계 운용을 협조하고, C4I체계의 상호운용성 보장을 위한 상설 군사협조기구이다.
252	**주간항해표지** Daymark	주간에 항해 보조물로 사용되는 표지 또는 어로작업이나 해저전선 부설 등의 특수업무에 종사하는 선박이 조합의 부자유함을 나타내기 위하여 게양하는 표지 또는 신호를 말한다.
253	**중축척지도** Medium Scale Map	1 : 600,000보다 크고 1 : 75,000보다 작은 축척의 지도로서 부대 및 보급품의 이동과 집중을 포함하는 작전계획 수립용으로 사용된다.
254	**지휘통제·통신 체계** C3 System	지휘관이 임무 완수를 위하여 부대를 계획, 지시, 통제하는 데 필요한 지휘통제 체계와 통신체계가 합쳐진 체계를 말한다.
255	**지휘통제·통신· 컴퓨터 및 정보 체계** C4I System	C4체계와 정보체계를 유기적으로 연동·통합시켜 자동화된 정보 또는 정보체계를 운용하여 지휘관이 임무 달성을 위하여 부대를 계획하고, 지휘 및 통제할 수 있도록 지원하는 체계를 말한다.
256	**지휘통제·통신· 컴퓨터·정보 및 감시·정찰**	C4I체계와 SR체계를 연동한 복합체계로서, 탐지수단과 이를 처리하기 위한 자동화된 네트워크를 통한 효과적인 지휘통제에 의하여 작전을 지원하는 미래의 핵심 기반체계를 말한다.

257 지휘통제 · 통신 · 컴퓨터체계
C4 System

지휘관의 지휘통제를 지원하기 위하여 지휘, 통제, 통신, 컴퓨터를 유기적으로 연동시켜 교리, 절차, 인원, 장비, 시설 등을 적시적이고 효율적으로 활용하기 위한 체계를 말한다.

258 차량화부대
Motorized Unit

타 부대의 지원 없이 인원, 무기 및 장비를 동시에 이동할 수 있도록 완전히 수송화된 부대를 말한다.

259 초기 핵방사선
Initial Radiation

핵폭발에 따라 발생하는 핵방사선으로서 화구로부터 폭발 즉시 방출되는 방사선, 폭발순간에 방출되는 중성자와 감마선과 상승하는 화구와 구름 등에서 방출되는 알파, 베타 및 감마선이 포함된다. 잔류 핵방사선에 비하여 지면상의 인원이나 물자에 대한 영향은 상승하는 원자운이 유효방사 거리 내로부터 제거됨으로써 소멸된다.

260 진돗개 경보

진돗개 경보는 진돗개의 이름을 따서 만든 대한민국의 경보로 북한의 무장공비나 특수부대원 등이 대한민국에 침투했을 때, 부대에서 탈영병이 발생했을 때 등 국지적 위협상황이 일어났을 때 발령되는 단계별 경보 조치이다. 진돗개 경보가 발령될 경우 군대는 물론 경찰력도 동원된다. 평상시에는 진돗개 셋이 발령되어 있으며, 위협 상황의 발생 가능성이 높을 때는 진돗개 둘이 발령되어 군대와 경찰이 비상경계 태세에 돌입한다. 위협상황이 실제 일어난 것으로 판단되는 경우 가장 높은 단계의 경계조치인 진돗개 하나가 발령되며 군대와 경찰은 다른 임무가 제한되고 명령에 의해 지정된 지역에서 수색 및 전투를 수행한다.
① **진돗개 셋**(평상시) : 평시 상태
② **진돗개 둘**(중간단계) : 북한무장간첩의 침공이 예상되거나 군대에서 탈영병이 발생한 경우
③ **진돗개 하나**(최고 경계태세) : 최고 비상경계태세, 군, 경찰, 예비군이 최우선으로 지정된 지역에 출동

261 축회전차폐
Turn Count Masking

수상함이 정확한 속력을 은폐하기 위해 자함의 스크류 회전수를 상이하게 운용하는 방법을 말한다.

262 통신보안
Communications
Security : COMSEC

비인가자에게 원거리 통신의 소유 및 연구(Study)로부터 발생할 수 있는 가치 있는 정보를 거부하고 소유 및 연구의 결과를 올바르게 해석하지 못하도록 모든 수단을 강구하여 보호하는 것으로 통신보안에는 암호보안, 전송보안, 방사보안 및 시설보안이 있다.

263 치료소
Clearing Station

전투지대 내 환자수집소로부터 접수한 환자를 치료하고, 환자의 부상정도에 따라 군단지원 병원 및 후방병원으로 후송을 담당하는 의무시설로 보병사단의 의무근무대에서 운용한다. 전술상황이 허용하는 한 전투부대를 근접 지원할 수 있도록 최대한 전방으로 추진하여 운용 해야 하며, 일반적으로 1개 치료반을 전방 추진하여 운용하나, 작전상황과 임무의 우선순위 를 고려하여 2개 치료를 반을 동시 및 분리하여 운용할 수 있다.

264 초계함
Patrol Corvett

기습적인 적의 공격에 대비해 연안 해상을 경계하는 임무를 수행하는 군함을 말한다. 일반 적으로 연안 경비 및 초계임무를 수행하며 해상 상태가 비교적 평온한 상태에서만 작전할 수 있는 배수량 1,000톤 내외의 군함으로, 호위함보다 성능이 떨어지고 크기도 작은 함정 이다. 적의 기습공격에 대비해 연안을 경비하는 임무를 수행하면서 규모가 더 큰 군함인 구 축함을 보조하는 역할도 맡는다. 우리나라 초계함은 크게 먼저 개발된 동해급과 화력과 기 동성을 높여 개량한 포항급으로 구분된다. 포항급 초계함은 26척 가운데 23척을 차지하는 해군의 주력 초계함이다. 2010년 침몰한 천안함도 포항급에 해당한다. 초계함은 100여명의 승무원이 탑승할 수 있고 최고 속력 32노트 정도의 속도를 낼 수 있으며, 함포와 기관포, 대함 미사일 등을 탑재하고 있다. 초계함의 명칭은 서울함, 안양함, 순천함 등과 같이 행정 구역의 이름으로 명명된다. 한국 해군은 공해상 부근의 해상 경계에 초계함을 주로 배치하 고 있다. 1999년 서해교전에서 북한 경비정을 격침시키는데 결정적 공훈을 세웠다. 초계함 에 장착된 75mm 함포가 쏜 포탄이 북한 경비정에 명중한 것이다. 북한은 이보다 작은 사 리원급을 보유 중이다.

265 크루즈 미사일
Cruise Missile

로켓을 동력으로 날아가는 탄도미사일과는 다르게, 미사일 자체의 힘으로 날아가는 것을 크 루즈 미사일이라 한다. 비행방식에 따라 탄도미사일과 순항미사일로 구분하며 탄도미사일은 로켓을 동력으로 날아가며, 순항미사일은 자체의 힘으로 날아간다. 공중발사순항미사일을 비롯하여, 육상발사순항미사일, 수중발사순항미사일 등의 종류가 있다. 순항미사일의 기체 의 크기는 무인항공기의 기체와 같이 작으며 대부분의 비행시간 동안 대기로부터 산소를 빨 아들어야 하는 공기흡입엔진(제트엔진)에 의해 추진된다.

266 통신보안장비
Communication Security Equipment

텔레통신을 송신하는 데 통신보안이 되도록 고안된 장비로서 송신할 때 인가받지 않은 도청 자는 도저히 해독할 수 없는 형식으로 첩보를 변형하여 인가 수신인만이 원형으로 재변형하 는 장비로서 통신보안장비를 분류하면 암호장비, 암호보조장비, 암호생성장비 및 확인장비 로 구성되어 있다.

267 탄약
Ammunition

전투에 사용되는 폭발물, 발사 화약, 신호탄, 점화용 화합물, 화생방 물질 등을 장전한 장 치 등의 모든 것을 말한다. 탄약에는 화포에 의해서 발사되는 것, 사람 또는 기구에 의해서 투척되는 것, 항공기에 의해서 투하되는 것, 지하에 매설하거나 표적에 부착하게 되어 있는 것, 수중에 매달게 되어 있는 것, 또는 폭발물에 점화하거나 폭발을 촉진하는 것, 폭발물을 표적에 도달하게 하는 것 등의 여러 종류가 있다.

268 탄약 상태 기호
Ammunition Condition
Symbol

탄약의 저장관리, 기록보고를 위하여 탄약의 상태를 15개로 구분하는 것으로써 악작용이 발생된 탄약로트는 원인규명 결과 확인 시까지 해당 군에서 임시 불출 중지 탄약으로 분류하며 조사 분석 결과에 의해서 임시 불출중지 탄약은 적절한 탄약 상태 기호로 재분류한다.

269 탄약 전투 예비량
Ammunition Combat
Reserve

전쟁초기에 있어서 보충수요를 충당하기 위하여 보유하여야 할 탄약의 수량을 말하며, 일수로써 표시된다.

270 탄약 할당
Ammunition Allocation :
AA

현 보유 탄약으로 전시에 재고 고갈을 방지하도록 일정별 강제로 할당하여 사용부대장으로 하여금 지정된 작전기간 내 작전수행을 위해 확보하거나 사용하기 위한 일정한 양을 지정하는 것을 말한다.

271 통신
通信, Communication

특정한 사람 또는 장소로부터 다른 사람 또는 장소로 어떠한 종류의 정보를 전달하는 방법 또는 수단을 말한다.

272 통신기만
Communication
Deception

통신망이나 항법시스템의 사용자를 혼란시키거나 오도시킬 목적으로 사용되는 기술로서 통신의 지연, 송신, 재송신 및 변경 등으로 기만하는 것이며 모방통신 기만과 조작통신기만이 있다.

273 통신제한
Communication Minimize

긴급 통신문이 지연되지 않도록 일상 통신문과 전화소통을 최대한 제한하는 상태를 말한다.

274 통신동원
Communication
Mobilization

전시에 군작전 통신소요를 충족시키기 위하여 동원·배분하는 것을 말하며 동원대상은 통신회선, 통신공사업체 등이 포함된다.

275 통신운용지시서
Signal Operation
Instruction : SOI

특정 부대의 신호통신 활동을 통제하고 협조하기 위하여 발행하는 일련의 명령서를 말한다.

276 통신정보
Communications
Intelligence : COMINT

통신망에서 지정된 수신자가 아닌 제3자가 외부활동에 의거 통신내용을 도청·분석·평가함으로써 획득하는 기술적 또는 첩보적인 정보사항을 말한다.

277	**통신축선** Signal Axis	부대이동 중 그 부대가 위치하고 지휘소로부터 장차 이동예상 지역 간을 연하는 통로 또는 축선을 말한다.

277 통신축선
Signal Axis

부대이동 중 그 부대가 위치하고 지휘소로부터 장차 이동예상 지역 간을 연하는 통로 또는 축선을 말한다.

278 통합군수 지원
Integrated Logistic
Support : ILS

합동, 공통 또는 상호지원 단일기관이나 군에 의하여 두 개 또는 그 이상의 군 또는 그의 구성부대에 대하여 군수 지원을 제공하는 것을 말한다.

279 특수정보보호 시설
ISensitive Compartment
Intelligence
Facility : SCIF

출입통제 및 시설 보호를 위해 24시간 무장경계요원의 보호를 받는 별도의 격리된 특수시설을 말한다. 적국의 통신 및 전자신호정보 등에 의해 누설되는 경우 군사 작전 및 군사정보활동에 치명적인 위해를 초래할 수 있으므로 그 출처와 내용이 은폐되어야 할 정보를 취급하는 시설이다.

280 폭약
Explosive

화약류 중에서 폭발 반응이 신속하고 충격파를 수반하여 폭발을 일으키는 물질을 뜻한다. 기폭약 · 화합화약류 · 혼합화약류 액체폭약 · 다이너마이트류로 나뉜다. 화약은 폭발적으로 연소하며 충격파를 발생하지 않으므로 구별된다.

281 특수 탄약
Special Ammunition

특별한 통제, 취급, 보안을 요하기 때문에 특별히 지정한 탄약을 말한다. 이들 품목은 다음과 같은 것이 있다.
① 핵 및 비핵탄두 부분, 원자폭발물, 핵탄환, 추진장약 및 수리부속품
② 유도탄 본체, 유도탄 본체에 관계된 유도탄, 추진화약, 완전한 탄약은 특수 탄약이라는 용어의 의미 안에 포함된다. 특수 탄약에 밀접하게 관계되는 품목은 특수 탄약 V종 계통을 통하여 공급된다.

282 편수
Editing

보급 거래에 있어 피지원부대가 보급 지원부대에게 필요로 하는 보급품에 대한 청구서를 제출하는데, 이때 지원부대에서 청구서에 기록된 각종 제원(부대, 문서 식별 번호, 재고 번호, 불출 단위, 수량 등)의 정확성 및 적절성을 심사하여 이를 타당하게 수정 조치를 취하는 것을 말한다. 보급 거래 행정이 거의 전산으로 처리되는 관계로 기계 처리 품목의 경우 컴퓨터에 의해 자동적으로 편수가 이루어진다. 이때 청구서의 내용에 이상이 있을 경우 착오 처리 혹은 취소 등의 조치가 취해지고 적절할 경우에는 불출 및 불출 예정 등으로 조치된다.

283 폐검증

경제적 수리 한계가 초과되고 정비 및 재생 가치가 없는 물자를 폐품으로 판정하는 것을 말한다. 폐검정은 폐처리 전에 이루어지며 다음과 같은 두 가지 형태로 구분한다. 첫째, 폐장비 검정은 장비를 검사하여 경제적 수리한계가 초과되고 정비 및 재생 가치가 없을 때 폐장비로 판정하는 것이다. 둘째, 폐품 검정은 부분품 또는 결합체, 기타 물자(장비 제외)를 검사하여 경제적 수리한계가 초과되고 정비 및 재생 가치가 없을 때 폐품으로 판정하는 것이다.

284 표준화
Standardization

군수품의 조달·관리 및 유지를 경제적·효율적으로 수행하기 위하여 표준을 설정하여, 이를 활용하는 조직적 행위와 기술적 요구사항을 결정하는 품목지정, 규격제정, 형상관리 등에 관한 제반활동을 말한다. 미 국방부가 연구·개발·생산자원의 가장 효율적인 사용에 대하여 용역 및 국방기관 들 중 가장 근접하면서 실질적인 협조를 달성하는 과정이다. 그리고 미 국방부는 가장 광범위하면서 가능성 있는 근거로 다음과 같은 것들의 사용을 채택하기로 합의하였다.

① 공통의 또는 양립 가능한 작전적, 행정적, 군수적 절차
② 공통의 또는 양립 가능한 기술적 절차 및 기준
③ 공통의, 양립 가능한 또는 상호 교환 가능한 보급품, 구성품, 무기들, 또는 장비
④ 조직의 호환성과 일치하는 공통의 또는 양립 가능한 전술적 교리. 나토와 비나토국들에 적용될 경우, 표준화는 작전, 행정 및 물자분야에서 호환성, 상호운용가능성, 상호교환 가능성, 보편성의 가장 효과적인 수준을 달성 및 유지하기 위한 개발개념, 교리, 절차 및 설계 과정

285 핫라인
Hot Line

우발적인 전쟁이나 착오에 의한 전쟁을 미연에 방지하기 위한 목적으로 1963년 미국 워싱턴 백악관과 소련 모스크바의 크렘린궁에 설치된 긴급연락용 직통선을 말한다. 정부의 의지에 달렸다는 의미에서 의지의 연결선이라고도 한다. 유선과 무선 두 개의 동시 송수신 전신회로가 설치되었으나 추후 인공위성 통신조 직을 도입한 후 팩시밀리 장치가 더해지게 되었다. 무선과 유선의 켈레타이프선으로 미국 → 소련은 영어, 소련 → 미국은 러시아어를 사용한다. 1967년 중동 전쟁이 발발했을 때 소련이 미국에 평화 를 위한 협력을 요청하면서 처음 사용되었다. 1966년 프랑스·소련 간에 같은 형태의 통신선인 그린라인이 설치되었고, 1967년 영국·소련 간, 1971년 남북한 간, 1972년 미·중국 간, 인도·파키스탄 간, 동·서독 간에도 설치되었다. 우리나라는 군사실무회담 합의에 따라 2002년 경의선 철도·도로 연결 공사 상황실 간 핫라인을 설치하였다. 남북한 핫라인 회선은 유선통신 2회선(자석식 전화 1회선, 팩스 1회선)으로, 판문점 남측 지역인 평화의 집과 자유의 집, 북쪽 지역인 통일각을 경유해 양측 상황실을 연결하고 있다. 2004년 서해상 충돌을 막기 위해 국제상선 공통망 주파수와 보조 주파수를 이용한 남북 양측 함정 간의 핫라인이 개통되기도 하였다.

286 합동범세계 정보통신체계
JWICS

미 국방첩보체계 네트워크의 특수정보체계로서 네트워크 기술을 통하여 양방 또는 다중 첩보교환을 가능하게 한다. 음성, 문서, 그래픽, 자료 전송 및 화상 회의가 가능하다.

287	합동작전 환경 정보분석 JIPOE	합동정보조직이 합동작전 부대지휘관의 의사결정을 돕기 위해 정보평가, 판단 및 다른 정보 산물을 생산 시 사용하는 분석적 처리과정으로 작전환경을 정의하고, 작전환경의 효과를 기술하며, 적을 평가하고, 적의 잠정 방책을 기술 또는 결정하는 지속적인 과정을 말한다.
288	항공교통 전자 방사 보안통제 SCATTER	방공지역 내에서 적이 아군의 항공교통관제용 전파방사장비를 탐지 및 이용하는 것을 차단하기 위하여 통제하는 것으로 항공교통 및 항법시설보안통제(Security Control of Air Traffic and Air Navigation Aids : SCATANA)이다.
289	항공기 계류 Aircraft Picketing	기상 또는 주기장의 상태로 인하여 움직일 수 있는 옥외에 정류한 항공기를 움직이지 않도록 고정하는 것을 말한다.
290	항공기 관제 및 경보체계 Aircraft Control and Warning System : ACWS	항공기의 이동을 통제하고 보고하기 위해서 설치된 계통으로, 관측시설(레이더 전자장치, 시각 또는 기타수단) 중앙통제소 및 필요한 통신시설로 구성된다.
291	항공기 관제이양 Aircraft Handover	항공기의 관제를 한 관제권에서 다른 관제권으로 이양하는 과정을 말한다.
292	항공기 구간속도 Aircraft Block Speed	바람이 전혀 없는 상태의 항공기 속도로서 노트로 표시된다. 이것은 항공기의 이륙, 상승, 하강 그리고 계기접근과 착륙을 고려하여 출격시간 장단을 조정하는데 사용된다.
293	항공기 긴급출동 Aircraft Scramble	지상에 대기 중인 항공기에 대하여 즉시 이륙할 것을 명령하는 것을 말한다.
294	항공 기상업무 Aeronautical Meteoro- logical Service	항공기가 안전하게 정시성을 유지하면서 능률적인 운항을 할 수 있도록 행하여지는 기상업무를 말한다. 항공 기상업무를 대별하면 항공기상관측, 항공기상예보, 공역기상감시, 항공기상정보의 수집, 전송, 교환, 자료의 전시, 운항관리자나 기장에 대한 구두해설 등이 있다.

295 항공기 유도로
Taxiway

항공기의 이착륙을 위하여 비행장에 특별히 마련하거나 지정한 통로를 말한다.

296 항공기 자체보호 전자교란장비
Airborne Self Protection Jammer : ASPJ

항공기의 생존성을 증대시키기 위하여 항공기 내부에 장착하는 전자장비로서타 전자계통인 RWR(레이더 경보수신기) 등과 연동하여 적 위협신호, 즉 적 대공포, 지대공 유도탄, 요격기 등에 대한 전자방해를 실시한다. 이들 종류에는 ALQ - 178, ALQ - 165 등이 있다.

297 항공기 지뢰살포탄
GATOR MINE

항공기에 의하여 살포되는 대인 및 대전차 지뢰로서 자폭시간에 의해 4시간, 48시간, 15일용으로 구분된다.

298 항공지원
Air Support

공군이 지상 또는 해상부대에 제공하는 모든 형태의 지원을 말한다.

299 항공기 집결지역
Aircraft Marshaling Area

항공기가 이륙 전에 대형을 짓거나 또는 착륙 후에 집결하는 지역을 말한다.

300 항공지원부대 사령관
Air Support Force Commander

상륙기동함대의 일부분으로서, 항공지원부대가 편성될 때 이 부대를 지휘토록 최초 지시에 지명된 항공장교이다.

301 항공지원작전 본부
Air Support Operations Center : ASOC

공군작전사(연합공군사)로부터 야전군 및 해병대사령부에 파견되어 근접항공지원(CAS) 및 기타 항공지원임무를 계획·지시·통제 및 협조하는 기구이다. 긴급 근접항공지원 요청 시에는 전구항공통제본부(한국항공우주작전본부 전투작전처)로부터 권한을 위임받아 분권적으로 임무를 수행한다.

302\ 항공지원전탐반
Air Support Radar Team

지상에서 조종 및 통제된 정밀비행진로의 유도와 무기발사를 돕는 전술항공통제계통의 예하 작전구성부대이다.

303	**항공탄약** Air Ammunition	전술기 및 비전술기에 장착된 모든 종류의 탄약을 말하며, 그 종류에는 사용 목적, 작동방식에 따라 크게 공대공 유도탄, 공대지 유도탄, 공대함 유도탄, 일반 폭탄, 확산탄, 로켓탄, 기초탄, 조명탄, 전자전탄 등으로 나눈다.
304	**항로 통신소** Airway Station	항공기의 신속하고도 안전한 이동을 위하여 비행중의 항공기나 기타의 지정된 항로시설과 통신을 할 수 있도록 설립되고, 인원과 장비가 구비된 지상통신소로서, 이러한 통신소는 지정 항로상에 위치할 수도 있고 그렇지 않을 경우도 있다.
305	**항해신호** Sailing Signal	해군 선박통제장교가 선단이나 각 선박에 무선이나 시각 또는 두 방법으로 보내는 신호로서, 미리 마련된 항해계획표대로 항해하라는 또는 항해를 연기하라는 신호를 말한다.
306	**해병 항공지원대대** Marine Air Support Squadron	근접항공지원에 참가하는 항공기의 통제를 하기 위한 근접항공통제본부를 운용·관리하는 기관이다.
307	**해상근접항공 지원** Marine Air Support Squadron	해상 긴급사태 및 간첩선 침투 시 적 표적에 대한 공중공격을 감행함으로써 지·해상군의 전투자유성을 보장하기 위하여 수행하는 작전을 말한다.
308	**핵순항유도탄 잠수함** Nuclear Powered Cruise Missile Submaine : SSGN	순항유도탄을 주무장으로 장착하고 핵추진기관을 사용하는 잠수함을 말한다.
309	**핵순항유도탄 잠수함** Nuclear Powered Ballistic Missile Submarine	대륙 간 핵탄도유도탄을 주무장으로 장착하고 핵추진기관을 사용하는 잠수함을 말한다.
310	**행정명령** Administrative Order	작전과 무관하거나 또는 작전에 직접 영향을 주지 않는 통상적인 행정운용에 관한 명령으로 행정명령에는 일반명령, 인사명령, 일일명령, 각서, 회보, 회장, 규정, 군사법원명령 등이 포함된다.

311 행정손실
Administrative Loss

전투손실, 비전투손실 이외의 행정적 손실. 여기에는 전역, 타 부대로의 전속, 도망, 무단이탈, 복형, 입창 및 교대로 인한 손실이 포함된다.

312 행정이동
Administrative Movement

공중으로부터 방해를 제외하고 적의 방해가 없을 것으로 예상될 때에 인원과 차량을 배열하여 이동을 신속히 하고 시간과 노력을 절약하는 이동을 말한다.

313 행정적재
Administrative Loading

전술상황을 고려하지 않고 병력 및 화물공간을 최대한 이용하는 것에 중점을 두며 이 방법은 장비와 보급품을 양륙한 다음 분류해서 사용한다. 행정적재는 비전술적 이동을 위해서만 사용된다.

314 행정지도
Administrative Loading

보급, 후송시설, 인사시설, 의무시설, 낙오자 및 포로 수집소, 치중대, 숙영지, 근무 및 정비지역 주보급로, 교통순환, 지경선 및 전술상황에 관련된 행정사항을 표시하는 데 필요한 세부사항을 표시한 지도를 말한다.

315 행정지시
Administrative Instruction

행정적 운영을 통합하기 위하여 사용되는 일일명령과 전투명령을 망라한 일상적인 모든 명령을 말한다.

316 행정지휘계통
Administrative Chain of Command

작전에는 직접 관계가 없고 정비, 유지 및 행정 등에 대한 지휘계통으로 행정조직에 의하여 정해진 정상적 지휘계통을 말한다.

317 행정협정
Executive Agreement,
Adminstrative Agreement

대통령 지시에 의하여 외국과 체결하는 협정으로 의회에 제출하여 비준을 받을 필요 없이 대통령 서명과 동시에 효력이 발생된다. 군사협정도 행정협정의 하나이다.

318 화학노출량
Chemical Dosage

대기 중의 화학작용제의 농도 안에 인원이 얼마나 오랫동안 노출되었는가를 표시한 것으로서 단위는 mg - min/m³를 사용한다.

319 화공품

화약류를 사용 목적에 맞게 가공한 것을 통틀어서 이르는 말이다. 탄환, 폭탄 등에 장착하여 적당한 시기에 소정의 동작을 하여 폭발시킨다. 법령에서는 화약, 폭약 등과는 별도로 분류되며, 뇌관, 도화선, 도폭선, 불꽃 등이 이에 속한다.

320 **화약**

고체 또는 액체 폭발성 물질로서 일부분에 충격 또는 열을 가하면 순간적으로 전체가 기체 물질로 변하고 동시에 다량의 열을 발생하면서 기체의 팽창력에 의해서 유효한 일을 하는 물질을 뜻한다. 주로 산화반응에 의해 일어난다.

321 **화학무기**
Chemical Weapon

유독성화학작용제 및 이를 충전한 포탄, 폭탄 등을 말한다.

322 **화학작용제**
Chemical Agent

화학적 성질에 의하여 인원을 살상, 무능화 또는 심한 피해를 입히기 위해 운용되는 화합물로서 주로 독성화학제를 말한다. 이는 무능화 작용제, 폭동진압 작용제, 살초제 등이 있으며 연막 및 화염은 독성화학작용제에서 제외된다. 또는 전술적 용도를 기술하기 위해 작용제 지속시간에 따라 지속성 작용제와 비지속성 작용제로 구분한다.

323 **화학탄**
Chemical Ammunition

훈련 및 폭동진압용 연막, 소이제 등의 화학작용제(유독 화학작용제)를 주로 충전한 탄약의 한 유형이다.

324 **회전익 항공기**
Rotor - Craft, Helicopter

회전하는 날개에 의하여 비행에 필요한 양력의 전부 또는 일부를 발생케 하는 항공기를 말한다. 통상 헬리콥터를 지칭한다.

325 **ABS**
Anti - Lock Brake System

잠김 방지 브레이크 시스템(Anti - lock Brake System : ABS)은 자동차가 급제동할 때 바퀴가 잠기는 현상을 방지하기 위해 개발된 특수 브레이크이다. 자동차가 달릴 때는 4개 바퀴에 똑같은 무게가 실리지 않는데 이런 상태에서 급제동하면 일부 바퀴에 로크 업(Lock - up) 현상, 즉 바퀴가 잠기는 현상이 발생하게 된다. 이는 차량이 여전히 진행하고 있는데도 바퀴는 완전히 멈춰선 상태를 말하는데, 이때 차량은 미끄러지거나 옆으로 밀려 운전자가 차의 방향을 제대로 제어할 수 없게 된다.

326 **CDMA**
Code Division Multiple Access

하나의 채널로 한 번에 한 통화밖에 하지 못하는 한계가 있는 아날로그 방식의 문제점을 해결하기 위해 개발된 디지털 방식 휴대폰의 한 방식으로, 코드분할 다중접속 또는 부호분할 다중접속이라고 한다. CDMA는 아날로그 형태인 음성을 디지털 신호로 전환한 후 여기에 난수를 부가하여 여러 개의 디지털 코드로 변환해 통신을 하는 것으로 휴대폰이 통화자의 채널에 고유하게 부여된 코드만을 인식한다. 통화 품질이 좋고 통신 비밀이 보장된다는 장점이 있다.

327 DODIC
Department of Defense
Identification Code

국방부 탄약을 식별하기 위한 기호로 미 국방부 분류 지침에 의거하여 세계 공통으로 쓰고 있다. 영문자 A ~ Z 중의 세 자리 숫자로 표시된다.

328 FDM
Frequency Division
Multiplexing

주파수 분할 다중화(Frequency Division Multiplexing : FDM)는 아날로그 기술로 한 전송로의 대역폭을 여러 개의 작은 채널로 분할하여 여러 단말기가 동시에 이용하는 방식이다. 예를 들면, 넓은 고속도로를 몇 개의 차선(채널)으로 나누는 것과 같이, 넓은 대역폭을 좁은 대역폭으로 나누어 사용하는 것으로 표현할 수 있다.

329 TDM
Time – Division
Multiplexing

시분할 다중화(Time – Division Multiplexing : TDM)는 링크의 높은 대역폭을 여러 연결이 공유할 수 있도록 하는 디지털 과정이다. TDM은 하나의 전송로 대역폭을 시간 슬롯(Time Slot)으로 나누어 채널에 할당함으로써 몇 개의 채널들이 한 전송로의 시간을 분할하여 사용한다.

330 UPS
Uninterruptible Power
Supply

무정전 전원공급장치라고 한다. 일반 전원 또는 예비 전원 등을 사용할 때 전압변동, 주파수 변동, 순간 정전, 과도 전압 등으로 인한 전원 이상을 방지하고 항상 안정된 전원을 공급하여 주는 장치이다. 컴퓨터의 보급 확대와 더불어 그 수요가 급증하고 있다.

331 KAI
한국항공우주산업
(Korea Aerospace
Industries)

1999년 정부가 추진했던 대규모 사업교환에 의해 세워진 민간항공기 부품과 군용 항공기를 주로 생산하는 제조업체이다. 외환위기 발생 이후 5대 그룹은 계열사를 서로 교환, 통합하는 빅딜을 추진했는데 한국항공우주산업은 대우중공업, 삼성테크윈, 현대우주항공 등 항공 3사의 항공기 부문이 통합하면서 출범하였다. KAI를 대표하는 제품은 항공기로서, 기본훈련기인 KT-1과 초음속 고등훈련기 T-50, 국산 첫 헬기 KUH-1(수리온), 무인기 송골매 등이 있다. 또한 항공기 훈련체계, 시뮬레이터도 개발, 생산하고 있으며, 항공기에 대한 개조, 정비, 성능개량사업 등도 주요 사업영역 중에 하나이다.

332 KAMD
한국형 미사일방어체제
(Korea Air Missile
Defense)

한반도를 보호하기 위한 미사일방어체계로, 한반도의 지리적 특성을 고려한 지상 20km 내외의 하층 방어체계이다. 작전통제소와 조기경보레이더, 미사일을 요격하는 패트리어트미사일 등이 핵심구성요소로 이에 반해 미사일방어체계(MD)는 대륙 간 탄도미사일을 요격하는 상층 방어시스템을 말한다. 우리 군은 조기경보체계로 이지스함체계 레이더를 보유하고 있으며, 이지스함 SPY - 1D 레이더와 탄도탄 조기경보레이더인 이스라엘제 그린 파인 레이더가 표적탐지를 담당하고 있다. 여기에 탄도탄 작전통제소를 2014년 6월 구축하고 작전통제소에서 요격명령을 내리면 한국 공군의 패트리어트 포대와 주한미군의 패트리어트 포대를 연결해 지상 20km 이하로 낙하하는 북한의 탄도유도탄을 정확하게 요격한다는 것이다.

333 SLOC
Sea Lane Of
Communications

전선(前線)에 있는 작전 부대와 작전행동의 근거지가 되며, 후방지원 기능을 갖는 작전지대를 연접한 루트 중 해상에 있는 것을 SLOC이라고 한다. 이 SLOC에 따라 부대나 보급품이 이동하게 된다. 따라서 SLOC의 안전 확보가 이루어지지 않으면 부대·보급품의 수송, 전방전개 부대의 증원, 작전의 계속수행 등이 불가능하다.

334 PLC
Power Line
Communication

전력선 통신(電力線通信)이라고 하며 가정이나 사무실의 소켓에 전원 선을 꽂으면 음성·데이터·인터넷 등을 고속으로 이용할 수 있는 기술을 말한다. 전력선만으로 텔레비전·전화·퍼스널컴퓨터 등 가정의 모든 정보기기를 연결하는 홈 네트워크·홈뱅킹 등 다양한 분야에까지 이용할 수 있다. 또한 인터넷 서비스와 네트워크 구축뿐만 아니라 전력선 기반 지능형 가전제품의 원격제어와 계량기 등의 원격 검침, 각종 전기기계의 원격제어 등도 가능하게 된다. 기존 광통신 케이블을 이용할 수 있어 설치비용이 저렴할 뿐 아니라, 통신요금도 거의 들지 않는다는 장점을 가지고 있다.

335 THAAD미사일
Terminal High Altitude
Area Defense Missile

미국의 군사기지를 공격하는 적의 중거리 미사일을 격추시킬 목적으로 제작된 공중방어시스템이다. 걸프전 당시 이라크의 스커드미사일 공격에 대한 방어망체계의 구축 요청에 따라 개발되었다. THAAD는 지상 배치이동형으로 패트리어트 미사일보다 성층권에서 중단거리 탄도미사일을 요격할 수 있고, 속도와 정확성이 높다. 패트리어트 요격 미사일이지만, 저고도 요격용이라는 점과 목표 미사일을 바로 타격하지 않고 접근 후 자체 폭발로 요격 효과가 있다.

336 VDC
Vehicle Dynamic Control

자체자세제어는 운전자가 별도로 제동을 가하지 않더라도, 차량 스스로 미끄럼을 감지해 각각의 바퀴 브레이크 압력과 엔진 출력을 제어하는 장치이다. 쉽게 말하자면 차량이 미끄러지는 것을 안전하게 보호하는 차량 안전 시스템이다. 여기에는 구동 중일 때 바퀴가 미끄러지는 것을 적절히 조절하는 TCS, ABS, EBD, 자동감속제어, 요모멘트제어(Yaw – Moment Control : 한쪽으로 쏠리는 것을 막는 자세제어) 등이 모두 포함된다.

CHAPTER 04 | 대한민국 국가관

국가 상징 # 국가 # 국화 # 국호 # 국기

01 개요

01 국가 상징

구분	내용
개념	• 국제사회에 한 국가가 존재한다는 사실을 알리기 위해 만든 공식적인 징표로 국민적 자긍심의 상징이다. • 어느 한순간에 인위적으로 만들어진 것이라기보다는 오랜 세월 동안 국가가 형성되는 과정에서 그 나라의 역사 · 문화 · 사상이 스며들어 자연스럽게 국민적 합의가 이루어져 만들어진 것이다.
기능	• 국제사회에서 국가를 대표하는 표면적 기능 외에도 사회적 · 도덕적 혼란을 예방하고 국민 통합을 유도하는 중요한 내면적 기능을 갖고 있다. • 국가 상징이 추구하는 목표인 국민 통합은 강제적 통합이 아니라 국민 스스로의 자발적 참여를 유도하여 화합과 조화를 기초로 한 규범적 사회통합을 지향하고 있다. • 사회의 도덕적 혼란을 방지하고 문화의 지속성을 보장함으로써 국가의 영속성을 도모하고 있는 것이다.
종류	• 세계의 나라마다 그 역사와 문화를 기초로 한 국기 · 국가 · 국화 등을 국가 상징으로 정한다. • 대내적으로는 국민의 애국심을 고취시키고 대외적으로는 나라 이미지를 부각시키기 위해 노력한다. • 우리나라의 국가 상징은 태극기(국기), 애국가(국가), 무궁화 (국화), 국새(나라도장), 나라 문장 등이 있다.

02 국호

구분	내용
대한(大韓)의 시작	• 고종황제는 1897년 대한 제국을 선포한다. • 고종황제는 고려 광종 이후 자신을 '황제'로 칭하고 고려 이후 독자 연호를 만들기 시작하였다. • 대한이라는 국호가 처음 사용된 것은 1897년(고종 34년)이다.
대한민국 국호 선택	• 고종이 건립한 대한제국은 1910년 한일합방으로 인하여, 13년 만에 멸망한다. • 3 · 1운동 직후인, 1919년 4월 10일 밤 중국 상하이의 독립운동가 현순의 집에서 중요한 모임이 있었다. 해외에서 활약 중이던 독립운동가 29명이 '임시 의정원'을 구성하였고 이때 처음으로 국호를 '대한민국으로 칭하자'고 결의한다.
오늘날 대한민국	• 오늘의 대한민국은 자유와 독립을 위해 세운 대한민국임시정부의 정신을 이어받았다. • 1948년 7월 17일 제헌 국회에서 국호로 정하여 헌법에 1조에 대한민국은 민주공화국이라고 명시하고 있다.

구분	내용
국기에 대한 경례	• 제복을 입지 아니한 국민은 국기를 향하여 오른손을 펴서 왼쪽 가슴에 대고 국기를 주목하거나, 모자를 쓴 경우 오른손으로 모자를 벗어 왼쪽 가슴에 대고 국기를 주목한다. • 제복을 입은 국민은 국기를 향하여 거수경례를 한다.
국기에 대한 맹세	• 맹세문 : 나는 자랑스러운 태극기 앞에 자유롭고 정의로운 대한민국의 무궁한 영광을 위하여 충성을 다할 것을 굳게 다짐합니다. • 각종 의식에서 행하는 국민의례 절차를 정식 절차로 할 경우에는 국기에 대한 경례 시, 경례곡 연주와 함께 위 맹세문을 낭송하며, 낭송은 녹음물·영상물 등 시청각 자료를 활용할 수 있다. 다만, 약식 절차로 할 경우에는 국기에 대한 경례 시 전주 없는 애국가 1절을 연주(국기에 대한 맹세문은 낭송하지 않음) 하거나 국기에 대한 경례곡 연주(국기에 대한 맹세문 낭송) 또는 구령으로만 실시(국기에 대한 맹세문은 낭송하지 않음) 할 수 있다.

02 대한민국 5대 상징물

01 국기(태극기)

① 태극기의 내력

연도	내용
1882년	박영효는 고종의 명으로 특명전권대신 겸 수신사로 다녀오며 기록한 '사화기략'에서 태극기를 만들어 사용하였다고 한다.
1883년 3월 6일	고종은 태극·4괘 도안의 '태극기'를 국기로 제정·공포하였다. 그러나 국기 제작 방법이 구체적으로 명시되지 않아 다양한 형태의 국기가 사용되었다.
1942년 6월 29일	국기 제작법 일치를 위하여 국기 통일 양식을 제정·공포하였지만 일반 시민들에게는 널리 퍼지지 않았다.
1948년 8월 15일	대한민국 정부가 수립되면서 태극기의 제작법 통일의 필요성이 커졌다.
1949년 10월 15일	'국기 제작법 고시'를 확정·발표하였다.
2007년 1월	'대한민국 국기법' 제정하였다.
2007년 7월	'대한민국 국기법 시행령' 제정하였다.
2009년 9월	'국기의 계양·관리 및 선양에 관한 규정' 제정 등으로 국기를 체계적으로 관리하게 되었다.

② 태극기에 담긴 의미 : 흰색 바탕에 가운데 태극 문양과 네 모서리의 건곤감리 4괘로 구성되어 있다.

연도	내용	태극기
흰색 바탕	밝음, 순수, 평화를 사랑하는 우리 민족성	
태극 문양	• 음(파랑)과 양(빨강)의 조화를 상징 • 우주 만물이 음·양 상호 작용으로 생성·발전 하는 대자연의 진리를 형상화	
4괘	• 음·양의 변화와 발전하는 모습을 효의 조합을 통해 구체적으로 나타냄 • 건괘(하 늘), 곤괘(땅), 감괘(물), 이괘(불)을 상징 • 태극을 중심으로 통일의 조화를 이룸	

③ 관련 법 : 대한민국 국기법, 대한민국 국기법 시행령, 국기의 계양·관리 및 선양에 관한 규정

02 국화(무궁화)

① 나라 꽃 무궁화의 내력

구분	내용	무궁화
의미	영원히 피고 또 피어서 지지 않는 꽃 무궁화	
역사	• 고조선 이전부터 하늘나라의 꽃으로 귀하게 여김 • 신라는 스스로 근화향(槿花鄕 : 무궁화 나라)이라 부름 • 중국은 무궁화가 피고 지는 군자의 나라로 칭함 • 조선말 개화기를 거치며 애국가에 무궁화가 삽입된 후 자연스럽게 나라 꽃으로 자리 잡음	

② 무궁화의 활용

구분	내용
다른 국가 상징에 활용	• 우리나라의 대표적인 국가 상징인 국기를 계양하는 깃대의 깃봉이 무궁화 꽃봉오리로 되어 있다. • 나라 문장과 대통령표장도 무궁화 꽃으로 도안되어 있다.
국가기관의 기(旗)에 활용	각급 국가기관을 상징하는 기(旗)로 국회기·법원기 등의 경우에는 무궁화 꽃 도안의 중심부에 기관 명칭을 넣어 사용하고 있다.
훈장·상장 등 활용	• 우리나라의 훈장 중에서 가장 높은 훈장의 명칭은 무궁화 대훈장이다. • 훈장 도안은 무궁화로 장식되어 있다. • 대통령 표창장 등 그 밖에 각종 상장에도 무궁화 도안이 들어 있다.
배지·모표 등 활용	• 국회의원 및 지방의회 의원 배지, 장·차관 등의 배지가 무궁화 꽃을 기본 도안으로 하고 있다. • 군인과 경찰의 계급장 및 모자챙 그리고 모표 등에도 무궁화가 사용되고 있다.

03 국가(애국가)

① 애국가의 내력

구분		내용
흰색 바탕		나라를 사랑하는 노래
역사	1896년	독립신문 창간을 계기로 여러 가지 애국가 가사가 신문에 게재되었다.
	1902년	곡조는 불분명하지만 대한제국 애국가 라는 이름으로 나라의 주요 행사에 사용되었다.
	1907년 전후	조국애·충성심·자주의식을 북돋기 위해 현재 애국가의 노랫말이 탄생한 것으로 보인다.
	1935년	안익태가 다른 나라의 곡(Auld Lang Syne)을 붙여 부르는 것에 안타까워 오늘날의 애국가를 작곡하였다.
	1948년	대한민국 정부 수립 후 정부 공식 행사에 사용되며 전국적으로 애창되기 시작하며 실질적인 국가(國歌)로 자리잡았다.

② 애국가 제창 및 연주

- 애국가를 부를 때에는 경건한 마음을 가져야 하며, 애국가의 곡조에 다른 가사를 붙여 부르거나 곡조를 변경하여 불러서는 안 된다.
- 주요 행사 등에서 애국가를 제창하는 경우에는 애국심과 국민적 단결심을 고취하는 의미에서 부득이한 경우를 제외하고는 4절까지 제창하여야 한다.
- 애국가는 모두 함께 부르는 경우에는 전주곡을 연주하지만, 약식 절차로 국민의례를 행할 때 국기에 대한 경례 시 연주되는 애국가와 같이 애국가를 부르지 않고 연주만 하는 의전행사(외국에서 하는 경우 포함)나 시상식·공연 등에서는 전주곡을 연주해서는 안 된다. 애국가가 연주될 때에는 일어서서 경청하는 것이 예의이다.

04 국장(나라 문장)

구분	내용	
의미 및 특징	• 대한민국을 상징하는 문장으로 대한민국 정부에서 지정하는 정식 명칭은 나라 문장이다. • 대한민국은 대통령령 제19513호 나라 문장 규정에 의거해 국화인 무궁화 꽃 모양의 문장을 사용하고 있다. • 무궁화 안에 태극 문양이 자리 잡고 있으며 '대한민국' 글자 가 새겨진 푸른 리본이 무궁화를 둘러싸고 있다.	
국장의 사용 범위	• 외국·국제기구 또는 국내 외국기관에 발신하는 공문서 • 1급 이상 상당 공무원(고위공무원단에 속하는 공무원을 포함한다)의 임명장 • 훈장과 훈장증 및 대통령 표창장 • 국가공무원 신분증 • 국공립 대학교의 졸업증서 및 학위증서 • 재외공관 건물 • 정부 소유의 선박 및 항공기 • 화폐 • 그 밖에 각 중앙행정기관의 장이 국가 표지가 필요하다고 인정하는 문서, 시설 또는 물자	

구분	내용
국새의 명칭	• 국가를 상징하는 인장(印章)의 명칭은 새(璽), 보(寶), 어보(御寶), 어새(御璽), 옥새(玉璽), 국새(國璽) 등으로 다양하게 불려 왔다. 여기서 새(璽), 보(寶)는 나라의 인장(印章)의 뜻을 지니고 있으며, 어보(御寶), 어새(御璽)는 시호, 존호 등을 새긴 왕실의 인장을 뜻하는 말이다. • 옥새(玉璽)는 재질이 옥으로 만들어졌다고 해서 붙여진 이름으로, 현대적 의미에서 국가를 상징하는 인장의 이름으로는 국새(國璽)라고 표기하는 것이 가장 타당하다고 할 수 있다.
국새의 의미	• 국새는 국사(國事)에 사용되는 관인으로서 나라의 중요 문서에 국가의 상징으로 사용된다. 그러므로 국새는 국가 권위를 상징하며, 그 나라의 시대성과 국력, 문화를 반영하는 상징물이다. • 국권의 상징인 국새가 가진 불가침의 권위와 신성성은 다소 퇴색하였으나, 오늘날에도 국새의 상징적 의미는 그대로 존재한다. • 정부에서는 헌법 개정 공포문의 전문, 대통령이 임용하는 국가공무원의 임명장, 외교문서, 훈장증 등 국가 중요문서에 지금도 국새를 사용하고 있다. • 국새는 동양(한국, 일본 등)에서는 인장의 형태로, 서양(미국, 영국, 프랑스 등)에서는 압의 형태로 주로 사용되고 있으며, 그 사용처는 우리나라의 경우와 유사하다.
국새의 사용 (국새규정 제6조)	• 헌법 개정 공포문의 전문 • 대통령이 임용하는 국가공무원의 임명장 및 공무원임용령 제5조 제1항에 따라 대통령이 소속 장관에게 임용권을 위임한 공무원의 임명장 • 상훈법 제9조, 제19조 및 동법 시행령 제17조의 규정에 의한 훈장증과 포장증 • 대통령 명의의 비준서 등 외교부의 날인을 요청하는 외교문서 • 타 행정자치부 장관이 필요하다고 인정하는 문서

05 | 국방부 국방정책

CHAPTER

5대 국정목표 # 국방부 과제

01 국방혁신 4.0

01 북 핵·미사일 대응능력 획기적 강화

① **추진중점** : AI 등 첨단과학기술을 활용한 지능형 3축체계 구축과 전략사령부 창설을 통해 북한 핵·미사일 대응능력을 획기적으로 강화한다.

② **과제**
- 3축 체계 운영태세 강화 : 3축 체계의 운영개념과 수행체계를 강화한다. 작전수행체계 발전, 작전계획 수립, 연습훈련 발전, 전문인력 육성 및 확대한다.
- 지능형 3축체계 능력 확보 : 감시·정찰능력 확대, 복합다층 미사일 방어체계 구축, 대량응징보복 능력 강화하여 3축체계의 압도적 능력 보강한다. AI 기반 결심 및 무인타격체계 구축, 초연결 지능형 방어체계 구축 등으로 현 3축체계에 우주·사이버·전자기영역과 AI 기반의 첨단기술을 적용하여 3축체계의 지능화 추진한다.
- 전략사령부 창설 : 미사일 등 전략자산 통합운용, 3축체계의 효과적 지휘통제, 체계적인 전력발전 주도하고, 향후 핵·WMD대응센터를 확대 개편하여 창설한다.

02 선도적 군사전략·작전개념 발전

① **추진중점** : 미래 도전적 안보환경에 부합하는 군사전략을 정립하고, 유·무인복합전투체계 등 첨단전력과 전영역을 통합하는 미래 작전개념을 발전한다.

② **과제**
- 미래 안보환경에 부합하는 군사전략 발전 : 북한 및 주변국 위협과 첨단기술 발전 등의 전략환경을 재평가와 미래 전쟁양상을 고려하여 첨단과학기술을 활용한 군사전략을 발전시킨다.
- 과학기술 기반의 작전개념 발전 : 미래 작전환경에서 전영역을 유기적으로 연결하고, 유·무인복합전투체계와 신개념 무기체계의 효율적 운용을 보장하는 작전개념으로 발전시킨다. AI 및 유·무인 복합체계 기반의 첨단화된 과학기술을 적용하여 새로운 경계작전 개념(GP/GOP, 해안) 발전시킨다.

03 AI기반 핵심 첨단전력 확보

① **추진중점** : 실제 전투력의 질적인 변화를 완성하기 위해서 AI기반으로 무인·로봇 전투체계 등 첨단·비대칭 전력을 확보한다.

② 과제

- 유·무인 복합전투체계 구축 : 1단계 원격통제 중심 → 2단계 자율 시범 → 3단계 반자율 확산·자율형 전환으로 AI 유·무인 전투체계를 단계적으로 구축한다. GOP 무인화 경계체계 시범 및 확장으로 AI, 드론·로봇 활용 등 AI 중심의 경계시스템 구축한다.
- 우주, 사이버, 전자기 등 신영역 작전수행개념 및 첨단 전력체계 발전 : 우주작전 범주별 작전개념 및 지휘·통제 아키텍쳐, 합동사이버작전 수행절차, 합동전자기스펙트럼 작전개념 등 정립하여 새로운 전장영역의 작전수행개념 발전시킨다. 레이더 우주감시체계, 통합전자기스펙트럼 정보체계, 사이버전장관리체계 등 전력화로 새로운 영역 작전수행을 위한 첨단전력 확보 및 조직개편 확대를 한다.
- 합동 전영역 지휘통제체계 (JADC2) 구축 : 미래 전장에서 전영역 통합작전을 최적으로 구현할 수 있는 AI 기반 지휘결심 및 통제체계를 구축한다.

04 군구조 및 교육훈련 혁신

① 추진중점 : 새로운 작전개념 구현과 첨단무기체계의 최적화된 운용을 위해서 미래 작전환경에 즉응하는 획기적인 군구조로 전환하고 첨단 훈련체계와 환경을 구축하며 과학기술인재를 육성한다.

② 과제

- 첨단과학기술 기반 군구조 발전 : 미래 연합방위 및 전 영역 통합작전, 전영역 지휘통제체계 발전 등을 고려한 지휘구조, AI 기반 유·무인·로봇체계 중심의 부대구조, 미래 적정 상비병력 규모 판단 및 국방인력구조, High-Low Mix 개념을 기반으로 하여 질적 우위의 전력구조로 개편하여 첨단 과학기술 기반의 전력구조로 발전시킨다.
- 과학화 훈련체계 구축 : 전술·전기 연마와 장비기능 숙달을 위한 가상모의 훈련체계 및 과학화 훈련장을 구축한다.
- 예비전력 능력 확충 : 미래 전장환경에 부합하는 예비군 부대구조, 장비·물자, 과학화 훈련체계 등 근본적 변화를 추구한다.
- 과학기술인재 육성 : 과학기술제도 개선, 첨단과학기술 보수교육체계 강화, AI 임무 유형별 맞춤형 전문교육과정 발전 등 과학기술강군을 뒷받침하기 위해 국방과학기술 전문인력을 육성하고 장병들의 과학기술 역량을 강화한다.

05 국방 R&D 및 전력증강체계 재설계

① 추진중점 : 첨단과학기술의 활용범위와 국방진입 속도를 극대화하기 위해서 개방형·융합형 국방R&D체계를 구축하고 적기 전력화를 위해서 전력증강프로세스를 재정립하여 고성능 AI인프라를 구축한다.

② 과제

- 혁신, 개방, 융합의 국방R&D체계 : 군·산·학·연의 개방형 국방 R&D 체계로 개편, 각 군 주관 R&D 추진능력 부여, 핵심 첨단전력, 게임체인저 등의 기술 획득을 위한 국방R&D 예산을 확대한다.
- 전력증강 프로세스 재정립 : 소요기획 효율성 제고, 검증·분석단계 최적화 등을 통해 무기체계 획득기간 획기적 단축한다. 각 군 주도 맞춤형 연구개발사업 신설, 신속획득사업 개편 등 과학기술발달 속도 고려 획득정책 다변화를 한다. 국방부 정책기능 강화 및 거버넌스를 구축한다.
- 국방AI 기반 구축 : 국방 AI관련 법적·제도적 기반 마련과 국방AI센터 창설 및 고성능 AI인프라를 구축한다.
- 과학기술 혁신을 위한 조직개편 : AI과학기술강군을 실현할 수 있는 국방부 주도의 과학기술 및 R&D 정책을 위한 조직으로 개편한다.

02 국방부 국정과제

01 제2창군 수준의 「국방혁신 4.0」 추진으로 AI 과학기술 강군육성

① 과제목표
- 제2창군 수준으로 국방태세 전반 재설계, AI 과학기술강군 육성
- AI 기반의 유·무인 복합 전투체계 발전, 국방 R&D 체계 전반 개혁

② 주요내용
- 「국방혁신 4.0 민·관 합동위원회」 설치
- AI 기반의 유·무인 복합 전투체계로 단계별 전환
- 새로운 한국형 전력증강 프로세스 정립
- 첨단과학기술 기반 군 구조 발전
- 과학적 훈련체계 구축
- 혁신·개방·융합의 국방 R&D 체계 구축

③ 기대효과 : 국방혁신 4.0의 추진으로 AI 과학기술강군를 육성하여, 병역자원 부족으로 인한 문제 해소 및 인명 손실 최소화한다.

02 북핵·미사일 위협 대응 능력의 획기적 보강

① 과제목표 : 북 핵·미사일 및 수도권 위협 장사정포에 대한 우리 군의 대응능력을 획기적으로 보강하여 실질적인 대응 및 억제 능력을 구비한다.

② 주요내용
- 한국형 3축체계 능력 확보 : Kill Chain, 다층 미사일 방어체계, 압도적 대량 응징보복 능력 확충
- 전략사령부 창설
- 장사정포요격체계(한국형 아이언 돔)의 조기 전력화
- 독자적 정보감시정찰 능력 구비

③ 기대효과 : 북한의 핵·미사일 위협에 대한 실질적인 대응 능력을 획기적으로 보강함으로써 북한의 핵·미사일 사용을 억제한다.

03 한·미 군사동맹 강화 및 국방과학기술 협력 확대

① 과제목표
- 한미 확장억제 실행력 강화 및 확고한 연합방위태세 구축
- 한미 동맹의 신뢰를 제고하고 한미일 안보협력 강화로 동맹의 결속력 강화
- 한국군의 핵심군사능력 조기 확보, '조건에 기초한 전시작전통제권 전환' 추진

② 주요내용
- 한미 확장억제 실행력 강화
- 확고한 한 · 미 연합방위태세 구축
- 한미일 안보협력 확대
- 한 · 미 국방과학기술협력 강화
- 조건에 기초한 전시작전통제권 전환 추진

③ 기대효과 : 한미 군사동맹의 결속력을 강화하고, 글로벌 동맹으로의 발전기반을 구축한다.

04 첨단전력 건설과 방산수출 확대의 선순환 구조 마련

① 과제목표
- 4차 산업혁명 시대 방위산업을 경제성장을 선도하는 첨단전략산업으로 육성하여 경제안보와 국가안보 간 선순환 관계 유도
- 도전적 국방 R&D → 첨단무기체계 전력화 → 방산수출로 이어지는 방위산업 생태계를 구축하여 국가 먹거리 산업화를 추진

② 주요내용
- 범정부 방산수출 협력체계 구축
- 맞춤형 기업지원을 통한 수출 경쟁력 강화
- 방산수출 방식 다변화
- 한미 국방상호조달협정 체결을 통한 방산협력 확대

③ 기대효과 : 방산수출 확대를 통한 규모의 경제로 무기체계 가격인하, 운영유지비용 절감과 기술력에 대한 국제 신뢰도 제고로 'Made in Korea'브랜드 가치를 향상시킨다.

05 **미래세대 병영체계 조성 및 장병 정신전력 강화**

① **과제목표**
- 의·식·주 등 병사 개인 생활여건 개선, 군 특성을 반영한 의료시스템 구축
- 장병들의 학업 연속성 보장 및 자기계발 기회 확대, 생산적 복무여건 조성 등을 통해 군 복무기간을 생산적 활동 기로 전환
- 산재해 있는 군사시설을 통폐합하고 군사시설 보호구역을 최소화하여 지역 주민과 군이 상생할 수 있는 환경 조성

② **주요내용**
- 장병 만족도를 획기적으로 향상할 수 있도록 의·식·주 개선
- 군 특성에 맞는 의료체계 구축
- 병영생활 개선 및 입영체계 효율화 : 휴대전화 소지 시간 확대, 휴가 산정방법 개선, 입영대상자의 선호가 고려된 입영계획 수립
- 비전투 분야 업무의 민간 아웃소싱 확대
- 장병 정신전력 강화
- 산재한 군사시설을 통합, 필수지역을 제외한 군사시설보호구역 해제

③ **기대효과** : 기성세대에 만들어진 군 복무 환경을 디지털 환경에 익숙하고 개성이 강한 미래세대에 맞게 전반적으로 개선하여 병역이행 만족도를 제고한다.

06 **군·복무가 자랑스러운 나라 실현**

① **과제목표**
- 병역의무 이행에 대한 합당한 예우와 사회적 보상을 통하여 군복무에 대한 상실감 해소를 위해 노력
- 군인의 처우 및 복무여건 개선, 인권보장/등을 통한 복무 만족도 제고

② **주요내용**
- 병역의무 이행에 대한 국가지원을 강화 : 「병사봉급 + 자산형성프로그램」으로 月 200만 원 실현
- 추서 진급된 계급에 상응하는 급여와 예우 보장
- 군인 수당 개선, 주거 지원, 군 인권보장 등 직업군인의 처우와 초급간부 복무여건 개선
- 군인권보호관 권한의 실효적 보장 및 군 인권보장 강화를 위한 신고·보호체계 강화

③ **기대효과** : 병역의무 이행 및 국가를 위한 희생과 헌신에 대한 합당한 예우와 보상체계 마련을 통하여 군 복무가 자랑스러운 나라를 실현한다.

상식은 "용어사전"

용어사전으로 중요한 용어만 한눈에 보자

중요한 용어만 공부하자!

1 시사용어사전 1200

매일 접하는 각종 기사와 정보 속에서 현대인이
놓치기 쉬운, 그러나 꼭 알아야 할 최신 시사상식
을 쏙쏙 뽑아 이해하기 쉽도록 정리했다!

2 경제용어사전 1030

주요 경제용어는 거의 다 실었다! 경제가 쉬워지
는 책, 경제용어사전!

3 부동산용어사전 1300

부동산에 대한 이해를 높이고 부동산의 개발과 활
용, 투자 및 부동산 용어 학습에도 적극적으로 이
용할 수 있는 부동산용어사전!

- 최신 관련 기사 수록
- 다양한 용어를 수록하여 1000개 이상의 용어 한눈에 파악
- 용어별 중요도 표시 및 꼼꼼한 용어 설명
- 파트별 TEST를 통해 실력점검